法人税 税務証拠フォーム作成マニュアル

税理士 平川 忠雄 編
税理士 中島 孝一
税理士 西野 道之助 共著
税理士 栗原 初治
税理士 天野 智充

日本法令

はしがき

　税務調査等の場面では、ある取引の税務的性質や真実性を担保するための根拠、すなわち「証拠資料」の提示が常に求められる。ある経費がいつどこで、何のために支払われたのか、業務関連性はあるのか、収益と費用が対応しているのか——など、その必要経費性を裏付ける資料が必要不可欠となる。

　例えば、ある法人が「接待飲食費」を支出したとすると、その支出金額を損金に算入するためには、①飲食等のあった年月日、②飲食に参加した得意先等の者の氏名及びその関係、③参加人数、④飲食費の額、⑤飲食店等の名称及び所在地、⑥その他飲食であることを明らかにするために必要な事項——を資料として残さなければならない（措規21の18の4一〜五）。

　この資料をもとに、「交際費隣接科目に該当しないか」、「飲食費の中に車代等が含まれていないか」、「自社の社員のみで支出していないか」、「1人当たり5,000円以下の飲食費と区分されているか」などがチェックされ、その適正性や税務上の区分が判断された上で、初めて損金として認識される。

　もちろん、法人を取り巻くあらゆる取引において「証拠資料」の有無が問題となるため、日常的な業務プロセスの中で、しっかりとこれらの作成・収集・管理が行われなければならない。なぜなら、税務において各種取引の事実そのものの立証責任は、第一義的には納税者側にあり、税務調査等での課税庁の質問検査に応えなければならないからである。

　それゆえ、納税者が作成・収集・管理すべき税務上の証拠資料は膨大な数となる。その煩雑さや事務負担からこれらの作業がおろそかになれば、申告ミスや税務否認の原因ともなりかねない。こうした問題を避けるためにも、証拠資料の作成・収集・管理は体系的かつ効率的に行われることが何よりも重要となる。

　そこで本書では、法人の税実務上、特に注意が求められる項目を厳選した上で、証拠として機能する資料を「税務証拠フォーム」と位置付け、その作成目的と作成上のポイントを詳細に解説するとともに、具体的な事例を用いて「上手な記入方法」等を示している。

　編者は、昭和60年に㈱日本法令より『税務証拠資料のつくり方と節税対策』という書籍を上梓した。お陰様でこの書籍はご好評をいただき、昭和61年度の「日税研究賞」も授賞させていただいた。

その後33年を経て、我が国の経済システムや企業の経営環境は一変したと言えるが、この書籍で解説した税務証拠資料の大切さは、まったく変わっていないと言えよう。

　そこで、「この書籍の中核となるエッセンスは残しつつ、現代的な法人税の問題を加えて、抜本的な改訂新版を制作してほしい」という㈱日本法令から編者への要請を受け、本書の執筆に取り掛かった。

　33年間の空白を埋める改訂作業は並大抵ではなかったが、平成30年度税制改正の「収益認識に関する会計基準」も盛り込むなど、最新の実務的な話題にも対応している。

　また、本書で取り上げた税務証拠フォームは、すべて付録のCD-ROMに収録したので、実際の実務にもぜひご活用いただきたい。

　本書が、税理士、税理士事務所職員のみならず、顧問先企業の経理担当者など、法人税の実務に携わるすべての方々のお役に立てれば、編者及び執筆者一同の望外の喜びである。

2018年8月

税理士
編者　平川　忠雄

目　次

序　章　税務証拠フォームとは

Ⅰ　税務証拠フォーム策定の意義 ……………………………… 2

Ⅱ　税務証拠フォームと税務調査 ……………………………… 3

1　税務調査における証拠資料の機能 ……………………… 3

2　事実認定の判断における「証拠フォーム」 …………… 3

3　税務証拠フォームとしての証明資料と疎明資料 …… 5

Ⅲ　税務証拠フォームの機能的区分と その作成目的 ………………………………………………… 6

1　税務証明資料の内容と作成目的 ………………………… 6

2　税務証明資料の種類と管理 ……………………………… 6

❶　税務証明資料の会計書類区分／7
❷　税務証明資料の証憑書類区分／7
❸　税務証明資料のチェックと管理／8

3　税務疎明資料の内容と作成目的 ………………………… 9

4　税務疎明資料の作成と管理 ……………………………… 10

❶　税務疎明資料とされる書類等／11
❷　税務疎明資料の項目別区分／11

Ⅳ　税務証拠として機能するモデルフォーム ………… 13

1　税務証拠フォームの有機的活用 ………………………… 13

❶　相互補完機能の必要性／13
❷　証明資料と疎明資料の特徴を利用した相互活用／14
❸　証明資料と疎明資料の有機的関連活用／15

2　税務証拠のモデルフォーム策定の留意点 …………… 15

❶　証明資料のバージョンアップ／15
❷　疎明資料の証明資料へのレベルアップ／16

iii

第1章	会社の営業収益・売上原価 項目に係る税務証拠フォーム

Ⅰ 営業収益の計上基準 ……………………………………………… 18

1 営業収益計上時期チェック表 …………………………………… 18

❶ チェック表の作成目的／ 18
❷ 作成上のポイント／ 20
　◉フォーム1－1（営業収益計上時期チェック表）／ 21
❸ 上手な記入方法／ 23
　◉フォーム1－2（営業収益計上時期チェック表＜記載例＞）／ 24
❹ 関連税務のチェックポイント／ 27

2 売上割戻し計上時期チェック表 ………………………………… 38

❶ チェック表の作成目的／ 38
❷ 作成上のポイント／ 40
　◉フォーム1－3（売上割戻し計上時期チェック表）／ 41
❸ 上手な記入方法／ 42
　◉フォーム1－4（売上割戻し計上時期チェック表＜記載例＞）／ 43
❹ 関連税務のチェックポイント／ 45

3 ワンポイントアドバイス ………………………………………… 47

❶ 営業収益計上時期の留意点／ 47
❷ 売上割戻しの留意点／ 48

Ⅱ 売上原価の計上基準 ……………………………………………… 49

1 実地棚卸チェック表 ……………………………………………… 49

❶ チェック表の作成目的／ 49
❷ 作成上のポイント／ 50
　◉フォーム1－5（実地棚卸チェック表）／ 51
❸ 上手な記入方法／ 53
　◉フォーム1－6（実地棚卸チェック表＜記載例＞）／ 54
❹ 関連税務のチェックポイント／ 55

2 棚卸資産評価損チェック表 ……………………………………… 59

❶ チェック表の作成目的／ 59
❷ 作成上のポイント／ 60
　◉フォーム1－7（棚卸資産評価損チェック表）／ 61

❸ 上手な記入方法／63
　◉フォーム１−８（棚卸資産評価損チェック表＜記載例＞）／64
❹ 関連税務のチェックポイント／65

3　ワンポイントアドバイス ··· 67

❶ 消費税の還付申告／67
❷ 消費税が還付される場合／67
❸ 「消費税の還付申告に関する明細書（法人用）」の上手な記入方法／68

第2章　会社の営業費用項目に係る税務証拠フォーム

Ⅰ　役員給与・役員退職金 ··· 74

1　非常勤役員業務担当調書 ··· 74

❶ 調書の作成目的／74
❷ 作成上のポイント／76
　◉フォーム２−１（非常勤役員業務担当調書）／77
❸ 上手な記入方法／78
　◉フォーム２−２（非常勤役員業務担当調書＜記載例＞）／79
❹ 関連税務のチェックポイント／80

2　使用人兼務役員給与チェック表 ··· 81

❶ チェック表の作成目的／81
❷ 作成上のポイント／84
　◉フォーム２−３（使用人兼務役員給与チェック表）／85
❸ 上手な記入方法／86
　◉フォーム２−４（使用人兼務役員給与チェック表＜記載例＞）／87
❹ 関連税務のチェックポイント／88

3　役員退職給与適正基準チェック表 ··· 89

❶ チェック表の作成目的／89
❷ 作成上のポイント／91
　◉フォーム２−５（役員退職給与適正基準チェック表）／92
❸ 上手な記入方法／93
　◉フォーム２−６（役員退職給与適正基準チェック表＜記載例＞）／94
❹ 関連税務のチェックポイント／95

4　ワンポイントアドバイス ··· 96

❶ 役員給与・役員退職給与の適正額の判決／96

Ⅴ

❷ 使用人兼務役員の該当性の判決／98

Ⅱ 交際費等・会議費 ·· 100

1 1人当たり5,000円以下の飲食費・接待飲食費等チェック表 ··········· 100

❶ チェック表の作成目的／100
❷ 作成上のポイント／102
◉フォーム2－7（1人当たり5,000円以下の飲食費・接待飲食費等チェック表）／103
❸ 上手な記入方法／104
◉フォーム2－8（1人当たり5,000円以下の飲食費・接待飲食費等チェック表＜記載例＞）／105
❹ 関連税務のチェックポイント／106

2 会議実施内容確認書 ··· 107

❶ 確認書の作成目的／107
❷ 作成上のポイント／108
◉フォーム2－9（会議実施内容確認書）／109
❸ 上手な記入方法／110
◉フォーム2－10（会議実施内容確認書＜記載例＞）／111
❹ 関連税務のチェックポイント／112

3 ワンポイントアドバイス ·· 113

❶ 交際費等と他の費用との区分／113
❷ 交際費等に含まれる費用の例示／116

Ⅲ 寄 附 金 ·· 118

1 損失負担金チェック表（再建・整理）····························· 118

❶ チェック表の作成目的／118
❷ 作成上のポイント／120
◉フォーム2－11（損失負担金チェック表（再建））／121
◉フォーム2－12（損失負担金チェック表（整理））／122
❸ 上手な記入方法／125
◉フォーム2－13（損失負担金チェック表（再建）＜記載例＞）／127
◉フォーム2－14（損失負担金チェック表（整理）＜記載例＞）／128
❹ 関連税務のチェックポイント／129

2 ワンポイントアドバイス ·· 130

❶ グループ法人税制の概要／130
❷ グループ法人間の寄附金課税／131

Ⅳ 減価償却 ········ 133

1 取得価額配賦表 ········ 133

❶ 取得価額配賦表の作成目的／ 133
❷ 作成上のポイント／ 135
　◉フォーム２－ 15（取得価額配賦表）／ 136
❸ 上手な記入方法／ 137
　◉フォーム２－ 16（取得価額配賦表＜記載例＞）／ 138
❹ 関連税務のチェックポイント／ 139

2 ワンポイントアドバイス ········ 141

❶ 稼働を休止している資産の減価償却の取扱い／ 141
❷ 美術品等についての減価償却資産の判定／ 141

Ⅴ 資本的支出と修繕費の区分 ········ 143

1 修繕・改良事項要望書 ········ 143

❶ 要望書の作成目的／ 143
❷ 作成上のポイント／ 143
　◉フォーム２－ 17（修繕・改良事項要望書）／ 144
❸ 上手な記入方法／ 145
　◉フォーム２－ 18（修繕・改良事項要望書＜記載例＞）／ 146
❹ 関連税務のチェックポイント／ 148

2 ワンポイントアドバイス ········ 149

❶ 資本的支出を行った場合の減価償却費の取扱い（原則）／ 149
❷ 平成 19 年３月 31 日以前に取得をした減価償却資産に資本的支出を行った
場合の特例／ 149
❸ 定率法を採用している場合の旧減価償却資産に対する資本的支出の特例／ 150
❹ 平成 19 年４月１日から平成 24 年３月 31 日までの間に取得をされた定率
法適用資産（旧減価償却資産）に対して資本的支出を行った場合の特例／ 150

Ⅵ リース取引 ········ 152

1 リース取引税務フローチャート ········ 152

❶ フローチャートの作成目的／ 152
❷ 作成上のポイント／ 153
　◉フォーム２－ 19（リース取引税務フローチャート）／ 154
❸ 上手な記入方法／ 155
　◉フォーム２－ 20（リース取引税務フローチャート＜記載例＞）／ 156
❹ 関連税務のチェックポイント／ 157

2 ワンポイントアドバイス ……………………………………………… 159

❶ オペレーティング・リース取引／ 159
❷ 所有権移転リース取引と所有権移転外リース取引／ 159

Ⅶ 繰延資産 …………………………………………………………… 160

1 繰延資産該当チェック表 ……………………………………………… 160

❶ チェック表の作成目的／ 160
❷ 作成上のポイント／ 162
⊙フォーム２－21（繰延資産該当チェック表）／ 163
❸ 上手な記入方法／ 164
⊙フォーム２－22（繰延資産該当チェック表＜記載例＞）／ 165
❹ 関連税務のチェックポイント／ 167

2 ワンポイントアドバイス ……………………………………………… 170

❶ 損金経理要件／ 170
❷ 償却に関する明細書の添付／ 170
❸ 少額のものの損金算入／ 170

Ⅷ 保 険 料 …………………………………………………………… 171

1 保険契約区分チェック表 ……………………………………………… 171

❶ チェック表の作成目的／ 171
❷ 作成上のポイント／ 173
⊙フォーム２－23（保険契約区分チェック表）／ 174
❸ 上手な記入方法／ 176
⊙フォーム２－24（保険契約区分チェック表＜記載例＞）／ 177
❹ 関連税務のチェックポイント／ 179

2 ワンポイントアドバイス ……………………………………………… 183

❶ 保険契約と給与課税との関係／ 183
❷ 保険契約に係る経理処理情報／ 183

Ⅸ 海外渡航費 ………………………………………………………… 184

1 海外渡航費必要性チェック表 ………………………………………… 184

❶ チェック表の作成目的／ 184
❷ 作成上のポイント／ 185
⊙フォーム２－25（海外渡航費必要性チェック表）／ 186
❸ 上手な記入方法／ 188
⊙フォーム２－26（海外渡航費必要性チェック表＜記載例＞）／ 189
❹ 関連税務のチェックポイント／ 190

2 ワンポイントアドバイス ……………………………………………… 194

- ❶ 役員の海外渡航／194
- ❷ 形式基準／195

X 社宅家賃 ………………………………………………………………… 196

1 社宅適正賃貸料確認計算書 ……………………………………………… 196

- ❶ 計算書の作成目的／196
- ❷ 作成上のポイント／196
  - ◉フォーム２−27（社宅適正賃貸料確認計算書）／197
- ❸ 上手な記入方法／198
  - ◉フォーム２−28（社宅適正賃貸料確認計算書＜記載例＞）／199
- ❹ 関連税務のチェックポイント／200

2 ワンポイントアドバイス ……………………………………………… 202

- ❶ 賃貸料相当額の計算の留意点／202
- ❷ 豪華な役員社宅の取扱い／203
- ❸ 職務上の必要に基づく社宅等の貸与／203

XI 租税公課 ………………………………………………………………… 205

1 租税公課明細書 ………………………………………………………… 205

- ❶ 明細書の作成目的／205
- ❷ 作成上のポイント／205
  - ◉フォーム２−29（租税公課明細書）／207
- ❸ 上手な記入方法／208
  - ◉フォーム２−30（租税公課明細書＜記載例＞）／209
- ❹ 関連税務のチェックポイント／210

2 ワンポイントアドバイス ……………………………………………… 211

- ❶ 固定資産の取得関連費用／211
- ❷ 未経過固定資産税／212

XII 貸倒引当金（一括評価） ……………………………………………… 213

1 実質的に債権とみられないものの額の明細書 ……………………… 213

- ❶ 明細書の作成目的／213
- ❷ 作成上のポイント／216
  - ◉フォーム２−31（実質的に債権とみられないものの額の明細書）／217
- ❸ 上手な記入方法／218
  - ◉フォーム２−32（実質的に債権とみられないものの額の明細書
    ＜記載例＞）／219

❹ 関連税務のチェックポイント／220

2 ワンポイントアドバイス ……………………………………………………… 221

❶ 中小法人等の特例／221
❷ 繰入限度額の割増特例／222

XⅢ 福利厚生費その他の費用 ……………………………………………… 223

1 厚生行事計画・実施費用明細書 ……………………………………… 223

❶ 明細書の作成目的／223
❷ 作成上のポイント／224
　◉フォーム２－33（厚生行事計画・実施費用明細書）／225
❸ 上手な記入方法／226
　◉フォーム２－34（厚生行事計画・実施費用明細書＜記載例＞）／227
❹ 関連税務のチェックポイント／228

2 旅費日当等精算書 …………………………………………………………… 232

❶ 精算書の作成目的／232
❷ 作成上のポイント／233
　◉フォーム２－35（旅費日当等精算書）／235
❸ 上手な記入方法／236
　◉フォーム２－36（旅費日当等精算書＜記載例＞）／237
❹ 関連税務のチェックポイント／238

3 モニター活動謝金支払計算書 ………………………………………… 239

❶ 計算書の作成目的／239
❷ 作成上のポイント／240
　◉フォーム２－37（モニター活動謝金支払計算書）／241
❸ 上手な記入方法／243
　◉フォーム２－38（モニター活動謝金支払計算書＜記載例＞）／244
❹ 関連税務のチェックポイント／245

第3章 会社の損失項目に係る税務証拠フォーム

Ⅰ 有価証券の評価損 ………………………………………………………… 248

1 有価証券評価損チェック表 …………………………………………… 248

❶ チェック表の作成目的／248
❷ 作成上のポイント／249

X

⊙フォーム３－１（有価証券評価損チェック表）／ 250

❸　上手な記入方法／ 251

⊙フォーム３－２（有価証券評価損チェック表＜記載例＞）／ 252

❹　関連税務のチェックポイント／ 253

2　ワンポイントアドバイス ……………………………………………… 256

❶　株価が 50％相当額を下回る場合における回復可能性の判断基準／ 256

❷　監査法人のチェックを受けて継続的に使用される形式的な判断基準／ 256

❸　株価の回復可能性の判断の時期／ 256

Ⅱ　貸倒損失 ……………………………………………………………………… 257

1　売掛債権・回収不能事実報告書 …………………………………… 257

❶　報告書の作成目的／ 257

❷　作成上のポイント／ 258

⊙フォーム３－３（売掛債権・回収不能事実報告書）／ 259

❸　上手な記入方法／ 261

⊙フォーム３－４（売掛債権・回収不能事実報告書＜記載例＞）／ 262

❹　関連税務のチェックポイント／ 263

2　ワンポイントアドバイス …………………………………………… 266

❶　法律上の貸倒れ／ 266

❷　事実上の貸倒れ／ 267

❸　形式上の貸倒れ／ 267

Ⅲ　貸倒引当金（個別評価）………………………………………… 268

1　個別評価金銭債権チェック表 ……………………………………… 268

❶　チェック表の作成目的／ 268

❷　作成上のポイント／ 271

⊙フォーム３－５（個別評価金銭債権チェック表）／ 272

❸　上手な記入方法／ 273

⊙フォーム３－６（個別評価金銭債権チェック表＜記載例＞）／ 274

❹　関連税務のチェックポイント／ 275

2　ワンポイントアドバイス …………………………………………… 276

Ⅳ　固定資産の除却損 ………………………………………………… 277

1　有姿除却チェック表 …………………………………………………… 277

❶　チェック表の作成目的／ 277

❷　作成上のポイント／ 278

⊙フォーム３－７（有姿除却チェック表）／ 279

❸ 上手な記入方法／280

⊙フォーム３－８（有姿除却チェック表＜記載例＞）／281

❹ 関連税務のチェックポイント／282

2 ワンポイントアドバイス ……………………………………………… 282

❶ 今後使用の可能性がないかどうかの判断／282

❷ 生産中止の判断／282

第4章 会社の資産・負債項目に係る税務証拠フォーム

Ⅰ 土地・建物に係る取得価額の区分計算 ………… 284

1 土地・建物取得価額区分計算チェック表 ……………………… 284

❶ チェック表の作成目的／284

❷ 作成上のポイント／286

⊙フォーム４－１（土地・建物取得価額区分計算チェック表）／287

❸ 上手な記入方法／288

⊙フォーム４－２（土地・建物取得価額区分計算チェック表＜記載例＞）／289

❹ 関連税務のチェックポイント／291

2 ワンポイントアドバイス ……………………………………………… 293

❶ 証拠資料・計算根拠の保存／293

❷ 税務上の注意点／294

Ⅱ 借地権の設定 ……………………………………………… 295

1 借地権関係届出チェック表 ………………………………………… 295

❶ チェック表の作成目的／295

❷ 作成上のポイント／305

⊙フォーム４－３（借地権関係届出チェック表）／306

❸ 上手な記入方法／307

⊙フォーム４－４（借地権関係届出チェック表＜記載例＞）／308

❹ 関連税務のチェックポイント／309

2 ワンポイントアドバイス ……………………………………………… 311

❶ 証拠資料・計算根拠の保存／311

❷ 保存資料の具体例／311

Ⅲ　圧縮記帳 ··· 313

1　固定資産譲渡損益・特例適用チェック表 ························· 313

- ❶　チェック表の作成目的／ 313
- ❷　作成上のポイント／ 319
  - ◉フォーム４－５（固定資産譲渡損益・特例適用チェック表）／ 320
- ❸　上手な記入方法／ 321
  - ◉フォーム４－６（固定資産譲渡損益・特例適用チェック表
    ＜記載例＞）／ 322
- ❹　関連税務のチェックポイント／ 324

2　ワンポイントアドバイス ··································· 327

- ❶　証拠資料・計算根拠の保存／ 327
- ❷　保存資料の具体例／ 327

索　引 ··· 329

凡　例

　本書では、法令・通達等につき、かっこ内等で以下のとおり省略している。

法人税法 ……………………………………………………………………… 法法
法人税法施行令 ……………………………………………………………… 法令
法人税法施行規則 …………………………………………………………… 法規
法人税基本通達 ……………………………………………………………… 法基通
所得税法 ……………………………………………………………………… 所法
所得税法施行令 ……………………………………………………………… 所令
所得税法施行規則 …………………………………………………………… 所規
所得税基本通達 ……………………………………………………………… 所基通
消費税法 ……………………………………………………………………… 消法
消費税法施行令 ……………………………………………………………… 消令
消費税法施行規則 …………………………………………………………… 消規
消費税法基本通達 …………………………………………………………… 消基通
租税特別措置法 ……………………………………………………………… 措法
租税特別措置法施行令 ……………………………………………………… 措令
租税特別措置法施行規則 …………………………………………………… 措規
租税特別措置法関係通達 …………………………………………………… 措通
財務諸表等の用語、様式及び作成方法に関する規則 …………………… 財規

　本書は、平成 30 年 8 月 1 日現在の法令・通達に基づいて解説している。

序章

税務証拠フォームとは

I　税務証拠フォーム策定の意義

　申告納税制度というシステムの下では、申告納税額と税務調査課税額とに差異が生じるか否かという点に大きな課題が存在しているといえる。差異発生要因は、いくつかのケースに区分されるが、そのうち行為計算の事実認定と法令通達の解釈適用のトラブルが最も典型的な税務課題といえる。

　そのため、トラブルの回避と不利判定排除のため必要となるのが「税務証拠フォーム」であり、その税務証拠フォームについて、検討及びその範囲の分類・分析を行い、必要とされる証拠資料の開発・保存・活用を図ることが重要である。

　税務証拠フォームとは、何をもってその範囲とするかという問題は、まさに税務調査に対応する「証拠資料」ということになるが、その是否認の接点には、税法令の解釈により求められている要件事実の証明であり、個別の事実関係の疎明（説明）にあるといえる。

　税務証拠資料を文書化するためには、一定のモデルフォームを準備することにより、税務証拠フォームをリアルに作成することが可能になる。

　●「疎明」とは●

　訴訟法のうえなどで、とくに「疎明」と区別する意味で、証明という場合は、裁判官あるいは裁判所に確信を抱かせる程度の確実な証拠によって、ある事実を明らかにすることを指す。そして、この場合、「疎明」というのは、裁判所あるいは裁判官に確信を抱かせるまでにはいたらないが、一応確からしいという推測を得させる程度の証拠をあげることを意味する。

　訴訟は、元来、係争事実について、当事者が裁判官に確信を抱かせる程度の証拠を出し合うことによって、つまり、事実を証明することによって、法律問題の黒白をつけようとするものであるが、訴訟の過程において、一定の問題については、訴訟の進行の迅速化を図る意味で、疎明程度の証拠をあげればいいことが認められることがある。

（出典）林　修三著『法令用語の常識』（日本評論社）118頁

Ⅱ 税務証拠フォームと税務調査

1 税務調査における証拠資料の機能

税務調査は、申告書に記載された内容につき、その内容が適正であるか否かの判断を行うものであるから、その手法として、申告内容を確認することのできる「資料」のチェックを行うことになる。つまり、税法令の適用について、税務上の取扱いにおいて、適正な申告内容かどうかの確認と検討を実施することになる。

この場合において、その税務上の取扱いに適合した立証資料が存在すれば、その時点で確認がなされ、税務調査は終了して、申告内容が是認されることになる。

しかし、申告内容につき確認をするには不十分な資料であったり、あるいは、まったくその確認ができない場合には、いわゆる税務トラブルが発生する。税務におけるトラブルは、法令等の規定を正しく適用しているか、すなわち、税務上の取扱いに従った適正な申告内容でないことにより生じる。

法人税等の申告納税制度の下では、「知らない」ということは通用しないことになっており、「知らない」とする部分については認定（場合によっては推計）課税が行われることになってしまう。

そのため、税務調査においては、質問や検査される事項について申告をした側が自らその内容・事実を確認できる「証拠資料」を提出する必要があり、それが、自らの権利を保護することにもなる。

2 事実認定の判断における「証拠フォーム」

税務調査の基本的な課題は、「事実認定」であるといわれている。この「事実認定」とは、一定の取引につき、その会計処理と税務処理を行う判断をいい、その取引を行った法人等が自ら行った自主認定に対し、税務調査により外部認定がなされる。

このような自主認定と外部認定では、しばしば、その目的・利害等が相反することがあり得るため、ここに客観的な判断がされる必要が生じ、客観的な事実認定の裏付けをするのが「証拠フォーム」であるといえる。

裁判における証拠は、「人的証拠・物的証拠及び弁論の全趣旨」であるといわれているが、税務調査の段階では、書証（文書の意味内容を証拠資料とする証拠）と伝聞証拠（ある事実の体験者又はそれを聞いた者がその内容を書面として提出する証拠）とが、重要な役割を果たす。

そして、これらの証拠資料である文書は、次のように分類される。

・処分文書

　処分文書とは、証明の対象となる行為で、直接その文書によってなされているものであり、例えば、契約書・手形・遺言書・解約通知書・更正又は決定通知書・裁決書等がこれに含まれる。

・報告文書

　報告文書とは、処分文書以外の作成者の見聞・意見・感想又は報告等を記載したものであり、作成者の経験した事実を報告している書面で、手紙・日記・商業帳簿・株主総会議事録・取締役会議事録・各種申請書・調書・領収書・請求書・注文書・送り状・納品書・見積書・当事者の申立書・聴取書・稟議書等が含まれる。

税務調査の段階では、このように主として文書を対象とした事実の認定をめぐる納税者と調査当局との主張が展開する。

事実の認定については、第一に事実認定と解釈の問題があるが、これについては、両者は区分されて考えるべきで、解釈が定着していることが事実認定の前提であるから、税務と会計処理を行う納税者としては、法令や通達の十分な解釈と定義認識を持ち、その適用根拠を明確にすることが必要である。

次に、その処理される取引事実が、その処理のとおりの取引であるかどうかについて明確な判断基準を準備する必要がある。

このように、税務調査の基本的課題といえる「事実認定」に対応するためには、税務会計処理の解釈根拠と事実根拠のあらゆる証拠が必要である。

当然ながら、取引相手先（利害相反する当事者）のような第三者が作成した文書の証拠能力は高いといえ、さらに、法人自らが内部において作成した文書であっても、法令等の適用根拠が明確であり、正当な解釈をなしたものであるとともに、その取引事実が間接的にも「疎明」できる文書であれば、税務証拠フォームとして重要な意義をもつことになる。

3 税務証拠フォームとしての証明資料と疎明資料

　税務調査の基本的な課題である事実認定をめぐるトラブルを避け、ひいては申告内容が是認されることで、無用の税負担が発生しないようにするために、取引事実に基づき適正な会計処理を行うとともに、税務上の取扱いにつき、納税者が合法的かつ合理的な処理を行うことが必要である。

　この対応は、タックス・マネジメントといわれるもので、取引の事後あるいは途中において個別的に対策を講じる節税よりも、一歩踏み出したものといえる。

　このタックス・マネジメントの実効性を支えるものが「税務調査において申告内容を是認させるための取引処理の税務証拠フォーム」であるといえる。

　税務証拠フォームとされるものは、その証拠価値によって有効な力を発揮するものであるとされていて、その証拠価値は具体的には「証明力」であるといわれている。

　そして、法律用語において「証明」という場合は、裁判官あるいは裁判所に確信を抱かせる程度の確実な証拠によって、ある事実を明らかにすることを指す。これに対比する「疎明」という用語の場合には、裁判官あるいは裁判所に確信を抱かせるまでには至らないが、一応確からしいという推測を得させる程度の証拠を挙げることを意味する。

　民事訴訟法は、いわゆる自由心証主義によって裁判官の自由な心証により事実を判断することを定めている。税務においてはこうした方法は受け入れられないであろうが、事実認定という課題に対応する以上、調査担当者が客観的に判定できるような税務疎明資料を準備すべきである。

　つまり、税務調査における質問検査に対して「人が答えるより資料が答える」ことを目的として、税務証拠フォームの充実を図る必要があるといえる。税務調査は、裁判ではないため、その証拠に対する取組みは、もとより立場を異にするものであるが、事実の認定をめぐる判断において即決的であり、当事者間の認定であることから、その証拠が実質的なもので範囲・データ量の多いものが有利であるといえる。

　このため、税務証拠である各資料について、前述の「証明・疎明」に準拠して、次のようにその目的にあわせた分類を行う必要がある。

Ⅲ　税務証拠フォームの機能的区分とその作成目的

1　税務証明資料の内容と作成目的

　税務証明資料は、取引事実を明らかにして、その会計処理が取引実態と一致することを証明するための資料であり、具体的には、日常の取引記録である証憑書類・契約文書等の証拠書面をいう。

　税務証明資料といえども、単一的証明だけのものについては、税務においては証明力が不足することから、複合性を付加する処理をした複合的証明とする必要がある。

　例えば、業務を遂行するために必要な費用の支出があったとしても、それを現金で支払い領収書を受け取るという単一的な取引は避けて、相手先預金の口座に振り込むなどの方法により、領収書と振込の控えを保存することなどにより複合的な証明を生む取引処理を行うべきである。

　したがって、税務証明資料とは、取引相手先の証印がある文書を主体とはするが、そのほかに取引処理する側において、その事実をさらに証明する処理を実施して、誰が判断しても客観性ある事実が確認できる資料であるものをいう。

　そのため、税務調査において取引事実の質問検査があった場合には、税務証明資料をもってその回答として充足させる目的を持っているものといえる。

2　税務証明資料の種類と管理

　税務証拠としての証明資料は、企業の経営活動を記録し、その個々の経済取引から経営の成果・財政状態の報告に至る一連の会計処理帳票をいう。

序章　税務証拠フォームとは

❶　税務証明資料の会計書類区分

　次の資料は、税務申告に関する必要性のほか、会計責任・経営受託責任の遂行、あるいは、債権者・株主等の保護の立場において必然的に必要な文書資料であり、会社法その他法令等でその備置義務が明確化されているものである。

　税務調査においては、第一次的に会計責任・報告責務によって作成される法定帳簿・計算書類等を税務申告の課税標準額を確定するための証拠資料として検査対象とするが、その税務調査の具体的手法としては、その申告額が真実であるかの検証と税法令の規定の適用上、適正であることの確認をするため、これらの計算事実を証明する資料の確認調査を実施する。

①　仕訳伝票・入力伝票等
②　試算表・月次損益集計表
③　決算整理精算表・決算仕訳伝票
④　補助元帳・各種勘定補助記入帳
⑤　総勘定元帳・特定勘定内訳書
⑥　決算財務諸表・計算書類等
⑦　証憑書類綴
⑧　各預金通帳・手形取立帳
⑨　当座預金照合表・残高証明書
⑩　契約書ほか証明資料類

❷　税務証明資料の証憑書類区分

　次の証憑書類は、税務調査においてきわめて重要な役割を有しており、これらの資料において誤記・不備・不正等があれば、直ちに税務書類の訂正を求められ、申告所得金額に関わるものについては、修正又は更正という手続きが発生する。

　したがって、証明資料は次のような目的分類を行い、それぞれの取引においてどのように必要な証明資料であるという認識をもって収集・管理しなければならず、その目的に沿った証明事項の記載があるかなど、具体的な証明要件を備えているかのチェックも必要である。

①　金銭取引資料……領収書・受領書・振込書・支払証明書等
②　物品取引資料……納品書・受領書・指図書・送り状等
③　人的取引資料……給与報酬計算書・源泉徴収関係書類

④　金融取引資料……預貯金通帳・証書・預り証・照合表・残高表等

⑤　契約取引資料……契約書・約定書・権利書・保管書等

❸　税務証明資料のチェックと管理

　証憑書類の授受は、日常の取引量が増える場合等、その数量・枚数がきわめて多くなる傾向がある。そして、毎日、取り扱っている書類であること、また、多忙な時間の中で発行・受領を行うことなどから、その内容のチェックが十分に行われていないことがある。

　これら証憑書類の最終管理者である各企業の財務・経理部門においては、内部不正に関する支出責任の立場からのチェックを行うことはあるが、税務上の視点からのチェックと管理はなかなか実施できていないことが多いようである。

　そのため、税務調査で証憑書類の検査を受けて思わぬ問題点が発見されることも少なくないことから、これらの証憑書類を税務証明資料として有効に活用するためには、税務上のチェックを実施する必要がある。

　証憑書類で最も重要な「金銭取引」資料の具体的なチェックポイントは、次のようになる。

①　従業員不正・役員家事関連費の支出に対応するものでないか。

②　記載必要事項に不備又は誤記入等がないか。

③　作成者別に見て信頼度の低い証憑について再検討したか。

④　流用・改ざん・偽造の疑いがないか。

⑤　共謀して作成される可能性のある相手先のものに該当しないか。

⑥　宛名が正確か・記入方法に疑問点はないか。

⑦　日付が会計処理項目と一致しているか。

⑧　発行者の住所・氏名・電話番号・メールアドレス等に不適正なものはないか。

⑨　捺印の種別・方法が正当か。

⑩　使用用紙が統一されたものであり、発行番号に順当性があるか。

⑪　収入印紙の貼付と消印が正当か。

⑫　指定用紙以外の場合の理由が正当か。

⑬　処理日以降の後日送付される証憑等は、その事由が正当か。

⑭　番号に対する継続的チェックが実施されているか。

　上記は、税務調査の視点に立ったチェックポイントであるが、適正な会計処理を実施している場合には、当然にチェックされるべき事項でもある。

　しかし、日々の会計処理の中では、これらが必ずしも十分にチェックされ管理さ

れているとは限らないので、点検と管理体制の整備が必要になる。

　適正管理された証憑書類が、第一次的に立証力ある税務証明資料として機能するように、管理体制を強化し、整然かつ明瞭な整理と引用しやすい効果ある記録の管理を行う必要がある。

3　税務疎明資料の内容と作成目的

　税務疎明資料は、前述の「税務証明資料」を補完する目的とともに、「税務証明資料」に先行して取引事実の現場証明的な役割を果たす資料である。

　具体的には、日常の現場での備忘記録的帳票等の原始記録や稟議書・議事録等を含めた取引内容の記述のある文書・書面と、それを疎明するデータを取り込んだ記録書といえる。

　したがって、税務疎明資料の内容は多様であり、定型的・一律的なものではなく、しかも範囲はきわめて広いものであると認識する必要があり、税務疎明資料を必要とする事由を掲げると次のようになる。

① 　法令の不確定概念ないし境界的概念が存在している。

② 　取引の実態が複雑・多様である。

③ 　証憑書類だけでは、取引の実態が解明できないことも多い。

④ 　取引上のやむを得ない事情で証憑書類の入手が困難な場合がある。

⑤ 　企業内部の取引において、その必要性・客観性を示し、処理の正当性を明確にする資料が必要である。

⑥ 　税務会計処理の実務基準等を積極的に策定し、その継続適用をもって事実認定上の基準とさせる資料が必要である。

⑦ 　取引事実が発生すれば、その証明資料が得られるが、その取引前の状況を明らかにする資料があれば、取引の必要性等の証拠ともなる。

⑧ 　会計処理を要さない業務活動の証拠となる資料も、税務において必要な場合がある。

⑨ 　税務調査は事後に行われるため、取引が行われた「その時点」における説明文書が必要な場合がある。

⑩ 　内部牽制的なチェック文書があれば、そのまま疎明資料になる。

⑪ 　弁明・釈明を事前に準備することにより、その証拠性を高める目的のためにも必要である。

　一般に税務証拠資料とは、会計帳簿・帳簿代用書類・帳票類・証憑書類というこ

ととされてきたが、上記のような事由からみても、疎明資料がいかに必要性が高い
ものであるかが理解されるであろう。

　税務調査において、調査期間が長引いたり、認定をめぐるトラブルで解決がつか
ないケースは、「税務疎明資料」が不足していることにある場合が多いといえる。

　したがって、タックス・プランニングの実践において、企業の経営管理・個人の
財産管理を進めるに際し、これらの行為事実を立証するとともに理由付けを行い、
同時に税務上の不利な取扱いを受けないための予防措置として「税務疎明資料」を
準備する意義は大きいといえる。

　なお、税務疎明資料を作成する際の留意点として、疎明のレベルを高め、証明資
料としての能力を派生させるための工夫が必要であり、その工夫によって、疎明資
料が単なる内部文書から客観性あるデータ資料となり、疎明資料の有効性が生じる
ことになる。

　税務調査において質される疑問点のうち、証明資料で解明できない部分の補完を
行うために有効な疎明資料の存在は、調査当局側に「立証可能性」の「心証」を形
成することで、調査の展開を促進し、申告是認の可能性が高まるものと認識して、
その作成準備を進める必要がある。

4　税務疎明資料の作成と管理

　税務証拠フォームとしての第一次的な立証資料は、税務証明資料であり、税務証
明資料は取引相手先等の外部第三者の証印等がある資料であるため、その立証力は
企業の内部文書より一段と高いといえる。

　しかし、この高い証明力ゆえにその税務証明資料の不正使用が発生する事例も少
なくない。また、外部第三者からのデータということで、一種の安心感から思わぬ
不備も生じかねない。

　税務証明資料に、記載内容の不備・誤記や金額の不一致等があると税務調査時に
逆の作用を及ぼすこともある。

　これらの税務証明資料が税務調査の際に、逆効果となって疑問点を発生させるこ
とがあり、その不備・不足を補完するために税務疎明資料が必要になる。

　税務疎明資料は、税務証明資料で立証できない部分を補完し、企業の実態と実情
を認知させ、取引事実とその処理方法につき説明できるデータ資料といえる。

❶ 税務疎明資料とされる書類等

　税務疎明資料は、次のようにきわめて多様であり、現在の情報化社会においては、むしろ過剰な情報データであり通常の税務会計処理の上では、不必要と思われる資料も少なくない。しかし、これらの資料を「項目別」に区分して、税務証明資料に対応する税務疎明資料として活用するならば、税務調査の心証的確認がとれるとともに、「税務証明資料の立証資料」としての価値を発揮することにその存在・作成意義があるといえる。

① 稟議書・伺書・決裁文書
② 人事関係保存資料・決定書類
③ 業務計画書・指示書
④ 資金運用計画書・資金繰り表
⑤ 現場管理台帳・配置予定実施表
⑥ 日程表・月間スケジュール表
⑦ 処理規定・認定基準・金額限度文書
⑧ 従業員日報・定期報告書
⑨ 会議議事録・企業内調査文書
⑩ 責任所在確認文書・始末書
⑪ 発送文書控・到着文書控
⑫ 電話帳・メールアドレス帳・取引先各種通知控
⑬ 契約文書・約定書・念書等
⑭ PR文書・広告宣伝関係資料
⑮ イベント開催資料・成果報告書
⑯ パンフレット・価格表
⑰ マスコミ掲載記事・各種情報
⑱ 写真・録画等
⑲ 各種メールデータ

❷ 税務疎明資料の項目別区分

　税務疎明資料は、内部作成文書である場合が多く、さらに一般の管理文書でもある性格があるので、この文書に税務会計処理を機能させるため、次のように会計処理項目に区分する必要がある。

① 貸借対照表……資産関係疎明資料

② 貸借対照表……負債関係疎明資料

③ 貸借対照表……純資産関係疎明資料

④ 損益計算書……収益関係疎明資料

⑤ 損益計算書……原価関係疎明資料

⑥ 損益計算書……費用関係疎明資料

⑦ 損益計算書……損失関係疎明資料

　そのほか、税務処理項目として区分する場合には、次のようになる。

① 収益・原価・受取配当等

② 棚卸資産・有価証券等

③ 固定資産・減価償却資産

④ 繰延資産・リース資産

⑤ 役員給与・役員退職金

⑥ 保険料・租税公課

⑦ 寄附金・交際費等

⑧ 海外渡航費

⑨ 資産の評価損・貸倒損失・損害賠償金

⑩ 圧縮記帳

⑪ 引当金・準備金

⑫ 借地権・相当の地代

　これらの税務処理項目は、税務調査においての実施調査項目であるとともに、非違事項が発生する比率が高い項目であり、「見解の相違」による適用の有無、「事実認定」をめぐるトラブル発生該当項目といえる。

　したがって、税務処理項目に慣例する取引事実が多く発生する企業は、それら事実を証明する資料のほか、実態を説明する資料として積極的にフォーマットを策定し、その記入を行う疎明資料を作成しておくことが、法令の適用と事実の認定上において、有利な判断を得ることができる可能性が高いといえる。このように、税務疎明資料の種類は多様であるが、各企業が自ら開発した文書を作成して項目別に分類を行い、その対象項目に「税務上必要な疎明事項」を記入して保存することがきわめて重要といえるが、具体的な文書名として次のようなものが考えられる。

① 調書……企業内部において取引事項を調査した内容を記載しておく文書

② 確認書……取引内容等実行行為の確認を実施した文書

③ チェック表……チェックポイントにつき点検を実施した事項を記入した文書

④ その他……明細書・計算書・報告書・日報・記録表等の名称を使用してする文書

Ⅳ 税務証拠として機能する モデルフォーム

1 税務証拠フォームの有機的活用

　税務証拠フォームは、税務証明資料と税務疎明資料から成り立っていることから、その証拠フォームとしての価値は、相互の補完的機能により発揮されるといえる。

　つまり、第一次的な確認を立証する証明資料を補完する機能を疎明資料が受け持つが、同時に疎明資料に記入された事項は証明資料の事実関係を立証する役割を果たすことになるため、証明資料は外部第三者証拠としての性格があり、その基本的立証力は強いといえるが、同日に「接点」の証明力しかないというウィークポイントを持っていることから、次のような事実認定では、証明と疎明の両資料が必要になる。

・法人の会計処理に係る取引事実が、その処理のとおりの取引であるかどうかについて認定の対象となるもの
・法令又は法令解釈通達による抽象的な不確定概念の規定が、企業の対象取引について適用があるかどうかについて認定の対象となるもの

❶ 相互補完機能の必要性

　税務証拠フォームのうち「税務証明資料」は、一般に取引先である外部第三者から収集されるものであるから、取引事実を証明する積極的機能を有している。

　しかし、この外部証明資料は、当然のこととして外部の取引先等が作成するものであるから、収集する企業側の事情やその重要性等につき関知していないため、一般的な慣習の下に作成されることになる。企業側においても、日常の取引における多量な文書・領収書等の1枚にすぎないことから、慣行的に授受しているのが実情であるため、これらの証明資料が税務調査の際に、思わぬトラブルに発展することもあり得る。

　取引当事者間において、不正な行為をしているつもりがなくても、次のように証

明資料が不備であったり、誤記入があったことにより、不適正と判断される場合もある。

① 仮伝票・仮領収書のままになっていた。

② 金額記入を受領側が行っていた。

③ 発行番号・発行日に前後の乱れがあった。

④ 訂正事項の明確な処理がなかった。

⑤ 取引内容が不明のまま金額のみの証憑があった。

⑥ 取引内訳等に勘定科目の混在があった。

⑦ 取引等の性格上、証憑が存在しないままであった。

⑧ 税務上の取扱いについて証拠明確な計上基準がなかった。

⑨ 実施された事実行為を証拠付ける関連性がその証憑のみでは不明であった。

⑩ 結果文書である証憑では、過程・原因・必要性の説明ができなかった。

⑪ 証明資料そのものに疑問を持たれた。

⑫ 相手先の個別事情から証憑が発行されなかった。

⑬ 取引等が企業内活動による内部取引であったため、外部の証明資料がなかった。

⑭ 取引当事者の慣行等で不必要であると判断されていた行為のものであった。

⑮ 人的要因が関連しているため、物的資料では説明ができなかった。

⑯ 金銭支出の確認はできたが、その支出効果・支出事由が不明確であった。

⑰ 取引等の結果についての証拠が証明資料では中間的証明となり、最終結果まで解明ができなかった。

「証明資料」が万能であると考えていても、税務調査により解明が必要な事項について、実際には上記のようにほとんど明確な回答ができないこともあり、これらの問題を補完する機能を有する「疎明資料」が必要になってくる。

❷ 証明資料と疎明資料の特徴を利用した相互活用

「疎明資料」は、税務証拠フォームを提示する企業側において作成・収集され、内部資料が中心であり、次のような性格を有する。

① 作成した一連のプロセスが明確である。

② 内部担当者の証明印等が整っている。

③ 証明資料との関連が明確である。

④ 税務上の計上・判定基準について記載がある。

⑤ 行為等の事実が記載内容により確認できる。

⑥ 業務・会計両責任者が経営ないし事務上の責任を遂行したことを明確にした文

書である。

⑦ 恣意的・個人的行為でないことを示している。

なお、「疎明資料」は企業内文書という性格から、証明力そのものについては不十分な面があるため、その役割は限定的であるといえる。

そのため、それぞれの資料間において相互補完する機能があれば、「税務証拠フォーム」として相乗的な効果が期待できる。

税務調査を受けた企業は経験済みであると思われるが、1枚の伝票・1枚の領収書について具体的な説明が十分にできないために疑問点が解明できず、それが見解の相違に発展する税務トラブルが少なくない現実がある。

これらの多くの原因は、まさに「証明資料」に疎明力がなく、「疎明資料」に証明力がないために生じているものといえる。

❸ 証明資料と疎明資料の有機的関連活用

証明資料と疎明資料について、次のようなチェックポイントに留意し、より精度の高い「税務証拠フォーム」を準備して税務調査に臨めば、法令等の適用上の相違点や事実認定をめぐる税務トラブルの発生を相当程度防ぐことができるものと思われる。

① 証明資料に疎明資料の番号を記入する。

② 疎明資料に証明資料を検索するための記号等を記入する。

③ 重要な取引については、一方の資料のコピーを相互に添付する。

④ 疎明資料に外部関係者の署名押印等を受けておく。

2 税務証拠のモデルフォーム策定の留意点

税務証拠である「証明資料」と「疎明資料」のモデルフォームを策定する際の留意点として、次の項目が考えられる。

❶ 証明資料のバージョンアップ

① すでに様式・記載方法等が定型化している資料の機能的欠陥を確認する。

② 不要記載事項の省略に努める。

③ 捺印・押印の方式を見直す。

④　文書番号の類型化を図り検索機能を高める。

⑤　疎明資料との関連性を持たせる。

⑥　管理証明資料としての必要範囲と目的性等を確認する。

❷　疎明資料の証明資料へのレベルアップ

①　証明資料の補完的機能を有する様式を備える。

②　税務における事実認定の判定における記載事項が様式化する。

③　法令通達の適用・解釈に資する記載欄を設ける。

第1章

会社の営業収益・売上原価項目に係る税務証拠フォーム

I 営業収益の計上基準

1 営業収益計上時期チェック表 ||||||||||||||||||||||||||||||||||||||||||||||||||||||||||||||||||||||||||||

❶ チェック表の作成目的

⑴ 棚卸資産の販売の収益計上時期

　営業収益のうち商品・製品等である棚卸資産の収益の額は、その引渡しがあった日の属する事業年度の益金の額に算入されるが、その引渡しの日がいつであるかについては、例えば出荷した日（出荷基準）・船積みした日（船積基準）・相手方に着荷した日（着荷基準）・相手方が検収した日（検収基準）・相手方において使用収益ができることとなった日（使用収益開始基準）・検針等により販売数量を確認した日（検針日基準）等その棚卸資産の種類及び性質・その販売に係る契約の内容等に応じ、その引渡しの日として合理的であると認められる日のうち、法人が継続してその収益計上を行うこととしている日によるものとされる（法基通2－1－2、2－1－4）。

　また、棚卸資産の委託販売に係る収益の額は、その委託品について受託者が販売をした日の属する事業年度の益金の額に算入する。ただし、その委託品についての売上計算書が売上の都度作成され送付されている場合において、法人が継続してその収益をその売上計算書の到達した日において収益計上を行っているときは、その収益の額はその事業年度の益金の額に算入する（法基通2－1－3）。

　なお、受託者が週・旬・月を単位として一括して売上計算書を作成している場合においても、それが継続して行われているときは、「売上の都度作成され送付されている場合」に該当する（法基通2－1－3（注））。

第 1 章　会社の営業収益・売上原価項目に係る税務証拠フォーム

図表 1 － 1	収益計上時期	
各基準の区分	収益計上時期	引渡しの具体的な時期
出荷基準	出庫・貨車積み・搬入	商品等を出荷した時に、引渡しがあったとする方法
船積基準	船積み	船積みした時に、引渡しがあったとする方法
着荷基準	相手方への着荷	相手方に着荷した時に、引渡しがあったとする方法
検収基準	相手方の検収	相手方の検収が完了した時に、引渡しがあったとする方法
使用収益開始基準	相手方の使用収益の開始	土地等を相手方が使用収益することができることとなった日に、引渡しがあったとする方法
検針日基準	検針等による確認	検針等により販売数量を確認した時に、引渡しがあったとする方法

Ⅰ　営業収益の計上基準

(2) 税務証拠フォームとしてのチェック表の必要性

　棚卸資産の収益の額が、上記(1)のいずれかの基準によって計上されている場合において、適正な期間損益計算を行うためには、決算期末前後の売上高について、収益計上時期が的確に処理されているか検証する必要がある。

　例えば、あるメーカーが自社製品を製造販売し、代金を回収するまでの過程をとらえると次のようになる。

① 　購入者の購入申込み又は予約
② 　メーカーと購入者が販売又は納入の契約
③ 　メーカーが受注品の製造開始
④ 　メーカーが受注品を完成
⑤ 　メーカーによる製品の検査と入庫
⑥ 　メーカーが倉庫から出庫及び梱包
⑦ 　メーカーによる運送開始
⑧ 　購入者の指定場所へ到着
⑨ 　製品を購入者へ引渡し
⑩ 　購入者が製品を検収
⑪ 　メーカーが代金を請求
⑫ 　メーカーが代金の一部回収
⑬ 　メーカーが代金の残金を受領

　上記の取引が、申込書・予約書・発注書・受注書・契約書・指図書・出庫指示書・納品書・受領書・検収納入書・請求書・領収書等の各帳票・証憑類が作成され、相互に交付される複雑なプロセスがあり、その間にも積送中、あるいは検収未了等の時点差があるため、収益計上時期は改めて証憑類その他の検証によって的確を期す必要がある。

　このような実態において、営業収益計上時期が的確か否かチェックする目的で作成される文書が「営業収益計上時期チェック表」（フォーム１－１）である。

❷　作成上のポイント

(1) 選定した収益計上基準の明示

　「選定した収益計上基準」欄に、棚卸資産である商品・製品の引渡しについて選定した収益計上基準（出荷基準・検収基準等）を明示する。

20

第 1 章　会社の営業収益・売上原価項目に係る税務証拠フォーム

| フォーム 1 － 1 | 営業収益計上時期チェック表 |

会社名 _____　　　No. _____

事業年度 _____　　作成日 _____

営業収益計上時期チェック表

選定した 収益計上基準	出荷基準　・　検収基準　・　使用収益開始基準　・　その他					
計上時期日程	納品書等	金　額	引渡日	時期修正	当　　期	翌期(前期)
当　期						
決 算 日						
翌　期						

修正	当期繰入額						
	翌期繰越額						

処理検印	扱　者	担当者	管理者	営業部	経理部	決裁

Ⅰ　営業収益の計上基準

(2)　決算期末前後の日程の明示

　本チェック表は、商品・製品の販売が当事業年度に帰属するか、又は翌事業年度に帰属するかを検証し、的確な期間収益を把握するために作成する文書であることから、決算期末前後の日程を記載する**「計上時期日程」**欄を設けている。

　「計上時期日程」欄は、納品された日を明記するが、その法人の業種や取扱商品等によって日程の設定方法を変更しても差し支えない。毎日納品がある場合と、一定期間に何回か一括して納品する場合とでは、日程の設定方法の変更が必要になるケースもあり得る。

(3)　納品書等及び納品金額等の明示

　「納品書等」欄には、納品書等の発行番号等を明示するとともに、**「金額」**欄には、納品された金額を記載するが、業種や取扱品によって、数量や投下原価を記載したほうが明確となる場合もあり得る。

　また、納品書等が作成されない取引については、その代用となる資料によって引渡日等を検証することになる。

(4)　引渡日の明示

　「引渡日」欄は、**「選定した収益計上基準」**欄で選定した基準による納品書等の発行日と、実際の引渡日に相違がある場合に備え設定している。

(5)　時期修正の有無

　「時期修正」欄は、上記の検証により、納品書等による経理処理と実際に引渡しのあった日との時間的な誤差をチェックするためのものである。例えば、積送中であったり、未検収である商品・製品等をチェックするために設けている欄である。

(6)　営業収益の帰属

　「当期」欄と**「翌期（前期）」**欄は、営業収益が当事業年度に帰属するか翌（前）事業年度に帰属するかを最終判断するために設けている。

(7)　その他のポイント

　取引先が多数で、1日ごとに納品書等をまとめて**「時期修正」**欄の検証をすることが困難な場合には、**「納品書等」**欄を多桁にするか、別紙により明示する方法もある。

本チェック表は、毎回、ある程度まとまった納品が生じる製造業や卸売業を想定して作成されているが、納品の態様が異なる業種では、まったく相違する様式となる場合もあり得る。

サービス業等であれば、役務の提供にあった日程等に変更すべきであり、小売業等の場合には、レジの締切り・自動販売機売上計算・各営業所の売上チェック等ができる様式にすることも想定される。

❸　上手な記入方法

(1)　「会社名」欄等への記入

「会社名」欄には「Ａ株式会社」と会社名を記入し、「事業年度」欄には「X.4.1〜X1.3.31」と記入する。

(2)　「選定した収益計上基準」欄への記入

Ａ株式会社は、○○商品について出荷基準を選定していることから、出荷基準に○を付す。

(3)　「計上時期日程」欄への記入

Ａ株式会社は３月末決算であることから、例えば、決算日前後の各１月（X1年３月とX1年４月）について、営業収益計上時期の帰属を検証するため「計上時期日程」欄のうち「当期」欄に３月中の取引について納品書等の日付を記入し、「翌期」欄には４月中の取引について納品書等の日付を記入する。

「計上時期日程」欄のうち「当期」欄には、事業年度の最終月であるX1年３月中の納品書等の発行日（曜日も含む）を記入するとともに、「翌期」欄にはX1年４月中の納品書等の発行日（曜日も含む）を記入する。さらに、「決算日」欄に「３月31日（土）」と記入する。

本事例では、決算日前後の各１月の期間（２カ月）について、営業収益計上時期の帰属を検証しているが、業種及び種別によっては、その期間を短く設定したり、長く設定してもよい。

(4)　当期の「納品書等」欄への記入

当期の「納品書等」欄には、「計上時期日程」欄に記載された各発行日の納品書等の番号を記入する（Ａ株式会社が採用している番号又は記号による）。

本事例と異なり、商品名・相手先名等で収益計上時期が検証しやすい表示にして

フォーム１－２	営業収益計上時期チェック表＜記載例＞

会社名　　　Ａ株式会社　　　　　　　　　　　No.　　　　1

事業年度　X.4.1～X1.3.31　　　　　　　　　　作成日　　X1.4.1

営業収益計上時期チェック表

選定した 収益計上基準	（出荷基準）・ 検収基準 ・ 使用収益開始基準 ・ その他					
計上時期日程	納品書等	金　額	引渡日	時期修正	当　　期	翌期(前期)
当　　期						
X1年3月 1日(木)	300101	200万円	3月 1日	否	○	－
3月15日(木)	301501	50万円	3月15日	否	○	－
3月25日(月)	302501	100万円	3月28日	要	○	－
3月30日(金)	303001	150万円	4月 4日	要	－	○
決 算 日						
3月31日(土)						
翌　　期						
X1年4月 2日(月)	400201	250万円	3月30日	要	－	(○)
4月 3日(火)	401001	300万円	4月 3日	否	○	－
修正	当期繰入額	250万円				
	翌期繰越額	150万円				
処理検印	扱　者	担当者	管理者	営業部	経理部	決裁

24

もよい。

(5) 当期の「金額」欄への記入

当期の「**金額**」欄には、「**納品書等**」欄に記入された売上金額を記入するが、数量等を記入してもよい。

(6) 当期の「引渡日」欄への記入

当期の「**引渡日**」欄には、納品書等の発行日と実際に商品等の引渡日との誤差を検証するため、各取引による引渡日を記入する。

(7) 当期の「時期修正」欄への記入

当期の「**時期修正**」欄により、「**計上時期日程**」欄の納品書等の発行日と当期の「**引渡日**」欄の日付が一致するか否か検証を行う。

納品書等の発行日が3月1日（木）及び3月15日（木）の取引は、引渡日と日付が一致し時期修正が不要なため、当期の「**時期修正**」欄に「**否**」と記入する。

また、納品書等の発行日が3月25日（月）（引渡日3月28日）及び3月30日（金）（引渡日4月4日）の取引は、引渡日と日付が一致しないため、当期の「時期修正」欄に「要」と記入する。

(8) 当期の「当期」及び「翌期」欄への記入

「**計上時期日程**」欄の納品書等の発行日が3月1日（木）及び3月15日（木）の取引は、日付が引渡日と一致し時期修正が不要なため、当期の「**当期**」欄に「**○**」及び「**翌期**」欄に「**－**」と記入する。

納品書等の発行日が3月25日（月）の取引（引渡日3月28日）は、日付が引渡日と一致せず時期修正が必要であるが、修正後の日付は3月28日であり当期に帰属することから、上記と同様に当期の「**当期**」欄に「**○**」及び「**翌期**」欄に「**－**」と記入する。

納品書等の発行日が3月30日（金）の取引（引渡日4月4日）は、日付が引渡日と一致せず時期修正が必要であり、修正後の日付は4月4日であり翌期に帰属することから、当期の「**当期**」欄に「**－**」及び「**翌期**」欄に「**○**」と記入する。

(9) 翌期の「納品書等」欄への記入

翌期の「**納品書等**」欄には、当期の「**納品書等**」欄と同様に、「**計上時期日程**」欄に記入された各発行日の納品書等の番号を記入する。

⑽ 翌期の「金額」欄への記入

翌期の「**金額**」欄には、当期の「**金額**」欄と同様に、「**納品書等**」欄に記載された売上金額を記入する。

⑾ 翌期の「引渡日」欄への記入

翌期の「**引渡日**」欄には、当期の「**引渡日**」欄と同様に、納品書等の発行日と実際に商品等の引渡しのあった日との差異を検証するため、引渡日を記入する。

⑿ 翌期の「時期修正」欄への記入

翌期の「**時期修正**」欄には、当期の「**時期修正**」欄と同様に、「**計上時期日程**」欄の納品書等の発行日と当期の「**引渡日**」欄の日付が一致するか検証を行う。

納品書等の発行日が４月３日（火）の取引は、引渡日と日付が一致し時期修正が不要なため、翌期の「**時期修正**」欄に「**否**」と記入する。

しかし、納品書等の発行日が４月２日（月）（引渡日３月30日）の取引は、引渡日と日付が一致しないため、翌期の「**時期修正**」欄に「**要**」と記入する。

⒀ 翌期の「当期」及び「（前期）」欄への記入

「**計上時期日程**」欄の納品書等の発行日が４月３日（火）の取引は、引渡日と一致し時期修正が不要なため、翌期の「**当期**」欄に「**○**」及び「**（前期）**」欄に「**－**」と記入する。

納品書等の発行日が４月２日（月）の取引（引渡日３月30日）は、引渡日と日付が一致せず時期修正が必要であるが、修正後の日付は３月30日であり前期に帰属することから、翌期の「**当期**」欄に「**－**」及び「**（前期）**」欄に「**○**」と記入する。

⒁ 「修正」欄への記入

下段の左にある営業収益計上時期の「**修正**」欄には、修正の対象となった金額について、振替処理を行うために決算修正伝票を起票する。

具体的には、当期繰入額「250万円（納品書等の発行日が４月２日（月）の取引）」であり、翌期繰越額は「150万円（納品書等の発行日が３月30日（金）の取引）」である。

26

第1章　会社の営業収益・売上原価項目に係る税務証拠フォーム

❹　関連税務のチェックポイント

　法人の各事業年度の所得金額の計算上、その事業年度の益金の額に算入すべき金額は、別段の定めがあるものを除き、資産の販売・有償又は無償による資産の譲渡又は役務の提供・無償による資産の譲受けその他の取引で資本等取引以外のものに係るその事業年度の収益の額である（法法22②）。

(1)　営業収益計上時期（原則）

　営業収益の計上は、一般に公正妥当と認められる会計処理の基準に従って行われる。

① 　棚卸資産の販売の収益計上時期

　　18頁参照

② 　役務の提供の収益計上時期

　(イ)　請負に係る収益の帰属の時期

　　請負（法法64①（長期大規模工事の請負に係る収益及び費用の帰属事業年度）の規定の適用があるもの及び法法64②（長期大規模工事以外の工事の請負に係る収益及び費用の帰属事業年度）の規定の適用を受けるものを除く）について、その引渡し等の日が役務の提供の日に該当し、その収益の額は、原則として引渡し等の日の属する事業年度の益金の額に算入される（法基通2－1－21の7）。

　　ただし、その請負が、その請負に係る履行義務が充足されていくそれぞれの日の属する事業年度において、提供する役務につき通常得べき対価の額に相当する金額にその事業年度終了の時における履行義務の充足に係る進捗度を乗じて計算した金額から、その各事業年度前の各事業年度の収益の額とされた金額を控除した金額を益金の額に算入しているときは、これが認められる（法基通2－1－21の5）。

　　なお、「履行義務が一定の期間にわたり充足されるもの」とは、次のいずれかを満たすものであることをいう（法基通2－1－21の4）。

　　ⓐ　取引における義務を履行するにつれて、相手方が便益を享受すること。

　　ⓑ　取引における義務を履行することにより、資産が生じ、又は資産の価値が増加し、その資産が生じ、又は資産の価値が増加するにつれて、相手方がその資産を支配すること。

　　ⓒ　次の要件のいずれも満たすこと。

　　　(i)　取引における義務を履行することにより、別の用途に転用することがで

きない資産が生じること。

　(ii)　取引における義務の履行を完了した部分について、対価の額を収受する
　　　強制力のある権利を有していること。

　なお、この取扱いは、履行義務の充足に係る進捗度を合理的に見積もることが
できる場合に限り適用されるが、履行義務の充足に係る進捗度を合理的に見積も
ることができない場合においても、その履行義務を充足する際に発生する原価の
額を回収することが見込まれる場合には、その履行義務の充足に係る進捗度を合
理的に見積もることができることとなる時まで、履行義務を充足する際に発生す
る原価のうち回収することが見込まれる原価の額をもってその事業年度の収益の
額とする。

　なお、履行に着手した後の初期段階において、履行義務の充足に係る進捗度を
合理的に見積もることができない場合には、その収益の額を益金の額に算入しな
いことができる（法基通2－1－21の5㊟3）。

　例えば、委任事務又は準委任事務の履行により得られる成果に対して報酬を支
払うことを約している場合についても同様とする（法基通2－1－21の7㊟1）。

　また、法人が請け負った建設工事等につき、その事業年度において引き渡した
建設工事等の量又は完成した部分に区分した単位ごとにその収益を計上している
場合には、その部分に対応する工事代金の額をその事業年度の益金の額に算入す
る（法基通2－1－21の7㊟2）。

図表1－2	収益計上時期	
物の引渡しを要するもの	完成引渡 ➡	目的物全部を完成して引き渡した日
	部分完成 ➡	完成部分を引き渡した日（法基通2－1－21の7）
物の引渡しを要しないもの	役務完了 ➡	役務の全部を完成した日
	部分完了 ➡	部分的に収益金額が確定した日 （法基通2－1－21の10）

(ロ)　建設工事等の引渡しの日の判定

　上記の場合において、請負契約の内容が建設工事等を行うことを目的とするも
のであるときは、その建設工事等の引渡しの日がいつであるかについては、例え
ば作業を結了した日・相手方の受入場所へ搬入した日・相手方が検収を完了した
日・相手方において使用収益ができることとなった日等その建設工事等の種類及
び性質、契約の内容等に応じその引渡しの日として合理的であると認められる日
のうち、法人が継続してその収益計上を行うこととしている日による（法基通

2－1－21の8)。

(ハ)　不動産の仲介あっせん報酬の収益計上時期

　土地・建物等の売買・交換又は賃貸借の仲介又はあっせんをしたことにより受ける報酬の額は、原則としてその売買等に係る契約の効力が発生した日の属する事業年度の益金の額に算入する。ただし、法人が、売買又は交換の仲介又はあっせんをしたことにより受ける報酬の額について、継続してその契約に係る取引の完了した日（同日前に実際に収受した金額があるときは、その金額についてはその収受した日）において収益計上を行っている場合には、その収益の額はその事業年度の益金の額に算入する（法基通2－1－21の9)。

(ニ)　技術役務の提供に係る報酬の帰属の時期と収益の計上の単位

　設計・作業の指揮監督・技術指導その他の技術役務の提供を行ったことにより受ける報酬の額は、その履行義務が一定の期間にわたり充足されるものに該当する場合を除き、原則としてその約した役務の全部の提供を完了した日の属する事業年度の益金の額に算入するのであるが、設計・作業の指揮監督・技術指導その他の技術役務の提供について次に掲げるような事実がある場合に、次の期間又は作業に係る部分に区分した単位ごとにその収益の額を計上する場合には、その支払を受けるべき報酬の額が確定する都度その確定した金額をその確定した日の属する事業年度の益金の額に算入するものとする。

　　ⓐ　報酬の額が現地に派遣する技術者等の数及び滞在期間の日数等により算定され、かつ、一定の期間ごとにその金額を確定させて支払を受けることとなっている場合

　　ⓑ　例えば基本設計に係る報酬の額と部分設計に係る報酬の額が区分されている場合のように、報酬の額が作業の段階ごとに区分され、かつ、それぞれの段階の作業が完了する都度その金額を確定させて支払を受けることとなっている場合

　ただし、その支払を受けることが確定した金額のうち役務の全部の提供が完了するまで又は1年を超える相当の期間が経過するまで支払を受けることができないこととされている部分の金額については、その完了する日とその支払を受ける日とのいずれか早い日まで収益計上を見合わせることができる（法基通2－1－1の5、2－1－21の10)。

(ホ)　運送収入の収益計上時期

　運送業における運送収入の額は、その履行義務が一定の期間にわたり充足されるものに該当する場合を除き、原則としてその運送に係る役務の提供を完了した日の属する事業年度の益金の額に算入する。ただし、法人が、運送契約の種類・

性質・内容等に応じ、例えば次に掲げるような方法のうちその運送収入に係る収益の計上基準として合理的であると認められるものにより継続してその収益計上を行っている場合には、その収益の額はその事業年度の益金の額に算入する（法基通2－1－21の11）。

　　ⓐ　乗車券・乗船券・搭乗券等を発売した日（自動販売機によるものについては、その集金をした時）にその発売に係る運送収入の額を収益計上する方法

　　ⓑ　船舶・航空機等が積地を出発した日にその船舶・航空機等に積載した貨物又は乗客に係る運送収入の額を収益計上する方法

　　ⓒ　一の航海（船舶が発港地を出発してから帰港地に到着するまでの航海をいう）に通常要する期間がおおむね4月以内である場合において、その一の航海に係る運送収入の額をその一の航海を完了した日に収益計上する方法

　　ⓓ　運送業を営む2以上の法人が運賃の交互計算又は共同計算を行っている場合におけるその交互計算又は共同計算によりその配分が確定した日に収益計上を行う方法

　　ⓔ　海上運送業を営む法人が船舶による運送に関連して受払する滞船料について、その額が確定した日に収益計上を行う方法

　なお、早出料については、その額が確定した日の属する事業年度の損金の額に算入することができる。

㈭　機械設備等の販売に伴い据付工事を行った場合の収益の計上の単位

　法人が機械設備等の販売をしたことに伴いその据付工事を行った場合（法法64①（長期大規模工事の請負に係る収益及び費用の帰属事業年度）の規定の適用があるもの及び法法64②（長期大規模工事以外の工事の請負に係る収益及び費用の帰属事業年度）の規定の適用を受けるものを除く）において、その据付工事が相当の規模のものであり、かつ、契約その他に基づいて機械設備等の販売に係る対価の額とその据付工事に係る対価の額とを合理的に区分することができるときは、その区分した単位ごとにその収益の額を計上することができる（法基通2－1－1の2）。

㈯　部分完成の事実がある場合の収益の計上の単位

　法人が請け負った建設工事等について、次に掲げるような事実がある場合（法法64①（長期大規模工事の請負に係る収益及び費用の帰属事業年度）の規定の適用があるもの及び64②（長期大規模工事以外の工事の請負に係る収益及び費用の帰属事業年度）の規定の適用を受けるものを除く）には、その建設工事等の全部が完成しないときにおいても、その事業年度において引き渡した建設工事等の量又は完成した部分に区分した単位ごとにその収益の額を計上する（法基通

2－1－1の4)。

ⓐ 一の契約により同種の建設工事等を多量に請け負ったような場合で、その引渡量に従い工事代金を収入する旨の特約又は慣習がある場合

ⓑ 1個の建設工事等であっても、その建設工事等の一部が完成し、その完成した部分を引き渡した都度その割合に応じて工事代金を収入する旨の特約又は慣習がある場合

㈭ 資産の引渡しの時の価額等の通則

法人の各事業年度の資産の販売等に係る収益の額としてその事業年度の所得の金額の計算上益金の額に算入する金額とは、その販売若しくは譲渡をした資産の引渡しの時における価額又はその提供をした役務につき通常得べき対価の額に相当する金額（以下「引渡し時の価額等」という）をいい、原則として資産の販売等につき第三者間で取引されたとした場合に通常付される価額をいう。なお、資産の販売等に係る目的物の引渡し又は役務の提供の日の属する事業年度終了の日までにその対価の額が合意されていない場合は、同日の現況により引渡し時の価額等を適正に見積もるものとするが、その後確定した対価の額が見積額と異なるときは、その差額に相当する金額につきその確定した日の属する事業年度の収益の額を減額し、又は増額する。

また、引渡し時の価額等が、その取引に関して支払を受ける対価の額を超える場合において、その超える部分が、寄附金又は交際費等その他のその法人の所得の金額の計算上損金に算入されないもの、剰余金の配当等及びその法人の資産の増加又は負債の減少を生ずるものに該当しない場合には、その超える部分の金額を益金の額及び損金の額に算入する必要はない（法基通2－1－1の10）。

㈠ 値増金の益金算入時期

法人が請け負った建設工事等に係る工事代金につき資材の値上がり等に応じて一定の値増金を収入することが契約に定められている場合において、その収入すべき値増金の額については、次の区分に応じ、それぞれ次による。ただし、その建設工事等の引渡しの日後において相手方との協議によりその収入すべき金額が確定する値増金については、その収入すべき金額が確定した日の属する事業年度の収益の額を増額する（法基通2－1－1の15）。

ⓐ その建設工事等が履行義務が一定の期間にわたり充足されるものに該当する場合......値割金を収入することが確定した日の属する事業年度以後の収益の額の算定に反映する。

ⓑ ⓐ以外の場合......その建設工事等の引渡しの日の属する事業年度の益金の額に算入する。

⑵　営業収益計上時期（特例：長期大規模工事の「工事進行基準」）

　営業収益の計上は、原則として発生主義とともに実現主義又は費用収益対応の原則等の諸基準を併せて適用されるが、法人が、長期大規模工事に該当する工事（製造及びソフトウェアの開発を含む）の請負をしたときは、工事進行基準の方法による収益の計上が強制適用される。

①　工事進行基準の方法

　長期大規模工事については、その着工事業年度からその目的物の引渡しの日の属する事業年度の前事業年度までの各事業年度の所得の金額の計算上、以下の算式に示した工事進行基準の方法により計算した金額を、益金の額及び損金の額に算入する（法法 64、法令 129）。

（収益の額）

$$\text{請負の対価の額} \times \frac{\text{すでに要した原材料費、労務費、その他の経費の額の合計額}}{\text{期末の現況による工事原価の見積額}} - \text{すでに収益の額として計上した金額}$$

（費用の額）

$$\text{期末の現況により見積もられる工事原価の額} \times \frac{\text{すでに要した原材料費、労務費、その他の経費の額の合計額}}{\text{期末の現況による工事原価の見積額}} - \text{すでに費用の額として計上した金額}$$

②　長期大規模工事の要件

　長期大規模工事とは、次の要件のすべてを満たす工事をいう。

⑷　その着手の日からその工事に係る契約において定められている目的物の引渡しの期日までの期間が 1 年以上であること。

⑿　その請負の対価の額が 10 億円以上の工事であること。

⑾　その工事に係る契約において、その請負の対価の額の 2 分の 1 以上がその工事の目的物の引渡しの期日から 1 年を経過する日後に支払われることが定められていないものであること。

③　長期大規模工事以外の工事

　長期大規模工事以外の工事で、その着工事業年度中にその目的物の引渡しが行われないものの請負をした場合において、着工事業年度からその工事の目的物の引渡しの日の属する事業年度の前事業年度までの各事業年度の確定した決算において工事進行基準の方法により経理したときは、その経理した収益の額及び費用の額は、

当該各事業年度の所得の金額の計算上、益金の額及び損金の額とすることができる（法法64）。

④　工事進行基準が強制適用されないための税務証拠フォーム

　長期大規模工事に該当する工事の請負であっても、その事業年度終了のときにおいて次のいずれかに該当すれば、その事業年度は工事進行基準の方法を適用しないことが認められている（法令129⑥）。

　㈤　その工事の着手の日から6月を経過していないもの

　㈥　工事進行割合が20％未満のもの

　具体的には次の証明方法が考えられる。

　　ⓐ　その工事の着手の日から6月を経過していないことの証明方法

　　　長期大規模工事の種類及び性質、その長期大規模工事に係る契約の内容、慣行等に応じその「重要な部分の作業」を開始した日として合理的であると認められる日のうち法人が継続して判定の基礎としている日によるものとする（法基通2－4－17）。

　　　具体的にどのような作業を開始した日が「重要な部分の作業」を開始した日に該当するかは、建設工事の請負については、杭打ちの開始の日や資産搬入の日が、製造の請負については設計開始の日や内製品の製造・購入材料による組立て開始の日が考えられるので、それらの日が記された資料が必要となる。

　　ⓑ　工事進行基準が20％未満の証明方法

　　　工事の進行度合いを示す合理的な基準として図表Ⅰ－3に掲げる割合が考えられる。

図表1－3　工事の進行度合いを示す基準

① 原価比率法……必要工事原価に対する発生工事原価の割合
$\dfrac{発生工事原価の累計額}{見積工事原価の総額}$ ＜ 20％
② 期間比率法……必要工事総日数に対する工事経過日数の割合
$\dfrac{工事経過日数}{必要工事総日数}$ ＜ 20％
③ 原材料費比率法……総工事原価のうち原材料費に対する投入原材料の割合
$\dfrac{投入原材料}{総工事原価のうちの原材料費}$ ＜ 20％

---

⑤　消費税の取扱い

　法人税では、工事進行基準の方法により収益及び費用の額を繰上計上した場合においても、消費税では工事の請負に係る資産の譲渡等の時期をその引渡しのあった

日によることは差し支えない（消基通9－4－1）。

つまり、法人税法上、工事進行期基準の方法により収益及び費用を繰上計上しても、消費税法では工事進行基準又は工事完成基準のいずれかを選択し、課税売上げの計上時期とすることが可能である。

(3) 「収益認識に関する会計基準（企業会計基準29号）」への対応

平成30年3月30日に収益認識に関する包括的な会計基準となる企業会計基準29号「収益認識に関する会計基準」が公表され、平成33年4月以後開始事業年度において本格的に適用されることとなった。これに伴い、平成30年度税制改正において法人税法では新たに資産の販売等に係る収益の計上時期及び計上額を明確化する規定が設けられるなどの改正が行われ、平成30年4月1日以後に終了する事業年度から適用されることになった。

なお、中小企業の会計処理については、従来どおり企業会計原則等による会計処理が認められることとされているので、通達等の改正により従来の取扱いが変更されるものではない。

① 資産の販売等に係る収益の認識時期

資産の販売若しくは譲渡又は役務の提供（以下「資産の販売等」という）に係る収益の額は、原則としてその資産の販売等に係る目的物の引渡し又は役務の提供の日（以下「引渡し等の日」という）の属する事業年度の所得の金額の計算上、益金の額に算入することが明確化された（法法22の2①）。

ただし、資産の販売等に係る収益の額につき一般に公正妥当と認められる会計処理の基準（以下「公正処理基準」という）に従って引渡し等の日に近接する日の属する事業年度の確定した決算において収益として経理した場合には、その資産の販売等に係る収益の額は、その事業年度の所得の金額の計算上、益金の額に算入することとされた（法法22の2②）。

なお、引渡し等の日に近隣する日の属する事業年度の確定申告書に収益の額の益金算入に関する申告の記載をした場合（公正処理基準に従って引渡し等の日又はその近接する日の属する事業年度の確定した決算において収益として経理している場合を除く）には、その近接する日の属する事業年度の確定した決算において収益として経理したものとみなすこととされた（法法22の2③）（図表1－4）。

第 1 章　会社の営業収益・売上原価項目に係る税務証拠フォーム

| 図表 1 − 4 | 資産の販売等に係る収益の認識時期 |

資産の販売等に係る収益の額は、次のいずれかの日の属する事業年度の所得の金額の計算上、益金の額に算入する。

（例：3 月決算法人）

原則処理（法法 22 の 2①）

	X1 期	X2 期
申告	●	
経理	■	

引渡し等の日　　3/31

例外処理 1（法法 22 の 2②）

右以外の日	引渡し等の日に近接する日 （公正処理基準における収益認識の日）	左以外の日
申告	●	
経理	■	

引渡し等の日　　3/31

○　引渡し等の日に近接する日（公正処理基準における収益認識の日）に収益経理
⇒　その近接する日の属する事業年度で益金算入

例外処理 2（法法 22 の 2③）

右以外の日	引渡し等の日に近接する日 （公正処理基準における収益認識の日）	左以外の日
申告		
経理		■

引渡し等の日　　3/31

○　引渡し等の日に近接する日（公正処理基準における収益認識の日）の属する事業年度の確定申告書において申告調整をした場合には、その日の属する事業年度に収益経理をしたものとみなして、その事業年度で益金導入する。

資産の販売等に係る収益の額は、引渡し等の日又はその近接する日において収益経理している場合には、申告調整によりこれらの日以外の日に変更することはできない。

例外処理 2（法法 22 の 2③）の適用不可

右以外の日	引渡し等の日に近接する日 （公正処理基準における収益認識の日）	左以外の日
申告	●	●
経理	■	

引渡し等の日　　3/31

右以外の日	引渡し等の日に近接する日 （公正処理基準における収益認識の日）	左以外の日
申告	●	●
経理	■	

引渡し等の日　　3/31

（出典）　国税庁資料を一部加工

② 資産の販売等に係る収益の額

　資産の販売等に係る収益の額として所得の金額の計算上、益金の額に算入する金額は、原則として、その販売若しくは譲渡をした資産の引渡しの時における価額又はその提供をした役務につき通常得べき対価の額（以下「引渡し等の時における価額」という）に相当する金額とすることが明確化された（法法22の2④）。

　その引渡し等の時における価額は、貸倒れ又は買戻しの可能性がある場合においても、その可能性がないものとした場合における価額とされる（法法22の2⑤）。

　なお、値引き又は割戻しについて客観的に見積られた金額を当初の契約上の対価の額から控除した額も引渡し等の時における価額とされる。

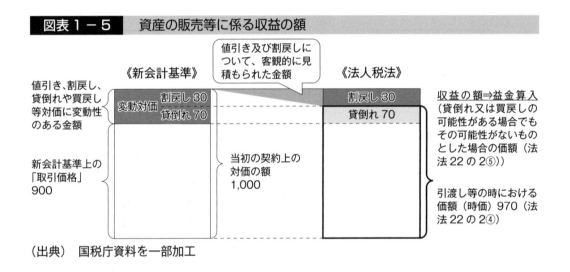

図表1-5　資産の販売等に係る収益の額

（出典）　国税庁資料を一部加工

③ 収益の額に係る修正の経理

　資産の販売等に係る収益の額について、公正処理基準に従って、引渡し等の日の属する事業年度後の事業年度の確定した決算において修正の経理（法法22の2⑤各号に掲げる貸倒れ及び買戻しの事実が生ずる可能性の変動に基づく修正の経理を除く）をした場合に、その引渡し等の日の属する事業年度において所得の金額の計算上益金の額に算入された金額にその修正の経理により増加した金額を加算し、又はその益金の額に算入された金額からその修正の経理により減少した金額を控除した金額がその資産の販売等に係る引渡し等の時における価額に相当するときは、その修正の経理により増加し、又は減少した金額は、その修正の経理をした事業年度の所得の金額の計算上、益金の額又は損金の額に算入することとされた（法法22の2⑦、法令18の2①・②）。

　また、引渡し等事業年度においてその収益の額につき適正に益金算入された場合で、上記の適用がない場合において、資産の販売等に係る収益の額について、引渡

し等の日の属する事業年度後に生じた事情によりその資産の販売等に係る引渡し等の時における価額が変動したときは、その変動により増加し、又は減少した価額はその変動することが確定した事業年度の所得の計算上、益金の額又は損金の額に算入することとされた（法法22の2⑦、法令18の2③）。

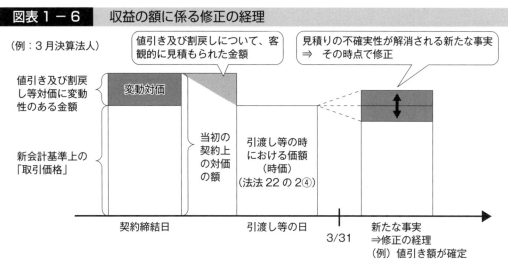

（出典） 国税庁資料を一部加工

④ 現物分配等に係る収益の額

無償による資産の譲渡に係る収益の額は、金銭以外の資産による利益又は剰余金の分配及び残余財産の分配又は引渡しその他これらに類する行為として資産の譲渡に係る収益の額を含むこととされ、これらの取引についても法人税法上の「収益の額」が生ずることが明確化された（法法22の2⑥）。

⑤ 返品調整引当金の廃止

返品調整引当金制度は、経過措置を講じた上、廃止された（旧法法53）。

⑥ 長期割賦販売等に係る収益及び費用の帰属年度の特例

長期割賦販売等に係る収益及び費用の帰属年度の特例のうち、リース譲渡に係る部分以外の部分（資産の販売等で一定の要件に適合する条件を定めた契約に基づき行われるもの）が、経過措置を講じた上、廃止された（旧法法63）。

2 売上割戻し計上時期チェック表

❶ チェック表の作成目的

(1) 売上割戻しの概要

　売上割戻しとは、一定期間に多額又は多量の取引をした得意先に対し売上代金を返戻することをいうが、その支払基準は売上高基準・販売数量基準・売掛金回収基準・特殊事情勘案基準等、各企業により採用される基準は異なる。

　得意先ごとに返戻率が異なる方法でも、その基準が得意先の営業地域の特殊事情を考慮して合理的に定められているのであればその方法も認められる。また、目標売上達成の取引先のみに支出するものや、割増支出でその取引先の協力度合いの判定に関するものも売上割戻しに該当する。

(2) 売上割戻しの計上時期

　売上割戻しには、その損金計上時期に関連して3つのタイプの契約内容による方式がある。すなわち、算定基準明示型・算定金額通知型・売上割戻し預り型であり、図表1－7、8に掲げる税務上の取扱いに準拠した計上時期に収益の額から減額が求められる（法基通2－1－1の11、2－1－1の12、2－1－1の13）。

図表1－7　売上割戻しの計上時期の区分

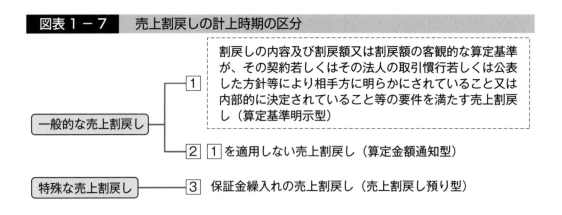

図表 1－8　売上割戻し等の税務取扱い

取　扱　い	相　手　方　の　取　扱　い

1 算定基準明示型方式

割戻し等による対価に変動の可能性がある取引について、変動対価（顧客と約束した対価のうち変動する可能性がある部分）につき引渡し等事業年度の確定した決算において、収益の額を減額した金額等の算定に反映する。
【要件】
次の要件のすべてを満たす場合に限る。
(1) 割戻し等の事実の内容及びその変動対価を生ずることにより契約の対価の額が変動若しくは減額の可能性のある金額又はその金額の客観的な算定根拠がその契約若しくは慣行若しくは相手方に明らかにされていること又はその事業年度終了の日において内部的に決定されていること。
(2) 過去における実績を基礎とする等合理的な方法のうち継続して適用している方法により(1)の減額の可能性又は算定基準の基礎数値を見積もられ、その見積もりに基づき収益の額を減額し、又は増額することとなる変動対価の額が算定されていること。
(3) 上記(1)を明らかにする書類及び上記(2)の算定の根拠となる書類が保存されていること。

相手方の取扱い：
仕入割戻しは仕入日の属する事業年度で修正（益金計上）が総仕入高から控除する（法基通 2-5-1(1)）。

2 算定金額通知型方式

売上割戻し額の通知日又は支払日の属する事業年度の収益の額から減額

相手方の取扱い：
仕入割戻し額の通知を受けた日の属する事業年度で修正する（法基通 2-5-1(2)）。

3 売上割戻し預り型方式

	取扱い	相手方の取扱い
原則	現実の支払日の属する事業年度の損金	仕入割戻しは現実に支払（買掛金等への充当を含む）を受けた日又は実質的に利益を享受したと認められる日の属する事業年度で修正する（法基通 2-5-2）。
特例	現実の支払がなくても、保証金等に対する利息を支払うなど、実質的に相手方が利益を享受している（法基通 2-1-1 の 14）と認められるときは、その利益を享受させることとした日の属する事業年度で営業収益を修正する。 【処理上の条件】 ① 相手方との契約等に基づいてその売上割戻しの金額を預けるとともに、その金利相当額について現実に支払っているか、又は相手方からの請求があれば支払うこととしていること。 ② 相手方との契約等に基づいて保証金等に代えて有価証券その他の財産を提供することができることとしていること。 ③ 保証金等として預かっている金額が売上割戻しの金額のおおむね 50% 以下であること。 ④ 相手方との契約等に基づいて売上割戻しの金額を相手方名義の預金又は有価証券として保管していること。	仕入又は通知を受けた事業年度で修正してもよい（法基通 2-5-2 ただし書）。

(3) 税務証拠フォームとしてのチェック表の必要性

　各企業においては、売上高基準・売掛金回収基準等の算定基準により売上割戻しが算定され取引先に支払われることから、その売上割戻しの「計上」時期をチェックする文書が必要となる。的確な計上時期を判定するとともに、その売上割戻しの企業内管理を正当に実施するために設定された「税務証拠フォームと管理文書」の役割を持つのが、「**売上割戻し計上時期チェック表**」（フォーム１－３）である。

　その事業年度において計上した売上割戻しについて、相手先と金額をその支払方式に応じて区分記入して、その計上時期と売上割戻しとしての要件を満たしているかとのチェックを行う文書として設定されている。

　売上割戻し制度は、まず基準を選定してその算定と返戻方法を定めた規定を作成することが前提であるから、**フォーム１－３**では、それらの算定基準等の規定が存在していて、それによってリベート制度が運営されている場合に作成される文書となる。

❷　作成上のポイント

(1)　リベートの方式区分の明示

　「リベートの方式」欄は、税務上の取扱い（法基通２－１－１の11、２－１－１の12、２－１－１の13）の区分に準じて〔1〕から〔3〕のセクションがあるため、該当するリベートの方式の区分へ記入する。

(2)　「相手先」・「算定基準」・「金額」の記入

　フォーム１－３は、その事業年度に損金計上する売上割戻しの相手先ごとに記入する。「**算定基準**」欄には、売上高基準や売掛金回収基準等、相手先ごとに採用している算定基準を記入するが、支払方法を記載してもよい。「**金額**」欄には、計上する売上割戻しの総額を記入する。

(3)　「売上割戻し計上時期」欄の記入

　「**〔1〕算定基準明示型**」欄には、商品等を引き渡した年度に対応する売上割戻しを収益の額から減額するのであるから、引渡日とリベートの算定基準である売上高・売掛金回収高等の算定基準額を記入する。

　また、「参考事項」欄には算定根拠である計算方法等を記入する。

　「**〔2〕算定金額通知型**」欄には、この方式は、相手方に売上割戻しの金額等を通

第1章　会社の営業収益・売上原価項目に係る税務証拠フォーム

フォーム1-3　売上割戻し計上時期チェック表

会社名　＿＿＿＿＿＿＿＿＿＿　　No.　＿＿＿＿＿＿＿＿

事業年度　＿＿＿＿＿＿＿＿＿　　作成日　＿＿＿＿＿＿＿＿

売上割戻し計上時期チェック表

リベートの方式	相手先	算定基準	金　額	売上割戻し計上時期		参　考　事　項	
〔1〕算定基準明示型 割戻しの内容及び割戻額又は割戻額の客観的な算定基準が、契約等により相手方に明示されている場合 （法基通 2-1-1 の 11）				引渡日	算定基準額		
〔2〕算定金額通知型 〔1〕以外の場合 （法基通 2-1-1 の 12）				通知日・支払日	算定基準額	参　考　事　項	
〔3〕売上割戻し預り型 特約店契約の解約等特別な事実が生じるときまで又は 5 年を超える一定期間保証金等として預る場合 （法基通 2-1-1 の 13）				(原則) 支払日		(特例) 利益享受確定日	
				支払日	算定基準額	確定日	算定基準額

処理検印	扱　者	担当者	管理者	営業部	経理部	決　裁	

Ⅰ　営業収益の計上基準

知した日の属する年度又は支払をした日の属する事業年度で収益の額から減額するのであるから、その通知日・支払日を確認して、日付と算定基準額を記入する。

「〔3〕売上割戻し預り型」欄には、その事業年度で現実に支払った場合の原則処理があり、この支払日・金額を確認して、相手先別に記入する。また、特例処理として、現実の支払がなくても損金計上できる「利益享受」があるから、実際に預り金等に対する利息の支払等の利益供与の方法とその内容・日付等を記入し、支払利息の額も記入しておく。

⑷ その他のポイント

モデルフォームは、多数の取引先がある企業が、それぞれの3つの態様の売上割戻し制度を併用し、その取引内容や相手先の事情等を配慮して、多様なシステムを活用している事例に合わせて様式を設定してある。すなわち、多様なリベートの支払方式が設けられているため、それぞれの売上割戻しの損金計上時期とその金額の確認をする必要が生じるからである。

算定金額通知型のみの方式を採っている企業の場合には、文書の様式を若干変更して、売上割戻しの対象者や基準、支払方法等を記入する項目を設定する必要がある。また、売上割戻し預り型をもってリベート制度を実施している企業では、その預かった売上割戻し金につき、残高・運用方法・付加利息・解約基準等の必要項目の設定をした文書とする方法もある。

この様式のほかに売上割戻しの計算については、その算定基準によって各取引先へのその事業年度の返戻する売上割戻しの金額を計算する様式の文書も大切である。

そのほかの関連文書としては、売上割戻し通知書のフォームと、その支払決定ないしは支払金額又は預り金額の領収と確認がなされる項目が記載される文書様式もある。

❸ 上手な記入方法

⑴ 「会社名」欄等への記入

「会社名」欄には「A株式会社」と会社名を記入し、「事業年度」欄には売上割戻しを損金計上した事業年度である「X1.4.1～X2.3.31」と記入する。「No.」欄には「1」とA株式会社が採用している文書番号を記入する。また、「作成日」欄には本チェック表を作成した「X2.4.10」と記入する。

第1章　会社の営業収益・売上原価項目に係る税務証拠フォーム

フォーム1-4	売上割戻し計上時期チェック表＜記載例＞

営業収益の計上基準

会社名　　Ａ株式会社　　　　　　　　　　No.　　　　1

事業年度　X1.4.1 ～ X2.3.31　　　　　　　作成日　　X2.4.10

売上割戻し計上時期チェック表

リベートの方式	相手先	算定基準	金　額	売上割戻し計上時期		参考事項
〔1〕算定基準明示型 割戻しの内容及び割戻額又は割戻額の客観的な算定基準が、契約等により相手方に明示されている場合 （法基通2-1-1の11）				引渡日	算定基準額	
	X商事㈱	売上高	3,250円	X1.9.30	650,000円	
	㈱Z企画	販売数量	216,000円	X2.1.31	2,100個	
〔2〕算定金額通知型 〔1〕以外の場合 （法基通2-1-1の12）				通知日・支払日	算定基準額	参考事項
	O販売㈱	売掛金回収	6,250円	X2.5.25	1,250,000円	
〔3〕売上割戻し預り型 特約店契約の解約等特別な事実が生じるときまで又は5年を超える一定期間保証金等として預る場合 （法基通2-1-1の13）				（原則）支　払　日		（特例）利益享受確定日
				支払日	算定基準額	確定日 算定基準額
処理検印	扱　者	担当者	管理者	営業部	経理部	決　　裁

43

(2) 「リベートの方式」欄への記入

リベートの方式の区分ごとに、該当する売上割戻しの詳細を記載する。

X2年3月期において売上割戻しを計上した相手先は、X商事株式会社、株式会社Z企画及びO販売株式会社の3社であり、X商事株式会社と株式会社Z企画については算定基準が相手方に明示されているなど、算定基準明示型方式の要件をすべて満たしているため「〔1〕算定基準明示型」の区分に記入する。

また、O販売株式会社は、売掛金回収基準により売上割戻しを算定しているが、相手方にはこの基準は明示されておらず、3カ月に1度通知する方法を採用しているため「〔2〕算定金額通知型」の区分に記入する。

(3) 「算定基準」・「金額」欄への記入

相手先ごとに採用している算定基準を各「算定基準」欄に記入する。また、その事業年度に収益の額から減額した売上割戻しの額を「金額」欄に記入する。

(4) 当期の「売上割戻計上時期」欄への記入

リベートの方式ごと及び相手先ごとに採用している処理方法の欄に計上日と算定基準額を記入する。算定基準明示型の売上割戻し（X商事株式会社、株式会社Z企画）については引渡日及び算定基準額を記入する。算定金額通知型の売上割戻し（O販売株式会社）については算定基準により計算された金額を相手方に通知した日に収益の額から減額しているので、通知日及び算定基準額を記入する。

各相手先の算定基準等は図表1-9のとおりである。

| 図表1-9 | 売上割戻しの算定基準等 | | | | |

相手先	算定基準		算定基準額	売上割戻しの金額	販売日又は通知日
X商事㈱	売上高	10,000円につき50円の割戻しを行う。	650,000円	3,250円	X1.9.30
㈱Z企画	販売数量	1,000個までは100円/個、1,001個～2,000個までは105円/個、2,001個～は110円/個の割戻しを行う。	2,100個	216,000円	X2.1.31
O販売㈱	売掛金回収	10,000円につき50円の割戻しを行う。	1,250,000円	6,250円	X2.5.25

第 1 章　会社の営業収益・売上原価項目に係る税務証拠フォーム

❹　関連税務のチェックポイント

(1)　税務調査で指摘される支出

①　支出科目と税務上の取扱い

　売上割戻しについては、税務調査において隣接費用である交際費等・寄附金・広告宣伝費等に該当するのではないかという指摘を受けることが想定される。指摘を受けやすい支出科目には図表1－10に掲げるものがある。

図表1－10	税法上の分類と損金計算の方法
税法上の分類	損金計算の方法
割戻し	全額損金算入
交際費等	全額損金不算入（ただし、定額控除あり）
寄附金	限度額の範囲で損金算入
広告宣伝費	全額損金算入
広告宣伝用資産	繰延資産
販売奨励金	全額損金算入
福利厚生費	全額損金算入
給与等	全額損金算入（ただし、役員賞与と認められた場合は損金不算入）

②　売上割戻しと交際費等

　売上割戻しが交際費等の範囲から除外されためには、次の要件を満たす必要がある（措通61の4(1)－3）。

- ・法人が得意先である事業者に対して支出するものであること。したがって、支払を受ける事業者は当然にその支払を受けた金額を収益の額に計上することとなる（措通61の4(1)－3注1）。なお、その従業員に支払われているもので取引先の謝礼としての意味を有するものは、交際費等に該当する（措通61の4(1)－15(9)）。
- ・その支払額が販売実績、回収実績等に応じているか、又は得意先の営業地域の特殊事情や協力度合いを勘案して支出するものであること。
- ・金銭で支出するものであること。
- ・「事業用資産（得意先である事業者において棚卸資産若しくは固定資産として販売し若しくは使用することが明らかな物品）」又は「少額物品（その購入単価が少額（おおむね3,000円以下）である物品）」を交付する場合であり、かつ、その交付の基準が売上割戻しと同一の算定基準である場合におけるこれらの物品を交付するために要する費用であること（措通61の4(1)－3注2）。

45

なお、次の場合には、売上割戻しと同一基準で支出した費用であっても交際費等とみなされる。

> ・法人が得意先に対して物品を交付する場合又は旅行、観劇等に招待するときは、そのために要した費用は交際費等とみなされる。ただし、少額物品であり、かつ、その交付の基準が売上割戻しと同一基準であるときは交際費等に該当しないものとすることができる（措通 61 の 4 (1)− 4）。
> ・売上割戻し等の支払をしないで旅行、観劇等の費用として積み立てた場合には、割戻し等として損金に算入しないで、実際に旅行、観劇等を行ったときに交際費等の支出があったものとみなされる（措通 61 の 4 (1)− 6）。

(2) 売上割引・返品の処理

売上割戻しのほか、営業収益の修正には売上割引及び返品がある。

これらの事実が生じた場合でも、これらの事実に基づいて生じた損失の額は遡って修正することはせず、その事実が生じた事業年度の損金に算入される（法基通 2 − 2 − 16）。

売上割引は、売掛金等の支払を支払期日前に行ったことに対しての債権金額の一部免除であり、支払日から支払期日までの期間の利息に相当するものとみなされるため、支払利息と同様に営業外費用に計上される。

返品は売上高の控除項目となるが、決算書の表示は「売上戻り」等の別勘定で表示する総額主義と売上高から直接控除する純額主義とがある。

3 ワンポイントアドバイス

❶ 営業収益計上時期の留意点

(1) 締め後売上げの計上

　法人税法上の事業年度は、法人の財産及び損益の計算となる期間（会計期間）で、法令又は法人の定款等で定めるものであり、事業年度終了時までのすべての収支金額に基づいて決算の確定及び法人税の確定申告が行われることが求められる。そのため、法人が設定した締め日から決算日までの間に計上される売上げについても、当該事業年度の収益として認識しなければならない。

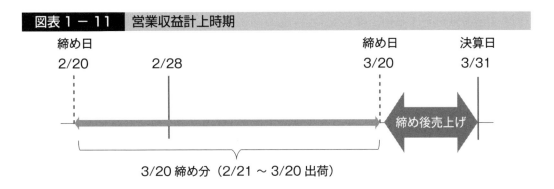

図表１－11　営業収益計上時期

　なお、決算日までに販売代金が確定していない場合でも、同日の現況により販売代金を適正に見積もって収益を計上する（法基通２－１－１の10）。

(2) 決算締切日の繰上げ

　上記(1)の取扱いが原則であるが、法人が、商慣習その他相当の理由により、各事業年度に係る収入及び支出の計算の基礎となる決算締切日を継続してその事業年度終了の日以前おおむね10日以内の一定の日としている場合には、決算締切日の繰上げが認められる（法基通２－６－１）。

　この場合、「商慣習その他相当の理由」の証明が必要となる。取引先が多くその取引先の請求締切日が決算締切日と異なる場合に締め後売上げの計算に労力を要する場合や月末までに支払を受けるために請求締切日を10日ほど前に設定している場合等が合理的な理由として考えられるが、そういった場合に決算締切日を繰り上

げる旨が規定された経理規程が存在することなどが証明方法として考えられる。

　また、この取扱いは実務上の要請に基づくものであるため、決算締切日が事業年度の末日と異なることについて合理的な理由がある費用についてのみ適用して差し支えないものと考えられている。したがって、事業年度の末日で締め切ることについて支障のない支出は、事業年度末日をもって締切りを行うことになる。

❷　売上割戻しの留意点

　商品販売をした事業者が、取引を行った後に売上割戻金等を支払ったりした場合には、商品を販売した事業者は、これらの金額に対応する消費税額について調整する必要がある。

(1)　調整の時期及び方法

　当初の課税資産の譲渡等を行った課税期間ではなく、売上げに係る対価の返還等を行った課税期間において調整を行う。

　調整の方法は、課税標準額に対する消費税額から売上げに係る対価の返還等に係る消費税額を控除する。ただし、課税資産の譲渡等の金額からその売上げに係る対価の返還等の金額を控除する経理処理を継続して行っているときは、この処理も認められる（消基通14－1－8）。

　この調整は、返品・値引き等が行われた場合にも同様に必要となる。また、輸出売上げに係る値引き等や免税事業者であった課税期間の売上げに係る値引き等、そもそもその売上げが消費税の課税取引でないものであった場合には、当然適用はない。

(2)　適用要件

　売上げに係る対価の返還等の金額に係る消費税額について控除を受けるには、売上げに係る対価の返還等をした金額の明細等を記録した帳簿を確定申告期限から7年間保存する必要がある。

　この帳簿には、①売上返品等に係る相手方の氏名又は名称、②売上返品等に係る年月日、③売上返品等の内容、④売上返品等に係る金額が整然とはっきり記載されていなければならない。

Ⅱ　売上原価の計上基準

1　実地棚卸チェック表

❶　チェック表の作成目的

(1)　棚卸資産の範囲と意義

　棚卸資産とは、有価証券と短期売買商品を除く棚卸をすべきものをいい（法法2二十）、商品又は製品（副産物及び作業くずを含む）・半製品・仕掛品（半成工事を含む）・主要原材料・補助原材料・貯蔵品等をいう（法令10）。

　各事業年度の所得金額の計算上、その事業年度の収益に係る売上原価等の額を損金に算入すべきとされており（法法22③）、売上原価は次の算式により算定される。

> 売上原価 ＝ （期首棚卸高＋当期仕入高） － 期末棚卸高

　前期末の棚卸高が繰り越される「期首棚卸高」と「当期仕入高」については客観的に与えられる金額であるので、売上原価を算定するに当たっては「期末棚卸高」の評価額がポイントとなる。

(2)　税務証拠フォームとしてのチェック表の必要性

　棚卸資産の評価額は、税務調査で最も指摘を受けやすい項目の1つである。というのは、法人内において計上額を調整できるため利益操作に利用されやすいこと、また金額が多額になるため税額への影響が大きいことなどの理由からである。

　そのため、棚卸資産を構成する取得価額と在庫数量については、適法性や正確性が求められる。

　法人は期末時点で実地棚卸を行って在庫数量を把握するが、倉庫に積まれている商品等のほか、社外に存在する商品等についても在庫数量にカウントしなければならないものがある。逆に、倉庫に積まれている商品等であっても、在庫数量にカウ

ントすべきではないものもある。

　所在が社内か社外か関係なく、棚卸資産を漏れなく把握するためのチェック表が「実地棚卸チェック表」（フォーム１－５）である。この「実地棚卸チェック表」は、実地棚卸高と帳簿棚卸高を比較する欄も設けられているので、その差異を検証することで税務処理が適正となるだけでなく、社内の在庫管理や資産の保全にも役立てることができる。

　倉庫や店舗等にある実在庫のほか、期末時点の在庫の状況による取扱いは図表１－12のとおりである。

図表１－12　期末時点の状況による取扱い					
	取　扱　い				
期末時点の在庫の状況		収益計上基準		仕入計上基準	
		出荷基準	検収基準（得意先の検収が完了していない場合）	出荷基準	検収基準（検収が完了していない場合）
出荷中の在庫	出荷はしたが得意先に届いていないもの（検収基準の場合は得意先の検収が完了していないもの）	×	○		
未着品	発注はしたが手元に届いていないもの			○	×
預け在庫	外注加工へ委託した製品やデモ機等、社外にあるもの	○			
預り在庫	得意先からの修理品や仕入先からの見本品等、社内にはあるが自社の所有ではないもの	×			

（○：在庫数量に含める　　×：在庫数量に含めない）

❷　作成上のポイント

⑴　「資産種類」・「保管場所」の明示

　棚卸資産の評価方法は、法人の営む事業の種類ごとに、かつ、商品又は製品等棚卸資産の区分ごとに選定することになる。選定している評価方法に誤りがないかチェックするため「**資産種類**」欄及び「**保管場所**」欄を明示する。

⑵　「収益計上基準」・「仕入計上基準」の明示

　「**収益計上基準**」欄には、各商品や製品等の引渡しについて選定した出荷基準・

第1章　会社の営業収益・売上原価項目に係る税務証拠フォーム

フォーム1-5　実地棚卸チェック表

会社名 ＿＿＿＿＿＿＿＿＿＿＿＿　　　　　No. ＿＿＿＿＿＿＿＿＿＿

棚卸実施日 ＿＿＿＿＿＿＿＿＿＿

事業年度 ＿＿＿＿＿＿＿＿＿＿＿＿　　　作成日 ＿＿＿＿＿＿＿＿＿＿

実地棚卸チェック表

資産種類 ＿＿＿＿＿　保管場所 ＿＿＿＿＿＿＿＿＿＿　　　　（単位：　　　）　（税抜・税込）

商品名	単位	収益計上基準	仕入計上基準	単価		実地棚卸高					帳簿棚卸高		実地との差額		
				評価方法	金額	実在庫(a)	預け・出荷中在庫(b)	預り・未着品在庫(c)	個数合計(a+b-c)	合計金額	個数	合計金額	個数	金額	原因・処理方法・顛末

		合　　計			実地棚卸高	帳簿棚卸高	実地との差額

処理検印	扱　者	担当者	管理者	営業部	経理部	決　裁

Ⅱ　売上原価の計上基準

検収基準等の収益計上基準を明示する。また「**仕入計上基準**」欄も同様に明示する。

(3) 「単価」の明示

「単価」欄の「評価方法」欄には選定した評価方法を明示する。また、「**金額**」欄には、選定した評価方法で計算した1単位当たりの取得価額を明示する。

(4) 「実地棚卸高」の記入

「実地棚卸高」欄には、棚卸で把握した「**実在庫**」・「**預け・出荷中在庫**」・「**預り・未着品在庫**」の在庫数を記入し、それらを加算減算して実地棚卸高として把握すべき「**個数合計**」を算出する。また、「**合計金額**」欄は、「**単価**」に「**個数合計**」を乗じた金額を記入する。

(5) 「帳簿棚卸高」の記入

「帳簿棚卸高」欄には、帳簿上の個数と選定した評価方法で計算した帳簿上の合計金額を記入する。

(6) 「実地との差額」の記入

「実地との差額」欄には、「**個数合計**」及び「**合計金額**」について「**実地棚卸高**」と「**帳簿棚卸高**」との差額を記入し、その差額について、原因や処理方法、顛末を記入する。

(7) 「合計」の記入

「合計」欄には「**実地棚卸高**」及び「**帳簿棚卸高**」の「**合計金額**」の総計を記載する。すべての差額につき原因が究明され、適切な処理が行われた場合には、「**実地棚卸高**」と「**帳簿棚卸高**」は一致し、決算書に計上される金額となる。

(8) その他のポイント

在庫数量の正確性を証明するための資料としては、実地棚卸をしたときの「棚卸原票」や「返品伝票」、預け商品の相手先から取り付けた「預り証」等が考えられる。

また、期末付近に受注したものや発注したものは、特に税務調査で指摘を受けやすいので、それらの期末時点での状態を丁寧に確認する必要がある。

資産種類が製品等である場合には、「原価計算表」等の金額が単価に記入されるが、主要原材料や補助原材料だけでなく直接労務費やその他の間接経費が適正に単

第 1 章　会社の営業収益・売上原価項目に係る税務証拠フォーム

価に計上されているかの確認が必要となる。

❸　上手な記入方法

⑴　「会社名」欄等への記入

　「会社名」欄には「A株式会社」と会社名を記入し、「棚卸実施日」欄には実地棚卸を行った「X2.3.31」と記入するとともに、「事業年度」欄には「X1.4.1〜X2.3.31」と記入する。

　「No.」欄には「1」とA株式会社が採用している文書番号を記入し、「作成日」欄にはこのチェック表を作成した「X2.4.3」と記入する。

⑵　「資産種類」・「保管場所」欄への記入

　A株式会社は家具の卸売業を行っており、ベッド部門がある東京支店についてチェック表を作成する場合であるが、「資産種類」には棚卸資産の区分に従い「商品」と記入する。また、保管場所は、実地棚卸の対象であるベッドを保管・管理している「東京支店」と記入する。

⑶　「(単位)」欄等への記入

　「(単位)」欄には、本チェック表に記入された金額の単位である「千円」を記入する。また、記載された金額について消費税が税抜・税込のいずれかに「〇」を付す。

⑷　「商品名」欄等への記入

　A株式会社は、「商品名」欄に記入したSベッド等の収益計上基準及び仕入計上基準はいずれも出荷基準を採用しているため、「収益計上基準」欄及び「仕入計上基準」欄にそれぞれ「出荷」と記入する。

⑸　「単価」欄への記入

　A株式会社は評価方法について税務署へ届出をしていないため、評価方法は法定評価方法となることから、「評価方法」欄に「最終仕入原価法」と記入する。また、最終仕入原価法で計算した1単位当たりの単価を「金額」欄に記入する。

⑹　「実地棚卸高」・「帳簿棚卸高」・「実地との差額」欄への記入

　各商品の実地棚卸の結果を、棚卸原票等から「実地棚卸高」欄へ転記する。

フォーム１－６	実地棚卸チェック表＜記載例＞

会社名　　Ａ株式会社　　　　　　　　　　No.　　　　1
棚卸実施日　X2.3.31
事業年度　X1.41～X2.3.31　　　　　　　作成日　　X2.4.3

実地棚卸チェック表

資産種類 商品　　保管場所 東京支店　　　　　　　（単位：千円　）　（税抜）・税込

商品名	単位	収益計上基準	仕入計上基準	単価		実地棚卸高					帳簿棚卸高		実地との差額		
				評価方法	金額	実在庫(a)	預け・出荷中在庫(b)	預り・未着品在庫(c)	個数合計(a+b－c)	合計金額	個数	合計金額	個数	金額	原因・処理方法・顛末
Sベッド	1台	出荷	出荷	最終仕入原価法	200	10	1	0	11	2,200	10	2,000	1	200	X社ショールーム預け 帳簿戻入れ
Wベッド	1台	出荷	出荷	最終仕入原価法	250	8	0	0	8	2,000	8	2,000	0	0	修理預り品 2台
Qベッド	1台	出荷	出荷	最終仕入原価法	300	5	0	0	5	1,500	6	1,800	－1	－300	3/31 出荷 帳簿払出し
Kベッド	1台	出荷	出荷	最終仕入原価法	350	3	0	2	5	1,750	3	1,050	2	700	3/25 発注 4/2 着 仕入計上
商品	東京支店	合　計								実地棚卸高 7,450		帳簿棚卸高 6,850	実地との差額 600		
処理検印		扱者	担当者	管理者	営業部	経理部	決裁								

54

第1章　会社の営業収益・売上原価項目に係る税務証拠フォーム

Sベッドは実在庫が10台であったので「**実在庫（a）**」欄に「**10**」と記入する。また、X社ショールームへ展示品として預けている商品が1台あるので、「**預け・出荷中在庫（b）**」に「**1**」と記載し、「**個数合計**」欄に合計数の「**11**」と記入する。合計金額は単価×個数合計であるので、「**合計金額**」欄に「**2,200千円**」と記入する。

また、「**帳簿棚卸高**」欄に帳簿上の個数と合計金額を記載し、「**実地との差額**」欄に実地棚卸高と帳簿棚卸高との差額を記載する。差額は、X社への預け品について売上げとして帳簿上、払出しの処理をしたことに原因があるので、「**原因・処理方法・顛末**」欄に原因と帳簿上戻入れの処理を行った旨を記入する。

Wベッドについても同様に記入していく。Wベッドは得意先から修理をするために預かっている商品が2台あったが、預り品は記入不要との取決めであるので棚卸高の修正はせず、「**原因・処理方法・顛末**」欄にその旨を明記しておく。

Qベッドの実地との差額はX2年3月31日に出荷した商品があったが、帳簿上、払出しの処理をしていなかったことが原因であるので、「**原因・処理方法・顛末**」欄に原因と帳簿上、払出し処理を行った旨を記入する。

Kベッドの実地との差額はX2年3月25日にイギリスへは発注した2台であり、A株式会社へ船便で到着したのがX2年4月2日であったことが原因である。この2台について発注日や到着日を記入し、仕入計上した旨も記入する。

❹　関連税務のチェックポイント

(1)　棚卸資産の取得価額

棚卸資産の評価額の計算の基礎となる取得価額は、資産の取得形態により次の金額とされる（法令32）。

① 購入した場合

その資産の購入の代価（引取運賃・荷役費・運送保険料・購入手数料・関税等、購入するために要した費用を加算した金額）とその資産を消費し又は販売するために直接要した費用の額との合計額となる。

② 自己で製造・採掘・栽培・養殖等をした場合

その資産の製造等のために要した原材料費・労務費及び経費の額とその資産を消費し又は販売するために直接要した費用の額との合計額となる。なお、法人が算定した製造等の原価の額がこの合計額と異なる場合であっても、その算定した原価の額が適正な原価計算に基づいて算定されているときは、法人が算定した原価の額が取得価額として認められている（法令32②）。

55

図表 1 － 13		取得価額に算入しないことができる費用
購入した棚卸資産	少額な付随費用 （法基通5－1－1） （その棚卸資産の購入の代価のおおむね3%以内の金額）	(1) 買入事務・検収・整理・選別・手入れ等に要した費用の額 (2) 販売所等から販売所等へ移管するために要した運賃・荷造費等の費用の額 (3) 特別の時期に販売するなどのため、長期にわたって保管するために要した費用の額
	算入しないことができる付随費用 （法基通5－1－1の2）	(1) 不動産取得税の額 (2) 地価税の額 (3) 固定資産税及び都市計画税の額 (4) 特別土地保有税の額 (5) 登録免許税その他登記又は登録のために要する費用の額 (6) 借入金の利子の額
製造等に係る棚卸資産	少額な付随費用 （法基通5－1－3） （その棚卸資産の製造原価のおおむね3%以内の金額）	(1) 製造等の後において要した検査・検定・整理・選別・手入れ等の費用の額 (2) 製造場等から販売所等へ移管するために要した運賃・荷造費等の費用の額 (3) 特別の時期に販売するなどのため、長期にわたって保管するために要した費用の額
	算入しないことができる付随費用 （法基通5－1－4）	(1) 使用人等に支給した賞与のうち、特別に支給される賞与であることが明らかなものの額（例えば、創立何周年記念賞与） (2) 試験研究費のうち、基礎研究及び応用研究の費用の額並びに工業化研究に該当することが明らかでないものの費用の額 (3) 措置法の特別償却の規定の適用を受ける特別償却費のうち特別償却限度額に係る部分の金額 (4) 工業所有権等について支払う使用料の額が売上高等に基づいている場合におけるその使用料の額及びその工業所有権等に係る頭金の償却費の額 (5) 工業所有権等について支払う使用料の額が生産数量等を基礎として定められており、かつ、最低使用料の定めがある場合において支払われる使用料の額のうち生産数量等により計算される使用料の額を超える部分の金額 (6) 複写して販売するための原本となるソフトウェアの償却費の額 (7) 事業税及び地方法人特別税の額 (8) 事業の閉鎖、事業規模の縮小等のため大量に整理した使用人に対し支給する退職給与の額 (9) 生産を相当期間にわたり休止した場合のその休止期間に対応する費用の額 (10) 償却超過額その他税務計算上の否認金の額 (11) 障害者の雇用の促進等に関する法律第53条第1項に規定する障害者雇用納付金の額 (12) 工場等が支出した寄附金の額 (13) 借入金の利子の額

③　贈与・交換・代物弁済等により取得した場合

　その資産の時価とその資産を消費し又は販売するために直接要した費用との合計額となる。

　上記のとおり、棚卸資産の取得価額は、本体そのものの価額だけでなく付随費用が含まれるが、図表1-13に掲げる費用については取得価額に算入しないことも認められる。

(2)　棚卸資産の評価方法

①　原価法と低価法

　棚卸資産の評価方法には、大きく分けて原価法と低価法があり、原価法はさらに6つの方法に区分されている（法令28）。また、税務署長の承認を受けた場合には、原価法及び低価法以外の方法でも評価することができる（法令28②）。

　棚卸資産の評価方法は、法人の行う事業の種類ごとに、かつ、商品又は製品（副産物及び作業くずを除く）・半製品・仕掛品（半成工事を含む）・主要原材料及び補助原材料その他棚卸資産の区分ごとに選定し、確定申告書の提出期限までに「棚卸資産の評価方法の届出」を税務署長に届け出なければならないとされる（法令29）。

　また、評価方法を変更する場合には、変更しようとする事業年度の開始の日の前日までに、「棚卸資産の評価方法等の一単位当たりの帳簿価額の算出方法の変更承認申請書」を提出しなければならない（法令30）。

　法人が選定し届出をしなかった場合又は選定した評価方法により評価しなかった場合には、税務計算上は最終仕入原価法によってその評価額を計算するが（法令31①）、選定した評価方法により評価しなかった場合でも、その法人が原価法又は低価法のいずれかの方法により評価し、かつ、その評価方法によってもその法人の所得金額の計算が適正に行われているときは、法人が行った評価方法が認められている（法令31②）（図表1-14）。

②　特別な評価方法の承認申請

　法人は、原価法又は低価法で評価することを原則とするが、納税地の所轄税務署長の承認を受けた場合には原価法又は低価法以外の方法により棚卸資産を評価することができる（法令28の2）。

　棚卸資産を特別な評価方法で行おうとする法人は、その採用しようとする評価の方法の内容、その方法を採用しようとする理由、その方法により評価額の計算をしようとする事業の種類及び資産の区分、その他参考事項（法規9）を記載した「棚卸資産の特別な評価方法の承認申請書」を納税地の所轄税務署長に提出しなければならない。

図表1-14　棚卸資産の評価方法

		評価方法	特徴
原価法	個別法	期末棚卸資産の全部について、その個々の取得価額を期末棚卸資産の評価額とする方法	大量に取引され、かつ、規格に応じて価額が定められているものについては適用できない。
	先入先出法	期末棚卸資産の種類等の異なるごとに区別し、その種類等の同じものについて、期末から最も近い時において取得したものから順次成るものとみなし、そのみなされた取得価額を期末棚卸資産の評価額とする方法	・実際の商品の流れとは関係ない。 ・物価上昇時には期末棚卸高が多く計上されるため売上原価が圧縮され販売収益が多く計上される。
	総平均法	期末棚卸資産の種類等の異なるごとに区別し、その種類等の同じものについて、期首棚卸資産の取得価額の総額と期中に取得した棚卸資産の取得価額の総額との合計額を、それらの総数で除した価額を1単位当たりの取得価額として期末棚卸資産の評価額とする方法	・比較的簡便な方法 ・事業年度を期間として計算する方法の他、月別総平均法（法基通5-2-3）及び6月ごと総平均法（法基通5-2-3の2）も認められる。
	移動平均法	期末棚卸資産の種類等の異なるごとに区別し、その種類等の同じものについて、取得する都度、その時における在庫と取得した資産とを総平均により単価を算出することを繰り返して、期末に最も近い時に改定された平均価額を取得価額として期末棚卸資産の評価額とする方法	・取得及び払出しの都度原価が確定する。 ・6月ごと移動平均法は法人税法上は移動平均法に含まれず、「6月ごとの総平均法」となる。
	最終仕入原価法	期末棚卸資産の種類等の異なるごとに区別し、その種類等の同じものについて、期末から最も近い時において取得したものの価額を取得価額として期末棚卸資産の評価額とする方法	・法定評価方法 ・最も簡便な方法
	売価還元法	期末棚卸資産の種類等又は差益の率の異なるごとに区別し、その種類等及び差益の率の同じものについて、販売価額の総額に原価率を乗じて計算した金額を期末棚卸資産の評価額とする方法	・小売店等の多品種、大量の商品を取り扱う業種に適している。 ・事業年度を期間として計算する方法の他、6月ごと総平均法（法基通5-2-3の2）も認められる。
低価法		期末棚卸資産の種類等の異なるごとに区別し、その種類等の同じものについて、原価法で算出した取得価額と時価とを比較していずれか低い価額をもって期末棚卸資産の評価額とする方法	洗替方式で処理するため、翌期首において評価損に相当する金額の戻入益を計上する。
特別な評価方法			

58

その後、税務署長がこれを審査し承認された場合に、承認を受けた日の属する事業年度以後の各事業年度からその評価方法が適用される。

2 棚卸資産評価損チェック表

❶ チェック表の作成目的

(1) 棚卸資産の評価損

法人がその有する資産の評価替えをしてその帳簿価額を減額した場合には、その減額した部分の金額は、原則として、損金の額に算入されない（法法33①）。ただし、一定の事実が生じたことにより、時価が帳簿価額を下回ることになった場合には、特例により損金の額に算入することが認められている。

この評価額の特例とは、法人の有する資産（預貯金・売掛金等の債権は除かれる）が、災害等によって著しく損傷するなどの一定の事実により、その資産の価額（時価）が帳簿価額を下回ることとなった場合において、損金経理により期末時価までの評価損を計上することが認められることをいう（法法33②）。

なお、法人の有する商品・製品等の棚卸資産について、一定の事実が生じた場合には評価損の損金算入が認められる（法令68）。

この一定の事実とは、棚卸資産について①災害により著しく損傷したこと、②著しく陳腐化したこと、③その他これらに準ずる特別な事実が生じたことにより、その価額が帳簿価額を下回ることとなった場合である。

③のこれらに準ずる特別な事実とは、破損・型崩れ・たなざらし・品質変化等により通常の方法によっては販売できなくなったことが含まれる（法基通9－1－5）。通常要因である物価変動・過剰生産・建値の変更等により棚卸資産の時価が低下しただけでは、評価損の計上はできない（法基通9－1－6）。

また、評価損の判定は、棚卸資産の種類等の異なるものごと、かつ、評価損の計上ができる事実の異なるものごとに行う。

なお、「その価値が著しく減少し」とある「著しく」の程度は明らかにされていないが、上場有価証券の評価減の判定について「価額が著しく低下したこと」とは簿価のおおむね50％を下回ることになると示している（法基通9－1－7）ものが参考となる。

(2) 税務証拠フォームとしてのチェック表の必要性

評価損の計上が認められる事実は、いわば会社の内部において発生した要因なので、これを証明する資料とともに事実要件のチェックをしたことを示す説明資料が税務証拠フォームとして必要である。

このため、証明資料としては、災害発生の被害・陳腐化・破損・型崩れ等が明らかになっているサンプルと写真・処分した場合に発生した損失の金額・処分先の計算書等があるが、いずれも通常の証明の文書より証拠力が低いといえる。

したがって、この証明資料を補充する説明文書として作成されるのが「**棚卸資産評価損チェック表**」（フォーム1－7）である。

なお、税務の取扱いにおいても評価損の発生事実が、例えば、物価変動・過剰生産・建値の変更等の単なる通常要因である場合には評価損の損金算入は認められないから、この点についても厳格にチェックしたことを示す項目がある文書が必要となる。

税務証拠フォームの役割は、税務調査において税務証明資料の不足を補い、あるいは、別の視点から立証することにあるわけであるが、そのほかに、企業内部の経営管理資料としての役割も見逃すことができない。例えば、この棚卸資産評価損チェック表には、会社内において商品等を安易に評価減する習慣（現場担当者が売りやすいため）を避ける機能がある。

すなわち、会社の経営活動を最も厳格にチェックする税務調査の立場において、その評価損の是非を検討するのであるから、安易な評価損を現場から出すことができなくなる。

これに対して、実際に評価損の必要な棚卸資産については、現場の協力を得て、その具体的な異常要因事実を損として、原因発生年度において的確に把握し、処理する必要があるので、この連絡文書としての目的も生じる。併せて、棚卸資産の被害、損害等につき報告する文書となり、損害保険金の請求データとして利用することもできる。

❷ 作成上のポイント

(1) 発生事実要因の明示

法人の有する商品等の棚卸資産の評価損は、一定の異常要因事実が発生した場合に認められるので、その該当事実の項目欄が必要となる。

発生した事実の項目は、税務の取扱いに対応した区分となっているので、それぞ

第1章　会社の営業収益・売上原価項目に係る税務証拠フォーム

フォーム1-7	棚卸資産評価損チェック表

会社名 _____　No. _____
事業年度 _____　作成日 _____

棚卸資産評価損チェック表

発生事実要因	品名等	帳簿価額	時　価	評価損	損金経理	参考事項
〔1〕災害による著しい損傷　　（法令68①一イ）						
〔2〕-1 著しい陳腐化　　（法令68①一ロ）　　（売れ残り季節商品）						
〔2〕-2 著しい陳腐化　　（法令68①一ロ）（型式・性能・品質等新製品）						
〔3〕破損・型崩れ・　　棚ざらし・品質変化　　（法令68①一ハ）						

〔4〕留意事項（時価の低下について次のチェックをすること）		YES	NO
通常要因	1　物価変動によるものか		
	2　過剰生産によるものか		
	3　建値の変更によるものか		

	扱　者	担当者	管理者	営業部	経理部	決　裁
処理検印						

れの該当要因事実によって所定の記入を行う。

(2) 品名等の明示

「**品名等**」欄は、業種や扱い商品等によって、個別か・ロットか・量的なものか書き分ける。

システムによって在庫管理を行っている場合には、商品等のコード番号等で該当品目のチェックをすることになるので、様式をシステムの帳票のフォームに合わせた設計をするのが便利である。

(3) 「帳簿価額」・「時価」・「評価損」の明示

「**帳簿価額**」欄と「**時価**」欄にそれぞれ金額を記入して、実際に時価が帳簿価額より低下したことをチェックし、帳簿価額と時価の差額を「**評価損**」欄に記入する。

時価の算定基準についてその根拠等を記入する方法もあるが、これも客観的な証明文書とともに別紙とする方法がよいと思われるが、計算基準が簡単な場合には、「**参考事項**」欄に適宜赤書き記入する方法もある。

(4) 「損金経理」のチェック

評価額の特例において、評価損を計上するには損金経理が要件となるため、「**損金経理**」欄で損金経理がきちんとされているかをチェックする。

(5) 「参考事項」の記載

「**参考事項**」等の欄には、関連文書・別紙書類等名称を入れたり、原因発生の状況や日付を入れるなどして活用する。

なお、各個事実の具体的理由を記入する項目の欄を設定する方法もあるが、別紙にした証明資料に関連番号を付し、その関連番号を記入する方法もある。

(6) 「留意事項」の記入

「**留意事項**」欄の記入では、帳簿価額と時価の差額につき、それぞれ、物価変動によるものか、過剰生産によるものか、あるいは建値の変更によるものか、という通常要因のチェックを各個別品目ごとに行う。

その結果、各品目ともに通常要因はなく、異常要因による差額発生であったことのチェックができれば「NO」、異常発生要因よりも通常要因である可能性が強いものは「YES」の欄に①②③……と記入する。

(7) その他のポイント

　フォーム１－７の作成上のその他の補助的な項目としては、「発生した事実要因の責任者」・「発生事由」・「判断材料」・「処分方法」・「処分結果」・「処分取引先」等があるから、各企業の業種や取扱棚卸資産の性格によって、必要度の高い項目につき欄を設定する。

　また、税務調査において、仮に評価損を否認されたような場合には、その事由・金額等、対象棚卸資産の欄に赤書き記入をしておく。すなわち、**フォーム１－７**をもって過去の評価損の是否認の記録表として利用する方法である。

　フォーム１－７は、棚卸資産のうち時価が帳簿価額より低下した商品等につき、第一の手順として、異常発生原因の区分で分類するチェックを行う。この段階でこの異常要因に該当しないものについては、いったんは記載するが評価損の対象外となるので横線で削除する。

　そして、第二のチェック手順として、その価額の低下が通常要因（物価変動・過剰生産・建値の変更）によるものか、チェックをかける。

❸　上手な記入方法

(1) 「会社名」欄等への記入

　「**会社名**」欄には「**Ａ株式会社**」と会社名を記入し、「**事業年度**」欄には評価損を計上した事業年度である「**X1.4.1～X2.3.31**」と記入する。

　「**No.**」欄には「**1**」とＡ株式会社が採用している文書番号を記入する。また、「**作成日**」欄には、本チェック表を作成した「**X2.4.10**」と記入する。

(2) 「品名等」欄等への記入

　「**発生事実要因**」欄の区分ごとに、該当する商品の評価損計上の詳細を記載する。

　例えば、甲商品は X1 年 8 月に発生した台風の影響による水害により著しい損傷を受け、その時価が帳簿価額を下回ることになった商品であれば、「**発生事実要因**」欄の「**〔1〕災害による著しい損傷**」欄の区分に記載する。「**帳簿価額**」欄と「**時価**」欄にそれぞれ金額を記載し、その差額を「**評価損**」欄に記載する。また、「**損金経理**」欄はその評価損について損金経理が行われている場合に「**✔**」を付す。「**参考事項**」欄には要因発生の状況がわかるように「**X1.8 台風による水害**」と記載する。

　また、例えば、乙商品は夏祭り用の季節商品の売れ残り商品であるので、発生事実要因の「**〔2〕－1　著しい陳腐化（売れ残り季節商品）**」欄の区分にいったんは

フォーム１−８ 　　棚卸資産評価損チェック表＜記載例＞

会社名　　　A株式会社　　　　　　　　　　　No.　　　　1

事業年度 X1.4.1〜X2.3.31　　　　　　　　　　作成日　　X2.4.10

棚卸資産評価損チェック表

発生事実要因		品名等	帳簿価額	時　価	評価損	損金経理	参考事項
〔1〕災害による著しい損傷 　　（法令68①一イ）	①	甲商品	50,000	20,000	30,000	✔	X1.8 台風による水害
〔2〕-1 著しい陳腐化 　　（法令68①一ロ） 　（売れ残り季節商品）		~~乙商品~~	~~100,000~~	~~45,000~~	~~55,000~~		夏祭り用商品
〔2〕-2 著しい陳腐化 　　（法令68①一ロ） （型式・性能・品質等 新製品）	②	丙商品	10,000	1,000	9,000	✔	X1.5新製品発売
	③	丁商品	65,000	32,000	33,000		過剰生産
〔3〕破損・型崩れ・ 　　棚ざらし・品質変化 　　（法令68①一ハ）	④	戊商品	4,800	500	4,300	✔	棚ざらし

〔4〕留意事項（時価の低下について次のチェックをすること）			YES	NO
通常 要因	1　物価変動によるものか			①・②・④
	2　過剰生産によるものか		③	
	3　建値の変更によるものか			

処理 検印	扱　者	担当者	管理者	営業部	経理部	決　裁

64

記載するが、翌年に再販売できると見込まれるため、評価損は異常要因に該当せず評価損の対象外になれば横線で削除する。

この段階で横線が引かれていない評価損の対象となる商品には、品名等の横に「①②③……」と番号を付す。

(3) 「〔4〕留意事項」欄への記入

評価損の対象となる①から④の商品の時価の低下について、物価変動によるものか、過剰生産によるものか、あるいは建値の変更によるものか、という通常要因に該当しないか商品ごとにチェックを行う。

①甲商品・②丙商品・④戊商品は異常要因による差額発生であったことのチェックができたため「NO」欄に番号を記載する。③丁商品は過剰生産により供給過剰となっていることが時価の低下の要因であることが確認されたため「YES」欄に番号を記載する。

❹ 関連税務のチェックポイント

(1) 棚卸資産の評価損の計上が認められる陳腐化

棚卸資産の評価損の計上が認められる陳腐化とは、棚卸資産そのものには物理的な欠陥がないにもかかわらず、経済的な環境の変化に伴って、その価値が著しく減少し、その価額が今後回復しないと認められる状態をいう。

具体的には、商品について次のような事実が生じた場合がこれに該当するものとして取り扱われる（法基通9－1－4）。

---

(1) いわゆる季節商品で売れ残ったものについて、今後通常の価額では販売することができないことが既往の実績その他の事情に照らして明らかであること。
(2) 当該商品と用途の面ではおおむね同様のものであるが、型式、性能、品質等が著しく異なる新製品が発売されたことにより、当該商品につき今後通常の方法により販売することができないようになったこと。

---

(1)の売れ残り季節商品とは、正月用品や夏祭り用品等のように翌年に再販売が見込まれるようなものではなく、その一定の時期に販売しなければ通常の価額では販売できなくなるようなきわめて流行性が強いものを指している。また、通常の価額で販売できないかどうかは、過去の販売実績により判断することになり、それが証明できれば評価損の計上が認められる。税務証拠フォームとしては、通常の価格が値崩れしていることを表す「流通各表」等が考えられる。

(2)に該当する陳腐化とは、例えば最新の機能が搭載されたスマートフォンが発売

されたため、既存のものが従来の販売価額や販売方法等では販売できなくなったものをいい、単なるモデルチェンジで見切り販売の必要がないものについては陳腐化には該当しない。

税務証拠フォームとしては新旧の製品等についての「性能等の比較表」等が考えられる。

(2) 補修用部品在庫調整勘定

法人が製品の製造を中止した後一定期間保有することが必要と認められるその製品に係る補修用の部品を相当数量一時に取得して保有する場合には、保有開始年度（その製品の製造を中止した事業年度の翌事業年度をいう）以後の各事業年度において、その事業年度終了の時における補修用の部品の帳簿価額の合計額が次の算式により計算した金額を超えるときにおけるその超える部分の金額に相当する金額以下の金額を損金経理により補修用部品在庫調整勘定に繰り入れることができる（法基通9－1－6の2）。

保有開始年度の時における 補修用の部品の帳簿価額の合計額	×	図表1－15の保有期間の 年数及び経過年数に応じた率

図表1－15	取得価額に算入しないことができる費用

経過年数＼保有期間の年数	2年	3年	4年	5年	6年	7年	8年	9年	10年
1年	0.784	0.885	0.922	0.942	0.953	0.961	0.967	0.971	0.974
2年	0.100	0.636	0.784	0.849	0.885	0.907	0.922	0.933	0.942
3年		0.100	0.538	0.702	0.784	0.832	0.863	0.885	0.900
4年			0.100	0.469	0.636	0.727	0.784	0.822	0.849
5年				0.100	0.419	0.582	0.678	0.741	0.784
6年					0.100	0.380	0.538	0.636	0.702
7年						0.100	0.350	0.501	0.599
8年							0.100	0.326	0.469
9年								0.100	0.306
10年									0.100

電化製品や自動車等がモデルチェンジ等により製造中止となった場合でも、消費者を保護する観点から、製造者には一定期間は補修用部品を保有・供給することが求められる。一般的には多めに見積もって保有するため、保有が必要となる期間が

経過した際に廃棄等により損失が一時に計上されることがある。会計上は、保有期間を通じて費用化することが健全とされるが、法人税の取扱いは、過剰生産による評価損の計上は認められていない。

しかし、製造中止となった製品の補修用部品を単なる過剰生産による在庫過多とみるのは実情に即していない。そこで、この通達では、このような補修用部品については一定の方式に基づいて毎期末の適正保有高を推定し、これを上回る部分在庫高について評価損を認めることが明らかにされている。

なお、この場合の評価損については、補修用部品の帳簿価額を直接減額せず、「補修用部品在庫調整勘定」を設定し間接表示する。

また、本通達により補修用部品在庫調整勘定の繰入れを行う場合には、その補修用部品の必要保有期間が明らかになっている必要があるが、一般的には、公的な必要保有期間の定めがない場合が多いと考えられる。このような公的な必要保有期間の定めがない補修用部品については、その保有すべき年数について、あらかじめ所轄税務署長等の確認を受けることになる。

3 ワンポイントアドバイス

❶ 消費税の還付申告

消費税の課税事業者は、その課税期間において、国内における課税資産の譲渡等がなく、かつ、納付すべき消費税額がない場合には消費税の確定申告書を提出する必要はないが、その課税期間分の消費税につき課税標準額に対する消費税額から控除対象仕入税額等を控除してもなお不足があり、還付が受けられるときは還付申告をすることができる（消法45、46、52）。

還付を受けようとする課税事業者は、「還付申告書」に消費税額計算表等の「付表」及び「消費税の還付申告に関する明細書」を添付しなければならない（消法46、消規22③）。

なお、「消費税の還付申告に関する明細書」は平成24年4月1日以降提出分より添付が義務化されている。

❷ 消費税が還付される場合

法人税法では、各事業年度の所得金額の計算上、その事業年度の収益に対応する

売上原価を損金に算入すべきとされており、売上原価は次の算式により計算される。

> 売上原価 ＝ （期首棚卸高＋当期仕入高） － 期末棚卸高

　一方、消費税法における仕入税額控除の時期は、国内において課税仕入れを行った日とされ、具体的には資産の購入については資産の引渡しを受けた日とされており、課税仕入れに対応する課税売上げが行われたかどうかは考慮されない。

　例えば、設立１期目で先行して商品等を仕入れた場合や翌期首からの大口取引の契約が締結されたため期末に大量に商品等を仕入れた場合等、課税仕入れに対応する課税売上げがゼロもしくは少額であった場合、法人税法では売上げに対応する売上原価だけが損金算入されるが、消費税法では仕入れた商品等に係る消費税額を全額その事業年度の控除対象仕入税額として消費税額が計算されるため、控除不足額が発生し還付を受けることができる。

　このほか、消費税が還付される場合には、①経費が多く赤字の場合、②設備投資等高額の資産を取得した場合、③売上げの大部分が輸出取引である場合等が考えられる。

　なお、消費税の課税事業者であること及び課税事業者を選択して申告をしていることが前提となる。

❸　「消費税の還付申告に関する明細書（法人用）」の上手な記入方法

⑴　「1　還付申告となった主な理由」の記載

　還付申告となった理由のうち該当する主な理由に○印を付ける。主な理由が「その他」に該当するときは理由を簡潔に記入する。

　（例：「期末に多額の棚卸資産を購入したため」、「新規事業に係る棚卸資産を大量購入したため」）

⑵　「2　課税売上げ等に係る事項」の記載

　「⑴　**主な課税資産の譲渡等**」欄には、その課税期間中の課税資産の譲渡等のうち、取引金額（税抜価額）が100万円以上のものについて上位10番目までを記載する。

　継続的に課税資産の譲渡等を行っている取引先については、その課税期間中の取引金額の合計額（税抜価額）が100万円以上のものを記載し、「**取引金額等**」欄にはその合計額を記載し、「**譲渡年月日等**」欄には「**継続**」と記載する。

　また、「⑵　**主な輸出取引等の明細**」欄には、その課税期間中の免税取引のうち、

第 1 章　会社の営業収益・売上原価項目に係る税務証拠フォーム

取引金額の合計額の上位 10 番目までを記載し、所轄税関名、輸出取引等に利用する主な金融機関及び主な通関業者を記載する。

⑶ 「3　課税仕入れに係る事項　⑴　仕入金額等の明細」の記載

「⑴　**仕入金額等の明細**」欄には、課税仕入れ等の税額の合計額の計算の基礎となった金額の明細を記載する。「**損益科目**」の「**決算額**」欄には、損益計算書等から科目の区分に応じて記載する。なお、「**商品仕入高等**」欄には、その課税期間中の商品仕入高及び製造原価に含まれるその課税期間中の課税仕入れを記載する。

「**資産科目**」の「**資産の取得価額**」欄には、貸借対照表等からその課税期間中に取得した資産の取得価額を科目の区分に応じて記載する。なお、棚卸資産又は有価証券等の記載は不要である。

「**損益科目**」及び「**資産科目**」の「⑩　⑦のうち課税仕入れにならないもの」欄には、⑦のうち非課税、免税及び不課税の仕入れ等、課税仕入れとはならない金額を記載する。

「**課税仕入れ等の税額の合計額**」欄には、損益科目及び資産科目の「（⑦－⑩）　**課税仕入高**」欄の合計金額に対する消費税額（国税）を記載する。

⑷ 「3　課税仕入れに係る事項　⑵主な棚卸資産・原材料等の取得」の記載

この欄には、3⑴「**仕入金額等の明細**」欄の損益科目の「（⑦－⑩）　**課税仕入高**」欄に記載した棚卸資産及び原材料等の取得のうち、取引金額（税抜価額）が 100 万円以上のものについて、上位 5 番目までを記載する。

継続的に課税資産の取得を行っている取引先については、その課税期間中の取引金額の合計額（税抜価額）が 100 万円以上のものを記載し、「**取引金額等**」欄にはその合計額を記載し、「**取得年月日等**」欄には継続と記載する。

⑸ 「3　課税仕入れに係る事項　⑶主な固定資産等の取得」の記載

この欄には、3⑴「**仕入金額等の明細**」欄の資産科目の「（⑦－⑩）　**課税仕入高**」欄に記載した固定資産等の取得のうち、1 件当たりの取引金額（税抜価額）が 100 万円以上のものについて、上位 10 番目までを記載する。

⑹ 「4　当課税期間中の特殊事情」の記載

その課税期間中の顕著な増減事項等及びその理由を記載する。

（例：「X1 年 2 月 19 日設立」、「多額の貸倒損失が発生した」）

69

第28−(9)号様式

消費税の還付申告に関する明細書（法人用）

課税期間	X1.4.1 ～ X2.3.31

所在地	東京都千代田区外神田〇−×
名　称	Ａ株式会社

1 還付申告となった主な理由（該当する事項に〇印を付してください。）

輸出等の免税取引の割合が高い		〇	そ の 他	期末に多額の棚卸資産を購入したため。
設備投資（高額な固定資産の購入等）				

2 課税売上げ等に係る事項

(1) 主な課税資産の譲渡等（取引金額が100万円以上の取引を上位10番目まで記載してください。）　単位：千円

資 産 の種 類 等	譲　　渡年 月 日 等	取引金額等（税込・税抜）	取 引 先 の氏 名（名 称）	取引先の住所（所在地）
商品	継・・続	51,000	Ａ商事㈱	東京都中央区日本橋〇−×
製品	X2.2.19	2,500	㈱KT企画	東京都文京区大塚×−△
	・・			
	・・			
	・・			
	・・			
	・・			
	・・			
	・・			
	・・			

※　継続的に課税資産の譲渡等を行っている取引先のものについては、当課税期間分をまとめて記載してください。
　その場合、譲渡年月日等欄に「継続」と記載してください。輸出取引等は(2)に記載してください。

(2) 主な輸出取引等の明細（取引金額総額の上位10番目まで記載してください。）　単位：千円

取 引 先 の氏 名（名 称）	取引先の住所（所在地）	取引金額	主な取引商品等	所轄税関（支 署）名

輸出取引等に利用する等	主な金融機関	銀　　行金庫・組合農協・漁協		本店・支店出 張 所本所・支所
		預金　口座番号		
	主な通関業者	氏 名（名 称）		
		住 所（所在地）		

（1／2）

第 1 章　会社の営業収益・売上原価項目に係る税務証拠フォーム

3　課税仕入れに係る事項

(1)　仕入金額等の明細

単位：千円

区　分			イ　決算額（税込・⑳税抜）	ロ　イのうち課税仕入れにならないもの	(イ－ロ)課税仕入高
損益科目	商 品 仕 入 高 等	①	80,000	0	80,000
	販売費・一般管理費	②	18,000	14,400	3,600
	営 業 外 費 用	③	120	120	0
	そ　の　他	④	0	0	0
	小　　計	⑤	98,120	14,520	83,600
区　分			イ　資産の取得価額（税込・税抜）	ロ　イのうち課税仕入れにならないもの	(イ－ロ)課税仕入高
資産科目	固 定 資 産	⑥			
	繰 延 資 産	⑦			
	そ　の　他	⑧			
	小　　計	⑨			
課税仕入れ等の税額の合計額		⑩	⑤＋⑨の金額に対する消費税額		5,266

(2)　主な棚卸資産・原材料等の取得（取引金額が100万円以上の取引を上位5番目まで記載してください。）

単位：千円

資産の種類等	取　得年 月 日 等	取引金額等（税込・⑳税抜）	取 引 先 の氏 名 （名 称）	取引先の住所（所在地）
商品	継・・続	40,000	㈱YPファクトリー	東京都台東区上野〇－△
〃	X2.3.28	35,000	㈱PQ社	神奈川県相模原市 ×－×
	・ ・			
	・ ・			
	・ ・			

※　継続的に課税資産の取得を行っている取引先のものについては、当課税期間分をまとめて記載してください。
その場合取得年月日等欄に「継続」と記載してください。

(3)　主な固定資産等の取得（1件当たりの取引金額が100万円以上の取引を上位10番目まで記載してください。）

単位：千円

資産の種類等	取　得年 月 日 等	取引金額等（税込・税抜）	取 引 先 の氏 名 （名 称）	取引先の住所（所在地）
	・ ・			
	・ ・			
	・ ・			
	・ ・			
	・ ・			
	・ ・			
	・ ・			
	・ ・			
	・ ・			
	・ ・			

4　当課税期間中の特殊事情（顕著な増減事項等及びその理由を記載してください。）

3（2）記載の商品（X2.3.28 ㈱PQ社から取得）は、
X2.4.10開始の新規事業に係るものである。

第2章

会社の営業費用項目 に係る 税務証拠フォーム

Ⅰ　役員給与・役員退職金

1　非常勤役員業務担当調書 |||||||||||||||||||||||||||||||||||||||||||||||||||||||||||||||||||||||||||

❶　調書の作成目的

　各事業年度において株主総会等により支給金額を決議し、その金額の限度内で役員給与を支給していたとしても、その金額が実質基準により適正と認められる金額を超えている場合は、過大部分の金額は損金不算入となる。

　このような規定を考慮し、非常勤役員に支給する役員給与の額が適格か否かを検証する目的で作成されるものが「**非常勤役員業務担当調書**」（フォーム２－１）であり、常勤役員に対する役員給与の適正額の判定についても、この調書は応用できるものである。

　なお、役員及び非常勤役員については、次のように取り扱われている。

⑴　役員の範囲

　役員とは、次の者をいう（法法２十五、法令７）。

①　法人の取締役・執行役・会計参与・監査役・理事・監事及び清算人

②　①以外の者で、次のいずれかに当たるもの

　㈲　法人の使用人（職制上使用人としての地位のみを有する者に限る）以外の者で、その法人の経営に従事しているもの

　　なお、相談役、顧問その他これらに類する者でその法人内における地位、その行う職務等からみて、他の役員と同様に実質的に法人の経営に従事していると認められるものが含まれる（法基通９－２－１）。

　㈹　同族会社の使用人（職制上使用人としての地位のみを有する者に限る）のうち、いわゆる特定株主（法令７二、71①五）に該当する者で、その会社の経営に従事しているもの

74

(2) 役員給与の損金不算入

　法人が役員に対して支給する給与の額のうち、定期同額給与・事前確定届出給与又は業績連動給与のいずれにも該当しないものの額は損金の額に算入されない（法法34①）。

　ただし、上記のいずれかに該当するものであっても、不相当に高額な部分の金額は、損金の額に算入することができない（法法34②）。

(3) 過大な役員給与の額

　次に掲げる金額のうち、いずれか多い金額が過大な役員給与の額とされている。

① 実質基準……各事業年度においてその役員に対して支給した給与（退職給与以外）の額が、その役員の職務の内容、その法人の収益及びその使用人に対する給与の支給の状況、その法人と同種の事業を営む法人で事業規模が類似するものの役員に対する給与の支給の状況等に照らし、その役員の職務に対する対価として相当であると認められる金額を超える部分の金額（法令70一イ）

② 形式基準……定款の規定又は株主総会等の決議により、役員に対する給与として支給することができる金銭の額の限度額を超える部分の金額（法令70一ロ）

(4) 適正と認められる役員給与の額の検討

　上記(3)に基づき、損金不算入となる過大な役員給与の額をまとめると、図表2－1のようになる。

図表2－1　過大役員給与の額

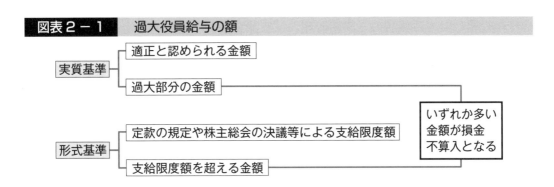

❷ 作成上のポイント

(1) 対象役員個別事項

非常勤役員に選任した者の当社における「**役職名・職制**」・「**就任日**」・「**氏名**」・「**住所**」・「**他の勤務先・役職**」、当社との「**関係**」を記入する。

特に「5　他の勤務先・役職」や「6　関係」欄の記載は、上記❶(3)①の実質基準の判定において、その役員に対して当社が期待する貢献度合の指標の1つとなるものと考えられる。

(2) 会社資金関連事項

その役員の当社に対する「**出資金額・比率**」、当社との「**金銭貸借**」、当社が金融機関等から受ける融資に対する「**担保提供**」、「**保証人受任**」の有無等を記入する。

上記(1)と同様に、実質基準の判定において、当社に対する金銭的な貢献度合の指標とするため明示する。

(3) 職務関連事項

その役員の当社における「**担当業務**」、「**役員会出席**」の記録等を記入する。

実質基準で規定するその役員の行う職務等からみて、他の役員と同様に実質的に法人の経営に従事していると認められるか否かの判定の指標とするため明示する。

(4) 報酬支給事項

その役員に対する報酬の「**支給時期**」、「**支給金額**」、「**支給方法**」、「**株主総会等の決定**」の有無等を記入する。

この項目は、前述の❶(3)②の形式基準の判定及びその支給が定期同額給与に該当するか否かの確認のために明示する。

第2章　会社の営業費用項目に係る税務証拠フォーム

フォーム2-1　非常勤役員業務担当調書

会社名　　　　　　　　　　　　　　　No.

事業年度　　　　　　　　　　　　　　作成日

非常勤役員業務担当調書

〔1〕　対象役員個別事項	
1　役職名・職制	
2　就任日	
3　氏名	
4　住所	
5　他の勤務先・役職	
6　関係	
〔2〕　会社資金関連事項	
1　出資金額・比率	
2　金銭貸借	
3　担保提供	
4　保証人受任	
〔3〕　職務関係事項	
1　担当業務	
2　役員会出席	
〔4〕　報酬支給事項	
1　支給時期	
2　支給金額	
3　支給方法	
4　株主総会等の決定	

Ⅰ　役員給与・役員退職金

❸ 上手な記入方法

(1) 「会社名」欄等への記入

　「会社名」欄には「A株式会社」と会社名を記入し、「事業年度」欄には対象となる事業年度である「X1.4.1〜X2.3.31」と記入する。

　また、「No.」欄には「1」とA株式会社が採用している文書番号を記入するとともに、「作成日」欄は担当者等が調書を作成した「X1.6.28」と記入する。

(2) 「〔1〕 対象役員個別事項」欄への記入

　「〔1〕 対象役員個別事項」欄のうち、「1　役職名・職制」欄には「取締役執行役員」と記入し、「2　就任日」欄には「X1年6月27日」と記入の上、「(履歴事項全部証明書別添)」と追記し、その就任日を証明するため、その証明書のコピーをこの調書に添付する。

　「3　氏名」及び「4　住所」欄には「甲野太郎」・「東京都千代田区外神田〇−〇−〇」と記入するとともに、「5　他の勤務先・役職」欄には「B株式会社代表取締役」と記入する。

　また、「6　関係」欄には「取引先」と記入したが、他の例として、親族・友人・借入先等の記入が考えられる。

(3) 「〔2〕 会社資金関連事項」欄への記入

　「〔2〕 会社資金関連事項」欄のうち、「1　出資金額・比率」欄には「100万円・5%」と記入する。

　また、「2　金銭貸借」・「3　担保提供」・「4　保証人受任」欄には、いずれも「なし」と記入する。

　なお、いずれかの項目が「あり」の場合は、具体的に金額や担保物件・保証人の受任先等を記入し、金銭消費貸借契約書、担保物件が不動産である場合はその不動産の全部事項証明書等のコピーをこの調書に添付する。

(4) 「〔3〕 職務関連事項」欄への記入

　「〔3〕 職務関連事項」欄のうち、「1　担当業務」欄には「営業管理」と記入の上、「(営業会議議事録別添)」と追記し、その議事録のコピーをこの調書に添付し、「2　役員会出席」欄には「毎月第2木曜日」と記入の上、「(出席表及び議事録別添)」と追記し、それらの書類のコピーをこの調書に添付する。

第2章　会社の営業費用項目に係る税務証拠フォーム

フォーム2－2　　非常勤役員業務担当調書＜記載例＞

会社名　　　Ａ株式会社	No.　　　　1
事業年度 X1.4.1 ～ X2.3.31	作成日　　X1.6.28

非常勤役員業務担当調書

〔1〕　対象役員個別事項	
1　役 職 名 ・ 職 制	取締役執行役員
2　就　　任　　日	X1年6月27日（履歴事項全部証明書別添）
3　氏　　　　　名	甲野太郎
4　住　　　　　所	東京都千代田区外神田○－○－○
5　他の勤務先・役職	Ｂ株式会社　代表取締役
6　関　　　　　係	取引先
〔2〕　会社資金関連事項	
1　出資金額・比率	100万円・5%
2　金　銭　貸　借	なし
3　担　保　提　供	なし
4　保　証　人　受　任	なし
〔3〕　職務関係事項	
1　担　当　業　務	営業管理（営業会議議事録別添）
2　役　員　会　出　席	毎月第二木曜日（出席表及び議事録別添）
〔4〕　報酬支給事項	
1　支　給　時　期	毎月25日
2　支　給　金　額	月額20万円
3　支　給　方　法	振込
4　株主総会等の決定	X1年6月27日決議による

Ⅰ　役員給与・役員退職金

⑸ 「〔4〕 報酬支給事項」欄への記入

　「〔4〕 報酬支給事項」欄のうち、「1　支給時期」・「2　支給金額」・「3　支給方法」欄には、それぞれ「毎月25日」・「月額20万円」・「振込」と記入する。

　また、「4　株主総会等の決定」欄には、「X1年6月27日決議による」と記入する。

❹　関連税務のチェックポイント

　前述のとおり、法人が役員に対して支給する給与の額のうち、定期同額給与・事前確定届出給与又は業績連動給与のいずれにも該当しないものの額は損金の額に算入することが認められていない（法法34①）。

　そのうち、実務上で対応する機会が多い「定期同額給与」及び「事前確定届出給与」については、次のように取り扱われている。

⑴　定期同額給与

　定期同額給与とは、次に掲げる給与をいう（法法34①一、法令69①・②、法基通9－2－12）。

①　その支給時期が1カ月以下の一定の期間ごとである給与（定期給与）で、その事業年度の各支給時期における支給額又は支給額から社会保険料及び源泉所得税等の額を控除した金額が同額であるもの

②　定期給与の額につき、次に掲げる改定（給与改定）がされた場合におけるその事業年度開始の日又は給与改定前の最後の支給時期の翌日から、給与改定後の最初の支給時期の前日又はその事業年度終了の日までの間の各支給時期における支給額又は支給額から社会保険料及び源泉所得税等の額を控除した金額が同額であるもの

　㈑　その事業年度開始の日の属する会計期間開始の日から、原則として3カ月を経過する日までに継続して毎年所定の時期にされる定期給与の額の改定

　㈺　その事業年度においてその法人の役員の職制上の地位の変更、その役員の職務の内容の重大な変更その他これらに類するやむを得ない事情（臨時改定事由）によりされたその役員に係る定期給与の額の改定

　㈥　その事業年度においてその法人の経営状況が著しく悪化したことその他これに類する理由（業績悪化改定事由）によりされた定期給与の額の改定（その定期給与の額を減額した改定に限られる）

③　継続的に供与される経済的利益のうち、その供与される利益の額が毎月おおむね一定であるもの

(2)　事前確定届出給与

事前確定届出給与とは、その役員の職務につき 所定の時期に、確定した額の金銭等を交付する旨の定め（事前確定届出給与に関する定め）に基づいて支給される給与で、定期同額給与及び業績連動給与のいずれにも該当しないものをいう（法法34①二）。

なお、その給与が定期給与を支給しない役員に対して支給する給与（同族会社に該当しない法人が支給する給与で金銭によるものに限る）以外の給与である場合、事前確定届出給与に関する定めをした場合は、原則として、次の①又は②のうちいずれか早い日までに所定の届出書を提出する必要がある（法法34①二イ、法令69④一）。

①　株主総会等の決議によりその定めをした場合におけるその決議をした日（その決議をした日が職務の執行を開始する日後である場合にはその開始する日）から1カ月を経過する日

②　その会計期間開始の日から4カ月（確定申告書の提出期限の延長の特例に係る税務署長の指定を受けている法人はその指定に係る月数に3を加えた月数）を経過する日

2　使用人兼務役員給与チェック表

❶　チェック表の作成目的

損金不算入の対象となる役員給与の範囲からは、使用人としての職務を有する役員に対して支給する、その職務に対する部分の金額は除かれている（法法34①）。

このような規定を考慮し、使用人兼務役員に支給する「役員給与の額」及び「使用人給与の額」が適格か否か、また、その者が使用人としての地位を有し、その職務を行っているか否かを検証する目的で作成されるものが「**使用人兼務役員給与チェック表**」（フォーム2－3）である。

なお、使用人兼務役員については、次のように取り扱われている。

(1) 使用人兼務役員

使用人兼務役員（使用人としての職務を有する役員）とは、役員（社長その他一定の役員を除く）のうち、部長、課長その他法人の使用人としての職制上の地位を有し、かつ、常時使用人としての職務に従事するものをいう（法法34⑥）。

(2) 使用人兼務役員とならない者

次に掲げる役員（特定役員を含む）は、使用人兼務役員には該当しない（法法34⑥、法令71、法基通9－2－4）。

① 代表取締役・代表執行役・代表理事及び清算人

② 副社長・専務・常務その他これらに準ずる職制上の地位を有する役員

③ 合名会社、合資会社及び合同会社の業務執行社員

④ 取締役（委員会設置会社の取締役に限る）、会計参与及び監査役並びに監事

⑤ ①から④までのほか、同族会社の役員のうち所有割合^(注1)によって判定した結果、次のすべての要件を満たす役員（特定役員）

（イ） その会社の株主グループ^(注2)をその所有割合の大きいものから順に並べた場合に、その役員が所有割合50％を超える第一順位の株主グループに属しているか、又は第一順位と第二順位の株主グループの所有割合を合計したときに初めて50％を超える場合のこれらの株主グループに属しているか、あるいは第一順位から第三順位までの株主グループの所有割合を合計したときに初めて50％を超える場合のこれらの株主グループに属していること。

（ロ） その役員の属する株主グループの所有割合が10％を超えていること。

（ハ） その役員（その配偶者及びこれらの者の所有割合が50％を超える場合における他の会社を含む）の所有割合が5％を超えていること。

（注1）「所有割合」とは、次に掲げる場合に応じて、それぞれ次に掲げる割合をいう。
・その会社がその株主等の有する株式又は出資の数又は金額による判定により同族会社に該当する場合……その株主グループの有する株式の数又は出資の金額の合計額がその会社の発行済株式又は出資（その会社が有する自己の株式又は出資を除く）の総数又は総額のうちに占める割合
・その会社が一定の議決権による判定により同族会社に該当することとなる場合……その株主グループの有する議決権の数がその会社の議決権の総数（議決権を行使することができない株主等が有するその議決権を除く）のうちに占める割合
・その会社が社員又は業務執行社員の数による判定により同族会社に該当する場合……その株主グループに属する社員又は業務執行社員の数がその会社の社員又は業務執行社員の総数のうちに占める割合

（注2）「株主グループ」とは、その会社の一の株主等及びその株主等と親族関係等、特殊な関係のある個人や法人をいう。

第2章 会社の営業費用項目に係る税務証拠フォーム

＜使用人兼務役員の事例＞

① 持株のない代表取締役の配偶者

Q

同族会社Ａ社の株式の50％超を保有する代表取締役甲の配偶者乙は、Ａ社の取締役に就任しているが、実態は常時使用人としての職務に従事している。

乙はＡ社の株式を全く所有していないが、使用人兼務役員となることができるか。

A 乙に株式の所有がないとしても、甲と乙の所有割合の合計が5％を超えており、かつ、甲と乙の属する株主グループとしての所有割合が50％を超えているため、乙は使用人兼務役員にはならない。

② 使用人としての職制上の地位

Q

食肉卸売業を営むＢ社は、使用人が3名のみであり、勤続年数が長く役員となっている丙（特定役員には該当しない）が経理業務の補助も行っているが、経営には従事していない。

このような場合、丙は使用人兼務役員となることができるか。

A 原則として、「使用人としての職制上の地位」とは支店長、工場長、営業所長、支配人、主任等法人の機構上定められている使用人たる職務上の地位をいい、したがって、取締役等で総務担当、経理担当というように使用人としての職制上の地位でなく、法人の特定の部門の職務を統括しているものは、使用人兼務役員には該当しない（法基通9－2－5）。

ただし、事業内容が単純で使用人が少数であるなどの事情により、法人がその使用人について特に機構としてその職務上の地位を定めていない場合には、その法人の役員（使用人兼務役員とされない役員を除く）で、常時従事している職務が他の使用人の職務の内容と同質であると認められるものについては、使用人兼務役員として取り扱うことができることとされている（法基通9－2－6）。

③ 非常勤役員

Q

非常勤役員は使用人兼務役員となることができるか。

A 非常勤役員は常時使用人としての職務に従事していないため、使用人兼務役員にはならない。

❷ 作成上のポイント

(1) 対象者個別事項

　使用人兼務役員となる者の「**氏名**」・「**就任状況**」・「**代表者との関係**」を記入する。
　特に「**代表者との関係**」は、前述の使用人兼務役員とはならない特定役員に該当するか否かの判定の1つの材料となるものである。

(2) 兼務役員検討項目

　使用人兼務役員となる者の「**役職・地位**」・「**特定役員（株主）**」に該当するか否かを記入することにより、職制上の地位の確認とともに、特定役員に該当しない場合に使用人兼務役員に該当することをチェックする。

(3) 給与関係区分

　使用人兼務役員に支給する「**給与**」及び「**賞与**」について、役員部分、使用人部分の金額及び金額の基準となる規程等を記入する。

(4) 使用人地位・職務チェック

　使用人兼務役員の「**担当部課・人数**」・「**担当業務**」及び「**その他**」の特記事項を記載することにより、使用人として職制を有し、常時使用人として職務に従事する立場であるかをチェックする。

(5) 確認資料

　「**名刺**」・「**株主名簿**」・「**出勤簿**」等のコピーをこのチェック表に添付し、上記の記載項目の証明資料とする。

第2章　会社の営業費用項目に係る税務証拠フォーム

フォーム2-3　　使用人兼務役員給与チェック表

会社名 _____　　No. _____

事業年度 _____　　作成日 _____

使用人兼務役員給与チェック表

〔1〕　対象者個別事項	
1　氏　　　　　名	
2　就　任　状　況	
3　代表者との関係	
〔2〕　兼務役員検討項目	
1　役　職・地　位	
2　特定役員（株主）	該　　当　　・　　非　該　当

〔3〕　給与関係区分		
1　給　　　　　与	役員給与	
	使用人給与	
2　賞　　　　　与	役　員　分	
	使用人分	

〔4〕　使用人地位・職務チェック	
1　担当部課・人数	
2　担　当　業　務	
3　そ　　の　　他	
〔5〕　確　認　資　料	
1　名　　　　　刺	
2　株　主　名　簿	
3　出　　勤　　簿	

I　役員給与・役員退職金

❸ 上手な記入方法

(1) 「会社名」欄等への記入

「会社名」欄には「Ａ株式会社」と会社名を記入し、「事業年度」欄には対象となる事業年度である「X3.4.1～X4.3.31」と記入する。

また、「No.」欄には「1」とＡ株式会社が採用している文書番号を記入するとともに、「作成日」欄は担当者等がチェック表を作成した「X3.6.28」と記入する。

(2) 「〔1〕対象者個別事項」欄への記入

「〔1〕対象者個別事項」欄のうち、「1　氏名」及び「2　就任状況」欄には、それぞれ「乙野一郎」・「X3年6月27日役員就任」と記入し、履歴事項全部証明書のコピーをこのチェック表に添付する場合は「2　就任状況」欄の続きに「(履歴事項全部証明書別添)」と追記する。

また、「3　代表者との関係」欄には「なし」と記入するが、他の例として、親族関係等の記入も考えられる。

(3) 「〔2〕兼務役員検討項目」欄への記入

「〔2〕兼務役員検討項目」欄のうち、「1　役職・地位」欄には「取締役営業部長」と記入するとともに、「2　特定役員(株主)」欄は「非該当」のほうを○で囲む。

なお、「該当」の場合は使用人兼務役員とはならない。

(4) 「〔3〕給与関係区分」欄への記入

「〔3〕給与関係区分」欄のうち、「1　給与」欄の「役員給与」の欄には「月額5万円(X3年6月27日取締役会決議)」と記入するとともに、「使用人給与」の欄は「当社賃金規程による(X1年4月1日最終改定)」と記入する。

また、「2　賞与」欄の「役員分」の欄は「支給なし」と記入するとともに、「使用人分」の欄は「上記1「使用人給与」のとおり」と記入する。

なお、役員分の賞与の支給がある場合は、具体的に取締役会等の支給の決議日、支給時期や支給日を記入するとともに、事前確定届出給与に関する届出書等のコピーをこのチェック表に添付する場合、添付する旨も追記する。

(5) 「〔4〕使用人地位・職務チェック」欄への記入

「〔4〕　使用人地位・職務チェック」欄のうち、「1　担当部課・人数」欄は「営

第2章　会社の営業費用項目に係る税務証拠フォーム

フォーム2－4　　使用人兼務役員給与チェック表＜記載例＞

会社名　　　A株式会社　　　　　　　　　　No.　　　　1
事業年度　X3.4.1～X4.3.31　　　　　　　作成日　　X3.6.28

Ⅰ　役員給与・役員退職金

使用人兼務役員給与チェック表

〔1〕　対象者個別事項	
1　氏　　　　　名	乙野一郎
2　就　任　状　況	X3年6月27日役員就任
3　代表者との関係	なし
〔2〕　兼務役員検討項目	
1　役　職・地　位	取締役営業部長
2　特定役員（株主）	該　　　当　・　非　該　当
〔3〕　給与関係区分	
1　給　　　　　与	役員給与　　月額5万円（X3年6月27日取締役会決議）
	使用人給与　当社賃金規程による（X1年4月1日最終改定）
2　賞　　　　　与	役　員　分　支給なし
	使用人分　　上記1「使用人給与」のとおり
〔4〕　使用人地位・職務チェック	
1　担当部課・人数	営業部・総勢8名
2　担　当　業　務	営業全般
3　そ　　の　　他	特になし
〔5〕　確　認　資　料	
1　名　　　　　刺	別添のとおり
2　株　主　名　簿	〃
3　出　　勤　　簿	〃

87

業部・総勢8名」と記入し、「2　担当業務」及び「3　その他」欄には、それぞれ「営業全般」・「特になし」と記入する。

(6)　「〔5〕確認資料」欄への記入

　「〔5〕確認資料」欄については、「1　名刺」・「2　株主名簿」・「3　出勤簿」欄に、それぞれ「別添のとおり」と記入し、それらのコピーをこのチェック表に添付する。

❹　関連税務のチェックポイント

　使用人兼務役員の使用人部分の賞与の支給時期及び損金算入時期については、次のように取り扱われている。

(1)　使用人兼務役員の使用人賞与の支給時期

　使用人兼務役員の使用人としての職務に対する賞与で、他の使用人に対する賞与の支給時期と異なる時期に支給したものの額は、金額の多寡にかかわらず過大な役員給与として損金不算入となる（法令70三）。

(2)　使用人賞与の損金算入時期

　法人が使用人に対して支給する賞与の額は、次に掲げる賞与の区分に応じ、それぞれ次の事業年度の損金の額に算入される（法令72の3）。

　なお、使用人に対して支給する賞与の額には、使用人兼務役員に対して支給する賞与のうち使用人としての職務に対応する部分の金額が含まれる。

①　労働協約又は就業規則により定められる支給予定日が到来している賞与（使用人にその支給額が通知されているもので、かつ、その支給予定日又はその通知をした日の属する事業年度においてその支給額につき損金経理したものに限る）

　　……その支給予定日又はその通知をした日のいずれか遅い日の属する事業年度

②　次に掲げる要件のすべてを満たす賞与……使用人にその支給額の通知をした日の属する事業年度

　㈦　その支給額を、各人別に、かつ、同時期に支給を受けるすべての使用人に対して通知をしていること

　　　なお、法人が支給日に在職する使用人のみに賞与を支給することとしている場合のその支給額の通知は、ここでいう「通知」には該当しない（法基通9－2－43）。

　㈹　その通知をした金額を、通知したすべての使用人に対しその通知をした日の

属する事業年度終了の日の翌日から１カ月以内に支払っていること

（ハ）　その支給額につき、その通知をした日の属する事業年度において損金経理をしていること

③　上記①及び②に掲げる賞与以外の賞与……その支払をした日の属する事業年度

3　役員退職給与適正基準チェック表

❶　チェック表の作成目的

役員に対して支給する退職給与の額のうち、不相当に高額な部分の金額は損金の額に算入されない（法法34②）。

このような規定を考慮し、その役員退職給与の額や損金算入時期等が適格か否かを検証する目的で作成されるものが「**役員退職給与適正基準チェック表**」（フォーム２−５）である。

なお、役員退職給与の額については、次のように取り扱われている。

⑴　役員退職給与の損金不算入

役員退職給与で、利益その他の業績を示す指標を基礎として算定されるもののうち、業績連動給与（注）の損金算入要件を満たさないもの等で事前確定届出給与又は業績連動給与の損金算入要件を満たさないものは、その全額が損金不算入となる（法法34①）。

ただし、最終月額報酬に勤務期間月数を乗じて、これに功績倍率を乗ずる方法により支給額が算定される退職給与は、業績連動給与に該当しないため対象外とされている（法法34①、法基通９−２−27の2）。

> （注）　利益の状況を示す指標、株式の市場価格の状況を示す指標その他の、法人又はその法人との間に支配関係がある法人の業績を示す指標を基礎として算定される額又は数の金銭又は株式若しくは新株予約権による給与等（法法34⑤）。

⑵　過大な役員退職給与の損金不算入

役員に対して支給する退職給与の額のうち、その役員が法人の業務に従事した期間、退職の事情、その法人と同種の事業を営む法人で、その事業規模が類似するものの役員に対する退職給与の支給の状況等に照らし、不相当に高額な部分の金額は損金の額に算入されない（法法34②、法令70二）（図表２−２）。

図表2-2　退職給与の支給

① 法人の業務に従事した期間
② 退職の事情
③ 業種・事業規模が類似する法人の役員退職給与の支給状況
④ その他の基準

(3) 適正な役員退職給与の額の算定方法

適正な役員退職給与の額の算定方法として、判例において次の方法が明示されている（東京高判平25.7.18・TAINS Z263－12261、東京地判平25.3.22・TAINS Z263－12175）。

① 平均功績倍率法……退職役員に退職給与を支給した法人と同種の事業を営み、かつ、その事業規模が類似する法人（同業類似法人）の役員退職給与の支給事例における功績倍率（同業類似法人の役員退職給与の額を、その退職役員の最終月額報酬に勤続年数を乗じた額で除して得た倍率をいう）の平均値（平均功績倍率）に、その退職役員の最終月額報酬及び勤続年数を乗じて算定する方法

| その退職役員の最終月額報酬 × 勤続年数 × 平均功績倍率 |

② 1年当たり平均額法……同業類似法人の役員退職給与の支給事例における役員退職給与の額を、その退職役員の勤続年数で除して得た額の平均額に、その退職役員の勤続年数を乗じて算定する方法

| 同業類似法人の役員退職給与の額 ÷ その法人役員の勤続年数の平均額 × 勤続年数 |

③ 最高功績倍率法……同業類似法人の役員退職給与の支給事例における功績倍率の最高値（最高功績倍率）に、その退職役員の最終月額報酬及び勤続年数を乗じて算定する方法

| その退職役員の最終月額報酬 × 勤続年数 × 最高功績倍率 |

❷ 作成上のポイント

(1) 対象役員個別事項

退職給与を支給する者の「**役職名（退任時）**」・「**氏名**」・「**役員歴・役職名・期間**」・「**出資状況・金額・出資割合**」・「**現代表者との関係**」を記入する。

特に「**役職名（退任時）**」や「**役員歴・役職名期間**」欄は、後述する支給額の算定基準の指標となるものである。

(2) 退職給与支給方法等関連事項

「**退職等年月日**」・「**退職金決定議事**」・「**会計処理方法**」・「**損金算入時期**」を記入する。

(3) 退職給与算定基準関連事項

「**役員退職金規程**」・「**算定基準支給金額**」・「**類似法人支給状況**」を記入する。このチェック表における最も重要な部分である。

(4) 退職金支給関連資料

「**支給確認書類**」・「**源泉税関係**」及び「**その他**」の特記事項について記入する。

フォーム２－５　　役員退職給与適正基準チェック表

会社名＿＿＿＿＿＿＿＿＿＿＿　　　　　No.＿＿＿＿＿＿＿＿＿＿＿

事業年度＿＿＿＿＿＿＿＿＿＿　　　　　作成日＿＿＿＿＿＿＿＿＿＿＿

役員退職給与適正基準チェック表

〔1〕 対象役員個別事項		
1　役職名（退任時）		
2　氏　　　　名		
3　役員歴・役職名・期間		
4　出資状況・金額・出資割合		
5　現代表者との関係		
〔2〕 退職給与支給方法等関連事項		
1　退職等年月日		
2　退職金決定議事		
3　会計処理方法		
4　損金算入時期		
〔3〕 退職給与算定基準関連事項		
1　役員退職金規程		
2　算定基準支給金額		
3　類似法人支給状況		
〔4〕 退職金支給関連資料		
1　支給確認書類		
2　源泉税関係		
3　そ　の　他		

第2章　会社の営業費用項目に係る税務証拠フォーム

❸　上手な記入方法

⑴　「会社名」欄等への記入

　「会社名」欄には「A株式会社」と会社名を記入し、「事業年度」欄には対象となる事業年度である「X1.4.1〜X2.3.31」と記入する。

　また、「No.」欄には「1」とA株式会社が採用している文書番号を記入するとともに、「作成日」欄は担当者等がチェック表を作成した「X1.8.10」と記入する。

⑵　「〔1〕対象役員事項」欄への記入

　「〔1〕　対象役員事項」欄のうち、「1　役職名（退任時）」及び「2　氏名」欄には、それぞれ「代表取締役」・「丙野二郎」と記入するとともに、「3　役員歴・役職名・期間」欄は、「取締役20年4カ月」及び「代表取締役30年10カ月」と記入し、退職役員の役員歴及びその就任期間を網羅する。

　また、「4　出資状況・金額・出資割合」及び「5　現代表者との関係」欄は、それぞれ「800万円・80%」・「父」と記入する。

⑶　「〔2〕退職給与支給方法等関連事項」欄への記入

　「〔2〕　退職給与支給方法等関連事項」欄のうち、「1　退職等年月日」欄には「X1年6月27日」と記入するとともに、履歴事項全部証明書のコピーをこのチェック表に添付する場合は「（履歴事項全部証明書別添）」と追記する。

　また、「2　退職金決定議事」欄・「3　会計処理方法」欄・「4　損金算入時期」欄には、それぞれ「上記年月日定時株主総会決議による」・「損金経理及び引当金取崩し」・「X1年7月12日（支払日）※　法人税基本通達9－2－28ただし書による」と記入する。

⑷　「〔3〕退職給与算定基準関連事項」欄への記入

　「〔3〕退職給与算定基準関連事項」欄のうち、「1　役員退職金規程」欄には「当社規程第3条により算定」と記入するが、規程が存在しない場合には「なし」と記入することになる。

　また、「2　算定基準支給金額」欄には、役員退職金規程に基づく算式から「100万円×51年×3.0倍＝1億5,300万円」と記入する。

　なお、当該規程が存在しない場合は、算式とともに、基準となるその算式の根拠等の説明も記入することになる。

フォーム２－６　　役員退職給与適正基準チェック表＜記載例＞

会社名　　　Ａ株式会社
事業年度　X1.4.1 ～ X2.3.31

No.　　　1
作成日　　X1.8.10

役員退職給与適正基準チェック表

〔1〕　対象役員個別事項		
1　役職名（退任時）	代表取締役	
2　氏　　　　名	丙野　二郎	
3　役員歴・役職名・期間	取締役　20年4カ月	代表取締役　30年10カ月
4　出資状況・金額・出資割合	800万円・80%	
5　現代表者との関係	父	
〔2〕　退職給与支給方法等関連事項		
1　退職等年月日	X1年6月27日	
2　退職金決定議事	上記年月日定時株主総会決議による	
3　会計処理方法	損金経理及び引当金取崩し	
4　損金算入時期	X1年7月12日（支払日） ※法人税基本通達9－2－28ただし書による	
〔3〕　退職給与算定基準関連事項		
1　役員退職金規程	当社規程第3条により算定	
2　算定基準支給金額	100万円 × 51年 × 3.0倍 ＝ 1億5,300万円	
3　類似法人支給状況	別添統計表参照	
〔4〕　退職金支給関連資料		
1　支給確認書類	別添支払明細、振込票参照	
2　源泉税関係	X1年8月10日納付（住民税特別徴収）	
3　そ　　の　　他	①　当社規程は功績倍率表を採用 ②　退職所得の受給に関する申告書等保管	

94

最後に「3　類似法人支給状況」欄は「別添統計表参照」と記入し、そのコピーをこのチェック表に添付する。

⑸ 「〔4〕退職金支給関連資料」欄への記入

「〔4〕退職金支給関連資料」欄にうち、「1　支給確認書類」欄は「別添支払明細、振込票参照」と記入し、それらの資料のコピーを添付する。

また、「2　源泉税関係」欄・「3　その他」欄には、それぞれ「X1年8月10日納付（住民税特別徴収）」・「①当社規程は功績倍率法を採用、②退職所得の受給に関する申告書等保管」と記入する。

❹　関連税務のチェックポイント

役員退職給与の損金算入時期や役員の分掌変更等の場合の退職給与については、次のように取り扱われている。

⑴　役員退職給与の損金算入時期

退職した役員に対する退職給与の額の損金算入の時期は、株主総会の決議等によりその額が具体的に確定した日の属する事業年度となる。

ただし、法人がその退職給与の額を実際に支払った事業年度において損金経理をした場合は、その支払った事業年度において損金の額に算入することも認められている（法基通9－2－28）。

⑵　役員の分掌変更等の場合の退職給与

役員の分掌変更等に際しその役員に対し退職給与として支給した給与については、その支給が、例えば次に掲げるような事実があったことによるものであるなど、その分掌変更等によりその役員としての地位又は職務の内容が激変し、実質的に退職したと同様の事情にあると認められることによるものである場合には、これを退職給与として取り扱うこととされている（法基通9－2－32）。

①　常勤役員が非常勤役員（常時勤務していないものであっても代表権を有する者及び代表権は有しないが実質的にその法人の経営上主要な地位を占めていると認められる者を除く）になったこと

②　取締役が監査役（監査役でありながら実質的にその法人の経営上主要な地位を占めていると認められる者等を除く）になったこと

③　分掌変更等の後におけるその役員（その分掌変更等の後においてもその法人の経営上主要な地位を占めていると認められる者を除く）の給与が激減（おおむね50％以上の減少）したこと

　なお、この場合の「退職給与として支給した給与」には、原則として、法人が未払金等に計上した額は含まれない（法基通9－2－32㈲）。

4　ワンポイントアドバイス

❶　役員給与・役員退職給与の適正額の判決

　役員給与及び役員退職給与における適正額について、次のように「不相当に高額な部分の金額」があるか否かの判決がなされている。

⑴　東京地裁平成28年4月22日判決（TAINS Z888－1993）

①　事　　案

　泡盛の酒造会社である原告が、処分行政庁である沖縄税務署長から、平成19年2月期から平成22年2月期までの各事業年度において、役員給与及び役員退職給与に、「不相当に高額な部分の金額」であるとして損金の額に算入されない部分があるか否かが争点となった事案（残波事件）である。

②　役員給与に関する判示

　原告の役員らの職務の内容は、酒類の製造及び販売等を目的とする一般的な法人の役員において想定される職務内容を超えているとは認められない。

　また、原告の収益及びその使用人に対する給与の支給の状況については、本件各事業年度において、その前に比して売上総利益、営業利益、経常利益はいずれも減少し、使用人に対する給与の状況に変化はないのに、役員給与総額のみが上昇している。

　処分行政庁において抽出した類似法人の抽出の方法は合理的であり、これらの法人の役員給与等の状況等に照らすと、類似法人の役員給与の最高額を超える部分は、

不相当に高額であるというべきである。

③　役員退職給与に関する判示

　平成22年2月期に支給された役員退職給与について、処分行政庁は、功績倍率法により不相当に高額な部分を判断するに当たって、退職する役員の最終月額給与の相当額について、抽出した複数の比較法人それぞれの役員給与の最高額を平均した額を超える部分が不相当に高額であるとしている。

　その比較法人4法人の代表取締役の給与のそれぞれの法人中の最高額は、2法人ごとに高額なものと低額なものとなっていて、それぞれ平均額とも大きな乖離がある。

　このような各比較法人の代表取締役給与最高額の分布及びその平均額等に鑑みると、その平均額については、比較法人間に通常存在する諸要素の差異やその個々の特殊性が捨象され、平準化された数値であると評価することは困難であるといわざるを得ない。

　したがって、原告の退職した代表取締役に対する役員給与については、その職務の内容等が、原告の経営や成長等に対する相応の貢献があったとはいえない程度のものであるなど、代表取締役として相応のものであるとはいえない特段の事情のない限り、比較法人の代表取締役に対する給与の最高額を超える部分をもって不相当に高額であるとすることはできない。

　そして、本件においては、退職した代表取締役の原告における従前の職務の内容等に照らすと、原告の経営や成長等に対する相応の貢献があったというべきであって、その職務の内容等が代表取締役として相応のものであるとはいえない特段の事情があるとは認められないから、同人の役員給与のうち、比較法人の平均額を超える部分が不相当に高額な部分であるとすることはできない。

　比較法人の代表取締役に対する給与について、不相当に高額な部分があるとはいえない本件においては、退職した代表取締役の役員給与が比較法人の最高額を超えない限りは、不相当に高額な部分があるとはいえないと解すべきである。

⑵　東京高裁平成29年2月23日判決（TAINS Z888－2065）

①　事　　案

　上記⑴の原審は、役員退職給与については不相当に高額な部分の金額があるとはいえないが、役員給与について不相当に高額な部分の金額があるとしたため、泡盛の酒造会社が控訴したものである。

②　役員給与に関する判示

　(イ)　控訴人は、売上高と役員給与額には相関関係がないから、法人税法施行令に

いう事業規模の類似する法人を抽出する基準として、売上高倍半基準を採用するのは違法である旨主張する。

しかし、両者の間に相関関係がないとまでは認め難い上、売上高と営業利益、純資産、総資産及び従業員数との間にはそれぞれ相関関係があるとされており、本件の単式蒸留しょうちゅうの製造という事業については、売上金額を法人の事業規模を示す指標として、事業規模が類似する法人を抽出することは合理的というべきである。

(ロ) 控訴人は、本件役員ら給与に不相当に高額な金額があるか否かの判断に際し、役員の能力は重要な比較検討要素であり、役員の能力を考慮しないとする原判決の判断は不当である旨主張し、経常利益率、自己資本比率、流動比率、総資本回転率、売上高成長率等の経営分析指標において控訴人は優位な数値を示しており、これらの個別事情を検討すれば、本件役員らに対する役員給与の支給額は不相当に高額であるとはいえないと主張する。

しかし、役員の経営能力を別個の判断要素として考慮することは、何をもって役員の能力と評価すべきかあいまいであり、主観的・恣意的要素を判断要素に加えることになるから相当ではない。

控訴人の指摘する経営分析指標と個々の役員報酬額との関係について確立された一般的な理解があるとはうかがわれず、控訴人の経営分析に係る指標の数値は、類似法人の代表取締役又は取締役の役員給与の最高額を超える額を支給することが不相当であるとの認定判断を覆すに足りるものではない。

(ハ) 控訴人は、平成19年2月期の役員給与支給額は、平成19年2月期の収益状況により増減させることはできないのであるから、平成19年2月期の収益状況悪化を根拠に本件役員ら給与が過大であるとすることは不当である旨主張する。

しかし、控訴人の収益状況が客観的にいかなる状態であったかを本件役員ら給与に不相当に高額な金額があるか否かの判断要素の1つとすることは、法人税法施行令70条1号イ（実質基準）の定めからして当然であり、控訴人の主張は失当である。

(ニ) したがって、本件控訴は棄却する。

❷ 使用人兼務役員の該当性の判決

名目上の監査役について、次のように「使用人」としての地位・職制が認められない旨の判決がなされている。

(1) 事　　案

　名目監査役である甲に支払った賞与及び残業手当について、甲は適法に監査役に選任されていないこと、また、専ら使用人としての業務を行っていたこと等を根処に、原告が甲に支給した残業手当等及びボーナス等が損金の額に算入すべきであるか否かが争点となった事案である（鹿児島地判平24.3.7・TAINS Z262 - 11903、福岡高（宮崎支）判平24.9.26・TAINS Z262 - 112049、最（二小）判平25.4.12（不受理）・TAINS Z262 - 112199）。

(2) 判　　示

　原始定款に甲の記名押印が認められること、原始定款の認証を受けるためには、社員の印鑑証明書を公証役場に提出する必要があること等の事情からすれば、甲は自己の意思に基づき控訴人の定款によって適法に監査役に選任されたと認められる。

　そして、実体法上及び租税法上監査役が使用人を兼ねることは禁止されている以上、適法に選任された監査役を使用人として扱うことはできない。

Ⅱ　交際費等・会議費

1　1人当たり5,000円以下の飲食費・接待飲食費等チェック表

❶　チェック表の作成目的

　1人当たり5,000円以下の飲食費は、一定の要件の下に交際費等の範囲から除かれ、また、接待飲食費については、一定の要件の下に50％に相当する金額を超える部分のみが損金不算入の対象とされている。

　このような規定を考慮し、飲食費等の支出における損金算入金額等を検証する目的で作成されるものが「1人当たり5,000円以下の飲食費・接待飲食費等チェック表」（フォーム2－7）であり、やはり交際費等の範囲から除かれる会議費の適正額等の判定についても、この調書は応用できるものである。

　なお、交際費等については、次のように取り扱われている。

⑴　交際費等の範囲

　交際費・接待費・機密費その他の費用で、法人がその得意先、仕入先その他事業に関係のある者等に対する接待・供応・慰安・贈答その他これらに類する行為（接待等）のために支出する費用をいう（措法61の4④）。

　この場合の「得意先、仕入先その他事業に関係のある者等」には、直接その法人の営む事業に取引関係のある者だけでなく、間接に当該法人の利害に関係ある者及びその法人の役員、従業員、株主等も含まれる（措通61の4(1)－22）。

⑵　交際費等に含まれない費用

　次のような費用は、交際費等から除かれている（措法61の4④、措令37の5、措通61の4(1)－1）。

①　専ら従業員の慰安のために行われる運動会・演芸会・旅行等のために通常要す

る費用

② 飲食その他これに類する行為（飲食等）のために要する費用（その法人の役員若しくは従業員又はこれらの親族に対する接待等のために支出するものを除く）であって、その支出する金額を飲食等に参加した者の数で割って計算した金額が5,000円以下である費用

③ カレンダー、手帳、扇子、うちわ、手ぬぐいその他これらに類する物品を贈与するために通常要する費用

④ 会議に関連して、茶菓、弁当その他これらに類する飲食物を供与するために通常要する費用

⑤ 新聞、雑誌等の出版物又は放送番組を編集するために行われる座談会その他記事の収集のために、又は放送のための取材に通常要する費用

⑥ 寄附金・値引き及び割戻し・広告宣伝費・福利厚生費・給与等の性質を有するもの

(3) 交際費等の損金不算入額

① 期末の資本金の額又は出資金の額が1億円以下である等の法人（資本金の額又は出資金の額が5億円以上の法人の100％子法人等を除く）

損金不算入額は、次のいずれかの金額とされている（措法61の4②）。

(イ) 交際費等のうち、飲食その他これに類する行為のために要する費用（専らその法人の役員若しくは従業員又はこれらの親族に対する接待等のために支出するものを除く。接待飲食費）の50％に相当する金額を超える部分の金額

(ロ) 交際費等のうち、800万円×事業年度の月数／12（定額控除限度額）を超える部分の金額

② ①以外の法人

上記①(イ)の金額（措法61の4①）。

(4) 交際費等から除かれる「1人当たり5,000円以下の飲食費」の適用要件

交際費等から除かれる「1人当たり5,000円以下の飲食費」は、次の事項を記載した書類を保存している場合に限り適用される（措法61の4⑥、措規21の18の4）。

① 飲食等の年月日

② 飲食等に参加した得意先、仕入先その他事業に関係のある者等の氏名又は名称及びその関係

③ 飲食等に参加した者の数

101

④　その費用の金額並びに飲食店等の名称及び所在地（店舗がないなどの理由で名称又は所在地が明らかでないときは、領収書等に記載された支払先の名称、住所等）

⑤　その他参考となるべき事項

(5)　「接待飲食費」の適用要件

50％に相当する金額を超える部分が損金不算入となる「接待飲食費」は、上記(4)のうち、③以外の事項を記載した書類を保存している場合に限り適用される（措法61の4④、措規21の18の4）。

(6)　交際費等に係る消費税等の額

1人当たり5,000円以下の飲食費や交際費等の額の計算は、法人の適用している消費税等の経理処理（税抜経理方式又は税込経理方式）により算定した価額による（平元.3直法2-1「12」）。

❷　作成上のポイント

(1)　飲食費の内容

飲食費の内容については、「支出目的」・「支出年月日」・「参加者」・「参加人数」・「飲食費の額」・「飲食店等の名称・所在地」・「その他参考事項」・「参加者1人当たりの費用の額」を記入する。1人当たり5,000円以下の飲食費や、接待飲食費に該当するか否かの指標となるものである。

(2)　飲食費の判定

飲食費の判定については、「会議費に該当」・「社内飲食費に該当」・「1人当たり費用の額が5,000円以下」のいずれかに該当するか否かを確認する。

(3)　処　　理

上記(1)、(2)の結果として、対象となる飲食費が「会議費」・「社内飲食費」・「1人当たり5,000円以下の飲食費」・「接待飲食費」のいずれに該当するものかを認識する。

第2章　会社の営業費用項目に係る税務証拠フォーム

フォーム2－7　1人当たり5,000円以下の飲食費・接待飲食費等チェック表

会社名 ＿＿＿＿＿＿＿＿＿＿＿　　　　No. ＿＿＿＿＿＿＿＿＿＿＿

事業年度 ＿＿＿＿＿＿＿＿＿＿＿　　　　作成日 ＿＿＿＿＿＿＿＿＿＿＿

1人当たり5,000円以下の飲食費・接待飲食費等チェック表

〔1〕　飲食費の内容		
1　支出目的		
2　支出年月日		
3　参加者	得意先・仕入先等	
	当社関係者	
4　参加人数		
5　飲食費の額		
6　飲食店等の名称・所在地		
7　その他参考事項		
8　参加者1人当たり費用の額		
〔2〕　飲食費の判定		
1　会議費に該当	該当　・　非該当	
2　社内飲食費に該当	該当　・　非該当	
3　1人当たり費用の額5,000円以下	該当　・　非該当	
〔3〕　処　　理		
会議費　・　社内飲食費　・　1人当たり5,000円以下の飲食費　・　接待飲食費		

処理検印	扱者	担当者	管理者	営業部	経理部	決裁

Ⅱ　交際費等・会議費

103

❸ 上手な記入方法

(1) 「会社名」欄等への記入

「会社名」欄には「A 株式会社」と会社名を記入し、「事業年度」欄には対象となる事業年度である「X1.4.1～X2.3.31」と記入する。

また、「No.」欄には「1」と A 株式会社が採用している文書番号を記入するとともに、「作成日」欄は担当者等が調書を作成した「X1.12.5」と記入する。

(2) 「〔1〕飲食費の内容」欄への記入

「〔1〕飲食費の内容」欄のうち、「1　支出目的」欄は「卸売先 B 物産㈱商談後の懇親会開催」と記入し、「2　支出年月日」欄には「X1 年 12 月 4 日」と記入する。

「3　参加者」欄のうち、「得意先・仕入先等」欄に「卸売先 B 物産㈱：営業担当 甲野一郎・乙山二郎」と記入するとともに、「当社関係者」欄には「取締役営業部長 丙川三郎・営業第 2 課 丁田花子」と記入するが、「得意先・仕入先等」欄の記入がない場合は、社内飲食費又は会議費に該当することとなる。

なお、社内飲食費でないことを明らかにするためには、原則として、飲食等を行った相手方である社外の得意先等に関する事項について、相手方の氏名や名称のすべてを記載する必要がある。

ただし、相手方の氏名について、その一部が不明の場合や多数参加したような場合には、その参加者が真正である限りにおいて、「○○会社・□□部、△△◇◇（氏名）部長他 10 名、卸売先」という記載であっても差し支えないこととされている。

「4　参加人数」欄には「4 名」と記入し、「5　飲食費の額」欄は「50,000 円（税抜金額）」と記入するが、当該会社が税込経理を採用している場合には、税込金額で記載することになる。

「6　飲食店等の名称・所在地」欄は「割烹料理　○×△・東京都中央区銀座○−○−○」、「7　その他参考事項」欄には「○×△の提供する飲食物の土産代を含む」と記入するが、この欄には他のケースにおいても、飲食費であることを明らかにするために必要な事項を記入することになる。

「8　参加者 1 人当たり費用の額」欄は「5　飲食費の額」を「4　参加人数」で除して計算し、「50,000 円／4 名＝ 12,500 円」と記入する。

第2章　会社の営業費用項目に係る税務証拠フォーム

フォーム2-8　1人当たり5,000円以下の飲食費・接待飲食費等チェック表＜記載例＞

会社名　　A株式会社

No.　　　1

事業年度　X1.4.1～X2.3.31

作成日　　X1.12.5

Ⅱ　交際費等・会議費

1人当たり5,000円以下の飲食費・接待飲食費等チェック表

〔1〕　飲食費の内容

1	支出目的	卸売先B物産㈱商談後の懇親会開催
2	支出年月日	X1年12月4日
3	参加者	得意先・仕入先等　卸売先B物産㈱：営業担当甲野一郎・乙山二郎 当社関係者　取締役営業部長 丙川三郎・営業第2課 丁田花子
4	参加人数	4名
5	飲食費の額	50,000円（税抜金額）
6	飲食店等の名称・所在地	割烹料理　○×△　・　東京都中央区銀座○-○-○
7	その他参考事項	○×△の提供する飲食物の土産代を含む
8	参加者1人当たり費用の額	50,000円 / 4名 ＝ 12,500円

〔2〕　飲食費の判定

1	会議費に該当	該当　・　(非該当)
2	社内飲食費に該当	該当　・　(非該当)
3	1人当たり費用の額5,000円以下	該当　・　(非該当)

〔3〕　処　　理

会議費　・　社内飲食費　・　1人当たり5,000円以下の飲食費　・　(接待飲食費)

処理検印	扱者	担当者	管理者	営業部	経理部	決裁

105

(3) 「〔2〕飲食費の判定」欄への記入

「〔2〕飲食費の判定」欄には、「1　会議費に該当」・「2　社内飲食費に該当」・「3　1人当たり費用の額 5,000円以下」欄の各項目とも、それぞれ「該当」・「非該当」のいずれかに「○」を付す。

対象となるケースはすべて非該当となるため、「非該当」欄に「○」を付すことになる。

(4) 「〔3〕処　　理」欄への記入

「〔3〕処　　理」欄には、「〔1〕飲食費の内容」・「〔2〕飲食費の判定」の各欄の記入事項を確認し、「会議費」・「社内飲食費」・「1人当たり 5,000円以下の飲食費」・「接待飲食費」のいずれかに「○」を付す。

対象となるケースは「接待飲食費」欄に「○」を付すことになる。

❹　関連税務のチェックポイント

会議費との区分や飲食費の範囲については、次のように取り扱われている。

(1)　会議費との区分

会議に際して社内又は通常会議を行う場所において通常供与される昼食の程度を超えない飲食物等の接待に要する費用については、原則として、交際費等から除かれる「会議に関連して、茶菓、弁当その他これらに類する飲食物を供与するために通常要する費用」に該当するものとされている（措法61の4④二、措令37の5②二、措通61の4(1)−21）。

また、この場合の会議には来客との商談、打合せ等が含まれ、その1人当たりの費用の金額が5,000円を超える場合であっても、交際費等からは除かれることになる（措通61の4(1)−21(注)）。

(2)　飲食費に含まれる費用

次に掲げる費用については、社内飲食費に該当するものを除き、飲食費に該当する。

① 自己の従業員等が得意先等を接待して飲食するための「飲食代」

② 飲食等のために支払うテーブルチャージ料やサービス料等

③ 飲食等のために支払う会場費

第2章　会社の営業費用項目に係る税務証拠フォーム

④　得意先等の業務の遂行や行事の開催に際して、弁当の差入れを行うための弁当代（得意先等において差入れ後相応の時間内に飲食されるようなもの）

⑤　飲食店等での飲食後、その飲食店等で提供されている飲食物の持ち帰りに要する土産代

(3)　飲食費に含まれない費用

次に掲げる費用は飲食費に該当しない。

①　ゴルフや観劇、旅行等の催事に際しての飲食等に要する費用

通常、ゴルフや観劇、旅行等の催事を実施することを主たる目的とした行為の一環として飲食等が実施されるものであり、その飲食等は主たる目的である催事と一体不可分なものとしてそれらの催事に吸収される行為と考えられるため、飲食等が催事とは別に単独で行われていると認められる場合（例えば、企画した旅行の行程のすべてが終了して解散した後に、一部の取引先の者を誘って飲食等を行った場合等）を除き、ゴルフや観劇、旅行等の催事に際しての飲食等に要する費用は飲食費に該当しないこととなる。

②　接待等を行う飲食店等へ得意先等を送迎するために支出する送迎費

本来、接待・供応に当たる飲食等を目的とした送迎という行為のために要する費用として支出したものであり、その送迎費は飲食費に該当しないこととなる。

③　飲食物の詰め合わせを贈答するために要する費用

単なる飲食物の詰め合わせを贈答する行為は、いわゆる中元・歳暮と変わらないことから、その贈答のために要する費用は飲食費に該当しないこととなる。

2　会議実施内容確認書

❶　確認書の作成目的

会議に際して、社内又は通常会議を行う場所において通常供与される昼食の程度を超えない飲食物等の接待に要する費用については、原則として、交際費等から除かれる「会議費」に該当する（措法61の4④二、措令37の5②二）。

このような規定を考慮し、会議の実施に際して支出した費用を検証する目的で作成されるものが「**会議実施内容確認書**」（**フォーム2-9**）であり、交際費等に該当する飲食費の判定についても、この調書は活用できるものである。

なお、会議費については、次のように取り扱われている。

107

(1) 交際費等から除かれる会議費の範囲

会議に際して、社内又は通常会議を行う場所において通常供与される昼食の程度を超えない飲食物等の接待に要する費用については、原則として、交際費等から除かれる「会議に関連して、茶菓、弁当その他これらに類する飲食物を供与するために通常要する費用」に該当するものとされている（措法61の4④二、措令37の5②二、措通61の4(1)−21）。

また、この場合の会議には来客との商談、打合せ等が含まれ、その1人当たりの費用の金額が5,000円を超える場合であっても、交際費等からは除かれることになる（措通61の4(1)−21(注)）。

(2) 旅行等に招待し、併せて会議を行った場合の会議費用

製造業者又は卸売業者が特約店その他の販売業者を旅行、観劇等に招待し、併せて新製品の説明、販売技術の研究等の会議を開催した場合において、その会議が会議としての実体を備えていると認められるときは、会議に通常要すると認められる費用の金額は、交際費等からは除かれることになる（措通61の4(1)−16）。

なお、旅行、観劇等の行事に際しての飲食等は、その行事の実施を主たる目的とする一連の行為の1つであることから、その行事と不可分かつ一体的なものとして取り扱うことになるが、その一連の行為とは別に単独で行われていると認められる場合及び会議に係るものと認められる場合はこの限りでない（措通61の4(1)−16(注)）。

❷ 作成上のポイント

(1) 会議の内容

開催された会議の「種類」・「日時」・「参加者」・「参加人数」・「打合せ内容・議題等」・「開催場所」・「議事録・報告書」・「その他参考事項」について記入する。

なお、「参加者」については、「得意先・仕入先等」と「当社関係者」に分けて記入する。

(2) 費用の額

費用の内訳を「**飲食費関係**」・「**会場費関係**」・「**その他費用**」に区分し、それぞれの支払先及び金額、合計額を記入する。

第2章　会社の営業費用項目に係る税務証拠フォーム

フォーム2-9　会議実施内容確認書

Ⅱ　交際費等・会議費

会社名＿＿＿＿＿＿＿＿＿＿　　　　No.＿＿＿＿＿＿＿＿＿＿

事業年度＿＿＿＿＿＿＿＿＿　　　　作成日＿＿＿＿＿＿＿＿＿

会議実施内容確認書

〔1〕　会議の内容

1　種類	得意先等商談等　・　役員会　・　担当部署　・　その他	
2　日時		
3　参加者	得意先・仕入先等	
	当社関係者	
4　参加人数		
5　打合せ内容・議題等		
6　開催場所		
7　議事録・報告書		
8　その他参考事項		

〔2〕　費用の額

費用の内訳	支　払　先	金　　額
1　飲食費関係		
2　会場費関係		
3　その他費用		
4　合　　計		

〔3〕　処　理

科　目	内　訳	金　　額
1　会議費		
2　交際費等		
3　その他費用		
4　合　　計		

処理検印	扱者	担当者	管理者	営業部	経理部	決裁

(3) 処　　理

　上記(2)で記入した金額をもとに、それらを「会議費」・「交際費等」・「その他費用」に区分し、それぞれの内訳及び金額、合計額を記入する。

❸　上手な記入方法

(1)「会社名」欄等への記入

　「会社名」欄には「A株式会社」と会社名を記入し、「事業年度」欄には対象となる事業年度である「X1.4.1～X2.3.31」と記入する。

　また、「No.」欄には「1」とA株式会社が採用している文書番号を記入するとともに、「作成日」欄は担当者等が調書を作成した「X1.12.8」と記入する。

(2)「〔1〕会議の内容」欄への記入

　「〔1〕会議の内容」欄のうち、「1　種類」欄は「得意先等商談等」に○を付し、「2　日時」欄には「X1年12月4日 10：00～17：00」、「3　参加者」欄のうち「得意先・仕入先等」欄に「得意先㈱C商事：営業担当甲山一郎、乙村二郎他8名」及び「当社関係者」欄に「営業部第3課：丙野三郎、丁川四郎他2名」とそれぞれ記入する。

　「4　参加人数」欄には「14名」と記入するが、この欄は「会議に関連して、茶菓、弁当その他これらに類する飲食物を供与するために通常要する費用」の確認の指標の1つとなるものである。

　「5　打合せ内容・議題等」欄は「当社新商品プレゼン・質疑応答等」、「6　開催場所」欄は「○○○ホテル東京：孔雀の間」とそれぞれ記入し、「7　議事録・報告書」欄は「別添報告書のとおり」と記入の上、当該報告書のコピーをこの確認書に添付する。

　「8　その他参考事項」欄は、「会議終了後、ホテル内レストランにおいて懇親会開催」と記入する。

(3)「〔2〕費用の額」欄への記入

　「〔2〕費用の額」欄のうち、「1　飲食費関係」欄は「支払先」欄に「○○○ホテル東京」、「金額」欄に「133,000円」、「2　会場費関係」欄には「支払先」欄に「○○○ホテル東京」、「金額」欄に「300,000円」、「3　その他費用」欄は「支払先」欄及び「金額」欄に「なし」と記入するとともに、「4　合計」欄には上記の

第2章　会社の営業費用項目に係る税務証拠フォーム

フォーム2－10　会議実施内容確認書＜記載例＞

会社名　　　A株式会社　　　　　　　　　　　No.　　　　　1

事業年度　X1.4.1 ～ X2.3.31　　　　　　　　作成日　　X1.12.8

会議実施内容確認書

〔1〕　会議の内容

1　種類	（得意先等商談等）　・　役員会　・　担当部署　・　その他	
2　日時	X1年12月4日　10：00 ～ 17：00	
3　参加者	得意先・仕入先等	得意先C商事：営業担当 甲山一郎、乙村二郎他8名
	当社関係者	営業部第3課：丙野三郎、丁川四郎他2名
4　参加人数	14名	
5　打合せ内容・議題等	当社新商品プレゼン・質疑応答等	
6　開催場所	○○○ホテル東京：孔雀の間	
7　議事録・報告書	別添報告書のとおり	
8　その他参考事項	会議終了後、ホテル内レストランにおいて懇親会開催	

〔2〕　費用の額

費用の内訳	支　払　先	金　　額
1　飲食費関係	○○○ホテル東京	133,000 円
2　会場費関係	○○○ホテル東京	300,000 円
3　その他費用	なし	なし
4　合　　計		433,000 円

〔3〕　処　理

科　　目	内　　訳	金　　額
1　会議費	会場使用料 300,000 円、昼食弁当 42,000 円、コーヒー代 7,000 円	349,000 円
2　交際費等	懇親会飲食費 6,000 円×14名	84,000 円
3　その他費用	なし	なし
4　合　　計		433,000 円

	扱者	担当者	管理者	営業部	経理部	決裁
処理検印						

Ⅱ　交際費等・会議費

111

金額を合計し、「**金額**」欄に「**433,000円**」と記入する。

(4) 「〔3〕処理」欄への記入

「〔3〕処理」欄のうち、「**1　会議費**」欄は「**内訳**」欄に「**会場使用料 300,000 円、昼食弁当 42,000円、コーヒー代 7,000円**」、「**金額**」欄にそれらを合計した「**349,000円**」と記入する。

「**2　交際費等**」欄は「**内訳**」欄に「**懇親会飲食費 6,000円×14名**」と記入し、「**金額**」欄に「**84,000円**」と記入するが、この欄の内容については、前述 **1** の「**1人当たり 5,000円以下の飲食費・接待飲食費等チェック表**」（フォーム 2 − 7）に別途記入を要する。

「**3　その他科目**」欄は「**内訳**」欄及び「**金額**」欄にそれぞれ「**なし**」と記入し、「**4　合計**」欄には上記の金額を合計し、「**合計**」欄に「**433,000円**」と記入するが、この金額は、「〔2〕**費用の額**」欄の「**4　合計**」欄の金額と合致する。

❹　関連税務のチェックポイント

会議に関連する費用の他、交際費等から除かれる費用については、次のようなものが挙げられる。

(1) 現地案内等、得意先等に製品又は商品の製造工場等を見学させる場合に要する費用

次に掲げる費用は、販売のために直接要する費用として交際費等に該当しないものとされている（措通 61 の 4 (1) − 17）。

① 不動産販売業を営む法人が、土地の販売に当たり一般の顧客を現地に案内する場合の交通費又は食事もしくは宿泊のために通常要する費用

② 旅行あっせん業を営む法人が、団体旅行のあっせんをするに当たって、旅行先の決定等の必要上その団体の責任者等特定の者を事前にその旅行予定地に案内する場合の交通費又は食事もしくは宿泊のために通常要する費用（旅行先の旅館業者等がこれらの費用を負担した場合におけるその負担した金額を含む）

③ 新製品、季節商品等の展示会等に得意先等を招待する場合の交通費又は食事若しくは宿泊のために通常要する費用

④ 自社製品又は取扱商品に関する商品知識の普及等のため得意先等に当該製品又は商品の製造工場等を見学させる場合の交通費又は食事若しくは宿泊のために通常要する費用

(2)　得意先、仕入先等の従業員等に対して取引の謝礼等として支出する金品の費用

　得意先、仕入先等の従業員等に対して取引の謝礼等として支出する金品の費用は、交際費等の金額に含まれるものとされている（措通 61 の 4 (1)− 15 (9)）。

　ただし、製造業者又は卸売業者が専ら自己の製品等を取り扱う特約店等の従業員等に対し、その者の外交販売に係る当該製品等の取扱数量又は取扱金額に応じてあらかじめ明らかにされているところにより交付する金品の費用については除かれている（措通 61 の 4 (1)− 14）。

3　ワンポイントアドバイス

❶　交際費等と他の費用との区分

　交際費等に隣接する費用について、交際費等から除かれるものは、それぞれ次のように挙げられている。

(1)　寄附金と交際費等との区分

　事業に直接関係のない者に対して金銭、物品等の贈与をした場合において、それが寄附金であるか交際費等であるかは個々の実態により判定すべきであるが、金銭でした贈与は原則として寄附金とするものとし、次のようなものは交際費等に含まれないこととされている（措通 61 の 4 (1)− 2）。

①　社会事業団体・政治団体に対する拠金

②　神社の祭礼等の寄贈金

(2)　売上割戻し等と交際費等との区分

　法人がその得意先である事業者に対し、売上高若しくは売掛金の回収高に比例して、又は売上高の一定額ごとに金銭で支出する売上割戻しの費用及びこれらの基準のほかに得意先の営業地域の特殊事情、協力度合い等を勘案して金銭で支出する費用は、交際費等に該当しない（措通 61 の 4 (1)− 3）。

(3)　事業者に金銭等で支出する販売奨励金等の費用

　法人が販売促進の目的で特定の地域の得意先である事業者に対して、販売奨励金

113

等として金銭又は事業用資産を交付する場合のその費用は、交際費等に該当しない（措通61の4(1)-7）。

(4) 情報提供料等と交際費等との区分

法人が取引に関する情報の提供又は取引の媒介、代理、あっせん等の役務の提供（情報提供等）を行うことを業としていない者（その取引に係る相手方の従業員等を除く）に対して情報提供等の対価として金品を交付した場合であっても、その金品の交付につき、例えば次の要件のすべてを満たしている等その金品の交付が正当な対価の支払であると認められるときは、その交付に要した費用は交際費等に該当しない（措通61の4(1)-8）。

① その金品の交付があらかじめ締結された契約に基づくものであること

② 提供を受ける役務の内容がその契約において具体的に明らかにされており、かつ、これに基づいて実際に役務の提供を受けていること

③ その交付した金品の価額が、その提供を受けた役務の内容に照らし相当と認められること

(5) 広告宣伝費と交際費等との区分

不特定多数の者に対する宣伝的効果を意図するものは、広告宣伝費の性質を有するものとし、次のようなものは交際費等に含まれないこととされている（措通61の4(1)-9）。

① 製造業者又は卸売業者が、抽選により一般消費者に対し金品を交付するために要する費用又は一般消費者を旅行、観劇等に招待するために要する費用

② 製造業者又は卸売業者が、金品引換券付販売に伴い一般消費者に対し金品を交付するために要する費用

③ 製造業者又は販売業者が、一定の商品等を購入する一般消費者を旅行、観劇等に招待することをあらかじめ広告宣伝し、その購入した者を旅行、観劇等に招待する場合のその招待のために要する費用

④ 小売業者が商品の購入をした一般消費者に対し景品を交付するために要する費用

⑤ 一般の工場見学者等に製品の試飲、試食をさせる費用（これらの者に対する通常の茶菓等の接待に要する費用を含む）

⑥ 得意先等に対する見本品、試用品の供与に通常要する費用

⑦ 製造業者又は卸売業者が、自己の製品又はその取扱商品に関し、これらの者の依頼に基づき、継続的に試用を行った一般消費者又は消費動向調査に協力した一

般消費者に対しその謝礼として金品を交付するために通常要する費用

(6) 福利厚生費と交際費等との区分

社内の行事に際して支出される金額等で、次のようなものは交際費等に含まれないこととされている（措通61の4(1)－10）。

① 創立記念日、国民祝日、新社屋落成式等に際し従業員等におおむね一律に社内において供与される通常の飲食に要する費用

② 従業員等（従業員等であった者を含む）又はその親族等の慶弔、禍福に際し一定の基準に従って支給される金品に要する費用

(7) 給与等と交際費等との区分

従業員等に対して支給する次のようなものは、給与の性質を有するものとして交際費等に含まれないこととされている（措通61の4(1)－12）。

① 常時給与される昼食等の費用

② 自社の製品、商品等を原価以下で従業員等に販売した場合の原価に達するまでの費用

③ 機密費、接待費、交際費、旅費等の名義で支給したもののうち、その法人の業務のために使用したことが明らかでないもの

(8) 現地案内等に要する費用

次に掲げる費用は、販売のために直接要する費用として交際費等に該当しないこととされている（措通61の4(1)－17）。

① 不動産販売業を営む法人が、土地の販売に当たり一般の顧客を現地に案内する場合の交通費・食事・宿泊のために通常要する費用

② 旅行あっせん業を営む法人が、団体旅行のあっせんをするに当たって、旅行先の決定等の必要上その団体の責任者等特定の者を事前にその旅行予定地に案内する場合の交通費、食事、宿泊のために通常要する費用（旅行先の旅館業者等がこれらの費用を負担した場合におけるその負担した金額を含む）

③ 新製品、季節商品等の展示会等に得意先等を招待する場合の交通費、食事、宿泊のために通常要する費用

④ 自社製品又は取扱商品に関する商品知識の普及等のため、得意先等に当該製品又は商品の製造工場等を見学させる場合の交通費、食事、宿泊のために通常要する費用

❷　交際費等に含まれる費用の例示

次のような費用は、原則として交際費等の金額に含まれることとされている（措通61の4(1)－15）。

① 　会社の何周年記念又は社屋新築記念における宴会費、交通費及び記念品代並びに新船建造又は土木建築等における進水式・起工式・落成式等におけるこれらの費用（前述❶(6)の福利厚生費に該当するものを除く）

　　ただし、進水式・起工式・落成式等の式典の祭事のために通常要する費用は交際費等に該当しない。

② 　下請工場・特約店・代理店等となるため、又はするための運動費等の費用

　　ただし、これらの取引関係を結ぶために相手方である事業者に対して金銭又は事業用資産を交付する場合のその費用は、交際費等に該当しない。

③ 　得意先・仕入先等社外の者の慶弔・禍福に際し支出する金品等の費用（災害見舞金等・一定の基準により特約店等のセールスマン等及び下請企業の従業員等に対して支出するものを除く）

④ 　得意先・仕入先その他事業に関係のある者等を旅行・観劇等に招待する費用

⑤ 　製造業者又は卸売業者がその製品又は商品の卸売業者に対し、その卸売業者が小売業者等を旅行・観劇等に招待する費用の全部又は一部を負担した場合のその負担額

⑥ 　いわゆる総会対策等のために支出する費用で総会屋等に対して会費・賛助金・寄附金・広告料・購読料等の名目で支出する金品に係るもの

⑦ 　建設業者等が高層ビル・マンション等の建設に当たり、周辺の住民の同意を得るために、当該住民又はその関係者を旅行・観劇等に招待し、又はこれらの者に酒食を提供した場合におけるこれらの行為のために要した費用

　　ただし、周辺の住民が受ける日照妨害・風害・電波障害等による損害を補償するために当該住民に交付する金品は、交際費等に該当しない。

⑧ 　スーパーマーケット業・百貨店業等を営む法人が既存の商店街等に進出するに当たり、周辺の商店等の同意を得るために支出する運動費等（営業補償等の名目で支出するものを含む）の費用

　　ただし、その進出に関連して支出するものであっても、主として地方公共団体等に対する寄附金の性質を有するもの等は、交際費等に該当しない。

⑨ 　得意先・仕入先等の従業員等に対して取引の謝礼等として支出する金品の費用（一定の基準により特約店等の従業員等に対して支出するものを除く）

第2章 会社の営業費用項目に係る税務証拠フォーム

⑩　建設業者等が工事の入札等に際して支出する、いわゆる談合金その他これに類する費用

Ⅲ　寄　附　金

1　損失負担金チェック表（再建・整理）

❶　チェック表の作成目的

⑴　寄附金の概要

① 　寄附金の範囲

　法人税法上、寄附金とは、法人が行った寄附金・拠出金・見舞金その他いずれの名義をもってするかを問わず、金銭その他の資産又は経済的利益の贈与又は無償の供与をいい、寄附金の額は金銭の場合は金銭の額、金銭以外の資産の場合は贈与時の価額又は経済的利益は供与時の価額とされる（法法37⑦・⑧）。

② 　寄附金の範囲から除かれるもの

　贈与又は無償の供与であっても、次の費用等については寄附金に該当しない場合がある。

　㈑　広告宣伝及び見本品費、交際費、福利厚生費等と認められるもの

　㈠　子会社等を整理する場合の損失負担等（法基通9－4－1）

　㈪　被災者に対する一定の義援金等（法基通9－4－6～9－4－6の4）

⑵　子会社等を整理する場合の損失負担等

　法人がその子会社等の解散、経営権の譲渡等に伴い当該子会社等のために、債務の引受けその他の損失負担又は債権放棄等（以下「損失負担等」という）をした場合において、その損失負担等をしなければ今後より大きな損失を蒙ることになることが社会通念上明らかであると認められるため、やむを得ずその損失負担等をするに至った等そのことについて相当な理由があると認められるときは、その損失負担等により供与する経済的利益の額は寄附金の額に該当しないものとする（法基通9－4－1）。

第2章　会社の営業費用項目に係る税務証拠フォーム

(注)　子会社等には、当該法人と資本関係を有する者のほか、取引関係・人的関係・資金関係等において事業関連性を有する者が含まれる。

(3)　子会社等を再建する場合の無利息貸付け等

法人がその子会社等に対して金銭の無償若しくは通常の利率よりも低い利率での貸付け又は債権放棄等（以下「無利息貸付け等」という）をした場合において、その無利息貸付け等が、例えば業績不振の子会社等の倒産を防止するためにやむを得ず行われるもので、合理的な再建計画に基づくものである等その無利息貸付け等をしたことについて相当な理由があると認められるときは、その無利息貸付け等により供与する経済的利益の額は、寄附金の額に該当しないものとする（法基通9－4－2）。

(注)　合理的な再建計画かどうかについては、支援額の合理性・支援者による再建管理の有無・支援者の範囲の相当性及び支援割合の合理性等について、個々の事例に応じ、総合的に判断するのであるが、例えば、利害の対立する複数の支援者の合意により策定されたものと認められる再建計画は、原則として合理的なものと取り扱う。

(4)　作成目的

法人税法の執行上、民商法重視の立場に立てば親子会社といえどもそれぞれ別個の法人であるから、仮に子会社が経営危機に瀕して解散等をした場合であっても、親会社としては、その出資額が回収できないにとどまり、それ以上に新たな損失負担をする必要はないという考え方がある。しかし、一口に子会社の整理といっても、親会社が、株主有限責任を楯にその親会社としての責任を放棄するようなことが社会的にも許されないといった状況に陥ることがしばしば生じ得る。

つまり、親会社が子会社の整理のために行う債権の放棄・債務の引受けその他の損失負担・無利息又は低利貸付けについては、一概にこれを単純な贈与と決めつけることができない面が多々認められるということであり、このようなものについてまでその内容いかんにかかわらず、常に寄附金として処理するなどは実態に即さないといえる。

そこで、税務上も正常な取引条件に従って行われたものとして取り扱い、寄附金として認定課税をしない旨を明らかにしていることから、その経緯を明らかにするため「**損失負担金チェック表（再建・整理）**」（フォーム2－11、12）を作成する必要がある。

❷ 作成上のポイント

＜再建の場合＞

(1) 子会社等の概要の明示

「〔1〕 子会社等の概要」欄により、資本（親子）関係・取引関係・人的関係・資金関係等について事業関連性を有するもの（法基通 9 － 4 － 1 ㊟）であるか否かを明示する。単に資本（親子）関係がないことのみをもって子会社等に該当しないと判断しないように留意する。

(2) 子会社が経営危機に陥っている状況のチェック

子会社等が経営危機に陥っている場合とは、一般的には、子会社等が債務超過の状態にあることなどから資金繰りが逼迫しているような場合が考えられる。

なお、債務超過等の状態にあっても子会社等が自力で再建することが可能であると認められる場合には、その支援は経済合理性を有していないものと考えられるのでチェックの際は留意する。

(3) 支援者にとって損失負担等を行う相当な理由があるか否かのチェック

支援者にとって損失負担等を行う相当な理由があるか否かは、損失負担等を行い子会社等を整理することにより、今後蒙るであろう大きな損失を回避することができる場合、又は、子会社等を再建することにより、残債権の弁済可能性が高まり、倒産した場合に比べ損失が軽減される場合もしくは支援者の信用が維持される場合等が考えられるかチェックする。

(4) 損失負担（支援）額の合理性のチェック

損失負担（支援）額が合理的に算定されているか否かは、次のような点からチェックする。

・損失負担（支援）額が、子会社等を整理するため又は経営危機を回避し再建するための必要最低限の金額とされているか。

・会社等の財務内容・営業状況の見通し等及び自己努力を加味したものとなっているか。

子会社等を再建又は整理するための損失負担等は、子会社等の倒産を防止する等

第2章　会社の営業費用項目に係る税務証拠フォーム

フォーム2−11	損失負担金チェック表（再建）

Ⅲ　寄附金

会社名　　　　　　　　　　No.

事業年度　　　　　　　　　作成日

損失負担金チェック表（再建）

〔1〕	子会社等の概要			
①	会社名			
②	資本関係			
③	取引関係			
④	人的関係			
⑤	資金関係			
⑥	事業関連性		有	無

〔2〕 損失負担の必要性・再建計画等（支援内容）の合理性チェック	YES	NO
① 債務超過等倒産の危機に瀕しているか		
② 支援がなければ自力再建は不可能か		
③ 再建することにより将来のより大きな損失の負担を回避等することができるか		
④ 損失負担額（支援額）は、再建するための必要最低限の金額となっているか（過剰支援になっていないか）		
⑤ 自己努力はなされているか		
⑥ 再建管理はなされているか		
⑦ 支援者の範囲は相当であるか		
⑧ 支援者以外の事業関連性を有する者が損失負担していないことに合理的な理由があるか		
⑨ 事業関連性からみて負担割合は合理的に決定されているか		
寄附金に該当しない（すべてYESの場合）		
〔3〕 参考資料		

処理検印	扱者	担当者	管理者	営業部	経理部	決裁

フォーム２－12 損失負担金チェック表（整理）

会社名 _____　No. _____

事業年度 _____　作成日 _____

損失負担金チェック表（整理）

〔1〕　子会社等の概要			
①　会社名			
②　資本関係			
③　取引関係			
④　人的関係			
⑤　資金関係			
⑥　事業関連性		有	無

〔2〕　損失負担の必要性・整理計画等（支援内容）の合理性チェック	YES	NO
①　整理損失は生じるか（実質債務超過か）		
②　支援がなければ整理できないか		
③　整理することにより将来のより大きな損失の負担を回避等することができるか		
④　損失負担額（支援額）は、整理するための必要最低限の金額となっているか		
⑤　自己努力はなされているか		
⑥　整理計画の管理は行われるか（長期の場合）		
⑦　支援者の範囲は相当か		
⑧　支援者以外の事業関連性を有する者が損失負担していないことに合理的な理由があるか		
⑨　事業関連性からみて負担割合は合理的に決定されているか		
寄附金に該当しない（すべてYESの場合）		

〔3〕　参考資料

処理検印	扱者	担当者	管理者	営業部	経理部	決裁

122

のためにやむを得ず行われるもので、損失負担（支援）額は、必要最低限の金額でなければならない。一般的に、支援により子会社等に課税所得が発生するようなケースは少ないと考えられる。支援金額が過剰と認められる場合には、単なる利益移転とみなされ、寄附金として認定される場合もあり得る。

支援の方法としては、無利息貸付け・低利貸付け・債権放棄・経費負担・資金贈与・債務引受けなどがあり、その実態に応じた方法が採用されることになるものと考えられる。

さらに、必要最低限の支援のため、子会社等はそれなりの自己努力を行っていることが通例であり、損失負担（支援）額は、被支援者等の自己努力を加味した金額となる。この場合、どのような自己努力を行うかは、法人の経営判断であるが、一般的に遊休資産の譲渡・経費の節減・増減資等が考えられる。

(5)　支援者による再建管理等のチェック

子会社等の再建を図るためにやむを得ず行う支援である以上、損失負担（支援）額は、必要最低限でなくてはならず、そのため、支援者が子会社等の再建状況を把握し、例えば、再建計画の進行に従い、計画よりも順調に再建が進んだような場合には計画期間の経過前でも支援を打ち切る（逆の場合には、追加支援を行うための計画の見直しを行う）などの手当て（再建管理）が必要となる。

また、再建管理の方法としては、例えば、支援者から役員を派遣すること又は子会社等から支援者に対して毎年（毎四半期・毎月）再建状況を報告させるなどの方法が考えられる。

(6)　支援者の範囲の相当性のチェック

関係者が複数いる場合に、子会社との事業関連性が強いと認められる者が支援者に加わっていないときは、どのような理由によるかを検討する。支援者の範囲は、事業関連性の強弱・支援規模・支援能力等の個別事情から決定されるものであり、関係者全員が支援しないから不合理であるとは必ずしもいえない場合がある。なお、支援者の範囲は、当事者間の合意により決定される。

例えば、多数の関係者がいる場合であっても、出資している者、出資はしていないが役員を派遣している者、取引（債権）金額又は融資金額の多額な者等に支援者の範囲を限定することも考えられる。

(7)　損失負担（支援）割合の合理性のチェック

支援者ごとの損失負担（支援）額の配分が、出資状況・経営参加状況・融資状況

等の子会社等と支援者との個々の事業関連性の強弱や支援能力からみて合理的に決定されているか否かを検討する。なお、損失負担（支援）割合は、当事者間の合意により決定する。

損失負担（支援）額の配分については、例えば、総額を融資残高で按分し負担する方式（プロラタ方式）による場合のほか、出資比率、融資残高比率及び役員派遣割合の総合比率で按分し、個々の負担能力を考慮した調整を行った上で決定するといった方法がある。

＜整理の場合＞

(1) 子会社等の概要の明示

前記＜再建の場合＞を参照。

(2) 子会社が経営危機に陥っている状況のチェック

子会社等の整理に当たり、整理損失が生じる子会社等は、一般的に実質債務超過にあるものと考えられるのでチェックの際は注意する。

(3) 支援者にとって損失負担等を行う相当な理由があるか否かのチェック

前記＜再建の場合＞を参照。

(4) 損失負担（支援）額の合理性のチェック

前記＜再建の場合＞を参照。

(5) 支援者による管理等のチェック

一般的に子会社等の整理は、解散後速やかに行われるため、整理計画の実施状況に関する管理については、検討を要しないものと考えられる。しかし、資産処分に時間を要するなどの理由から、整理計画が長期間にわたる場合には、整理計画の実施状況に関する管理が的確に行われるか否かを検討する必要がある。

(6) 支援者の範囲の相当性のチェック

前記＜再建の場合＞を参照。

(7) 損失負担（支援）割合の合理性のチェック

前記＜再建の場合＞を参照。

第2章　会社の営業費用項目に係る税務証拠フォーム

❸　上手な記入方法

＜再建の場合＞

⑴　「会社名」欄等への記入

　「会社名」欄には「**甲株式会社**」と会社名を記入し、「**事業年度**」欄には甲株式会社の事業年度を記入する。

　また、「No.」欄には、損失負担金チェック表（再建・整理）ごとに「No.」を記入し、「**作成日**」欄には、損失負担金チェック表を作成した日付を「**X1.9.30**」と記入する。

⑵　「〔1〕子会社等の概要」欄の各欄への記入

　「〔1〕子会社等の概要」欄のうち、「①　**会社名**」欄には子会社等の会社名を記入し、「②　**資本関係**」欄には、資本関係（出資状況等）「**100％**」と記入するとともに、「③　**取引関係**」欄には「**売上先**」と記入する。

　また、「④　**人的関係**」欄には取締役等の派遣・出向・転籍等を記入し、「⑤　**資金関係**」欄には「**貸付金あり**」と記入する。

　さらに、「⑥　**事業関連性**」欄への記入には、上記①から⑤の状況を総合的に判断して有・無欄のいずれかに「**○**」を付す。

⑶　「〔2〕損失負担の必要性・再建計画等（支援内容）の合理性チェック」欄の各欄への記入

　「①　**債務超過等倒産の危機に瀕しているか**」欄には、子会社の財務諸表等を確認した結果により YES に「**○**」を付し、「②**支援がなければ自力再建は不可能か**」欄には子会社の財務諸表等を確認した結果により YES に「**○**」を付すとともに、「③**再建することにより将来のより大きな損失の負担を回避等することができるか**」欄には子会社の財務諸表等を確認し、YES に「**○**」を付す。

　「④　**損失負担額（支援額）は、再建するための必要最低限の金額となっているか**」欄には支援額が過剰になっていないか等を判断した結果により YES に「**○**」を付し、「⑤　**自己努力はなされているか**」欄には再建計画等を確認し YES に「**○**」を付す。

　また、「⑥　**再建管理はなされているか**」欄には、子会社等の立直り状況に応じて支援額を見直すこととされているかを確認して YES に「**○**」を付し、「⑦　**支援**

125

者の範囲は相当か」欄には、特定の債権者等が意図的に加わっていないなどの恣意性がないかを確認し、YES に「〇」を付す。

さらに、「⑧　支援者以外の事業関連性を有する者が損失負担していないことに合理的な理由があるか」欄には、その理由を確認して YES に「〇」を付し、「⑨　事業関連性からみて負担割合は合理的に決定されているか」欄には、特定の債権者だけが不当に負担を重くし、又は免れていないかを確認し、YES に「〇」を付す。

⑷ 「〔3〕参考資料」欄への記入

「〔3〕参考資料」欄には、損失負担を判断するのに必要となった資本関係図等を記載する。

＜整理の場合＞

⑴ 「会社名」欄・「〔1〕子会社等の概要」欄の各欄への記入

「会社名」欄・「〔1〕　子会社等の概要」欄の各欄には、＜再建の場合＞と同様に記載する。

⑵ 「〔2〕損失負担の必要性・整理計画等（支援内容）の合理性チェック」欄・「〔3〕参考資料」欄の各欄への記入

「①　整理損失は生じるか（実質債務超過か）」欄には、子会社の財務諸表等を確認して、倒産の危機に至らないまでも経営成績が悪いなど、放置した場合には今後より大きな損失を蒙ることが社会通念上明らかであるかを検討し、YES・NO のいずれかに「〇」を付し、「②　支援がなければ整理できないか」欄には、子会社等の財務諸表等を確認して YES・NO のいずれかに「〇」を付すとともに、「③　整理することにより将来のより大きな損失の負担を回避等することができるか」から「⑤　自己努力はなされているか」欄までは＜再建の場合＞と同様に記載する。

また、「⑥　整理計画の管理は行われるか（長期の場合）」欄には、その整理計画の実施状況の管理を行うこととしているかを確認し、YES・NO のいずれかに「〇」を付し、「⑦　支援者の範囲は相当か」から「⑨　事業関連性からみて負担割合は合理的に決定されているか」欄まで及び「〔3〕参考資料」欄は＜再建の場合＞と同様に記載する。

126

第2章　会社の営業費用項目に係る税務証拠フォーム

フォーム2－13　損失負担金チェック表（再建）＜記載例＞

会社名	甲株式会社	No.	1
事業年度 X1.4.1 ～ X2.3.31		作成日　X1.9.30	

損失負担金チェック表（再建）

〔1〕　子会社等の概要		
①	会社名	乙株式会社
②	資本関係	100%
③	取引関係	売上先
④	人的関係	甲株式会社から取締役の派遣あり
⑤	資金関係	貸付金あり
⑥	事業関連性	（有）　　無

〔2〕　損失負担の必要性・再建計画等（支援内容）の合理性チェック	ＹＥＳ	ＮＯ
① 債務超過等倒産の危機に瀕しているか	○	
② 支援がなければ自力再建は不可能か	○	
③ 再建することにより将来のより大きな損失の負担を回避等することができるか	○	
④ 損失負担額（支援額）は、再建するための必要最低限の金額となっているか（過剰支援になっていないか）	○	
⑤ 自己努力はなされているか	○	
⑥ 再建管理はなされているか	○	
⑦ 支援者の範囲は相当であるか	○	
⑧ 支援者以外の事業関連性を有する者が損失負担していないことに合理的な理由があるか	○	
⑨ 事業関連性からみて負担割合は合理的に決定されているか	○	
寄附金に該当しない（すべてＹＥＳの場合）		

〔3〕　参考資料
①資本関係図、②取引関係図、③子会社等の財務諸表等、
④子会社等の損失負担に関する稟議書、⑤取締役会議事録

処理検印	扱者	担当者	管理者	営業部	経理部	決裁

Ⅲ　寄附金

フォーム２－14 損失負担金チェック表（整理）＜記載例＞

会社名　　甲株式会社　　　　　　　　　　　No.　　　　１
事業年度 X1.4.1 ～ X2.3.31　　　　　　　　作成日　　X1.9.30

損失負担金チェック表（整理）

〔1〕　子会社等の概要			
①	会社名	乙株式会社	
②	資本関係	100%	
③	取引関係	売上先	
④	人的関係	甲株式会社から取締役の派遣あり	
⑤	資金関係	貸付金あり	
⑥	事業関連性		有　　　無

〔2〕　損失負担の必要性・整理計画等（支援内容）の合理性チェック	YES	NO
① 整理損失は生じるか（実質債務超過か）	◯	
② 支援がなければ整理できないか	◯	
③ 整理することにより将来のより大きな損失の負担を回避等することができるか	◯	
④ 損失負担額（支援額）は、整理するための必要最低限の金額となっているか	◯	
⑤ 自己努力はなされているか	◯	
⑥ 整理計画の管理は行われるか（長期の場合）	◯	
⑦ 支援者の範囲は相当か	◯	
⑧ 支援者以外の事業関連性を有する者が損失負担していないことに合理的な理由があるか	◯	
⑨ 事業関連性からみて負担割合は合理的に決定されているか	◯	
寄附金に該当しない（すべてＹＥＳの場合）		

〔3〕　参考資料
①資本関係図、②取引関係図、③子会社等の財務諸表等、
④子会社等の損失負担に関する稟議書、⑤取締役会議事録

処理検印	扱者	担当者	管理者	営業部	経理部	決裁

❹ 関連税務のチェックポイント

(1) 寄附金の損金算入限度額

各事業年度で支出した寄附金のうち、国等に対する寄附金及び指定寄附金については、全額損金の額に算入されるが、一般の寄附金及び特定公益増進法人等に対する寄附金のうち一定限度額を超える部分の金額は、所得金額の計算上損金の額に算入されない（法法37①）。

Ⅲ
寄
附
金

図表２-３ 寄附税制の概要					
寄附金の区分	国・地方公共団体	指定寄附金	特定公益増進法人	認定特定非営利活動法人等	一般寄附金
	に対する寄附金 〈例〉・公立高校・公立図書館 など	公益を目的とする事業を行う法人等に対する寄附金で公益の増進に寄与し緊急を要する特定の事業に充てられるもの 〈例〉・国宝の修復・オリンピックの開催・赤い羽根の募金・私立学校の教育研究等・国立大学法人の教育研究等 など 国立大学法人等(注1)に対する寄附金	に対する寄附金で法人の主たる目的である業務に関連するもの 【特定公益増進法人】○独立行政法人○一定の地方独立行政法人○日本赤十字社など○公益社団・財団法人○学校法人○社会福祉法人○更生保護法人(注2)	に対する寄附金で特定非営利活動に係る事業に関連するもの	
寄附をした者の取扱い					
法人税	全額損金算入(注3)	全額損金算入	以下を限度として損金算入（資本金等の額の0.375%＋所得金額の6.25%）×1/2(注4)		以下を限度として損金算入（資本金等の額の0.25%＋所得金額の2.5%）×1/4

（注1） 国立大学法人等（国立大学法人、公立大学法人及び独立行政法人国立高等専門学校機構・日本学生支援機構）のうち一定の要件（パブリック・サポート・テストや情報公開の要件）を満たすものに対する寄附金で、学生の修学支援事業のために充てられるものについては、所得税の税額控除の対象となる。

（注2） 公益社団・財団法人、学校法人、社会福祉法人、更生保護法人のうち一定の要件（パブリック・サポート・テストや情報公開の要件）を満たすものに対する寄附金については、所得税の税額控除の対象となる。

（注3） 認定地方公共団体のまち・ひと・しごと創生寄附活用事業に関連する寄附金については、全額損金算入に加えて、（寄附金×20%－住民税からの控除額）と寄附金×10%とのうちいずれか少ない金額の税額控除（法人税額の5%を限度）ができる。

（注4） 特定公益増進法人及び認定特定非営利活動法人等に対して法人が支出した寄附金のうち損金算入されなかった部分については、一般寄附金とあわせて（資本金等の額の0.25%＋所得金額の2.5%）×1/4を限度として損金算入される。

（出典） 財務省資料

法人税法37条1項の一般の寄附金の額の合計額には、国等に対する寄附金の額・財務大臣が指定した寄附金（以下「指定寄附金」という）の額及び公益の増進に著しく寄与する法人（以下「特定公益増進法人」という）に対する寄附金の額は含まれず、国等に対する寄附金及び指定寄附金の額はその全額、特定公益増進法人に対する寄附金の額は特別損金算入限度額が損金の額に算入される（法法37③・④）（図表2-3参照）。

(2)　損金算入時期

　寄附金については、現金や物品の交付が行われた日に支出されたものとして取り扱うことから、未払金や手形払の寄附（未決済分）は当期の損金には算入されない。いわゆる現金主義的な考え方が採用されている。

2　ワンポイントアドバイス

❶　グループ法人税制の概要

(1)　制度の趣旨

　平成22年度改正で100%グループ内の法人間取引に係る、いわゆるグループ法人税制が創設された。グループ法人税制とは、企業グループを対象とした法制度や会計制度が定着しつつある中、税制においても、法人の組織形態の多様化に対応するとともに、課税の中立性や公平性等を確保する観点から、実態に即した課税が実現できるようにした制度である。

(2)　制度の概要

　完全支配関係がある法人の間で譲渡損益調整資産を譲渡した場合には、その譲渡損益調整資産に係る譲渡損益の計上を繰り延べ、譲受法人において譲渡等の事由が生じたとき又は譲渡法人と譲受法人との間で完全支配関係を有しないこととなったとき等にその繰り延べた譲渡損益の全部又は一部を取り戻すという制度である（法法61の13）。

(3)　完全支配関係の定義

　完全支配関係とは、次のものをいう（法法2十二の七の六）。

130

① 当事者間の完全支配関係

② 一の者との間に当事者間の完全支配関係がある法人相互の関係

❷ グループ法人間の寄附金課税

(1) 寄附金の全額損金不算入

① 内　　容

　内国法人が、各事業年度において完全支配関係（法人による完全支配関係に限る）がある他の内国法人に対して支出した寄附金の額は損金の額に算入されない（法法37②）。

　この場合には、損金算入限度額計算は行われず、その全額が損金に算入されないことになる。

② 寄附金の額

　寄附金の額は、寄附金・拠出金・見舞金その他いずれの名義をもってするかを問わず、内国法人が金銭その他の資産又は経済的な利益の贈与又は無償の供与（広告宣伝費及び見本品の費用その他これらに類する費用並びに交際費・接待費及び福利厚生費とされるべきものを除く）をした場合におけるその金銭の額若しくは金銭以外の資産のその贈与の時における価額又はその経済的利益の供与の時における価額による（法法37⑦）。

(2) 受贈益の益金不算入

① 内　　容

　上記(1)の寄附金を受けた法人においては、その寄附金の額に対応する受贈益の額は全額が益金の額に算入されない（法法25の2）。

② 受贈益の額

　受贈益の額は、寄附金・拠出金・見舞金その他いずれの名義をもってされるかを問わず、内国法人が金銭その他の資産又は経済的な利益の贈与又は無償の供与（広告宣伝費及び見本品の費用その他これらに類する費用並びに交際費・接待費及び福利厚生費とされるべきものを除く）を受けた場合におけるその金銭の額もしくは金銭以外の資産のその贈与の時における価額又はその経済的利益のその供与の時における価額によるものとされる（法法25の2②）。

(3) 親法人の寄附修正、子法人の株式の帳簿価額の改定

　上記(1)、(2)の事由（「寄附修正事由」という）が生ずる場合には、次の算式によ

り計算した金額を利益積立金額及び寄附修正事由が生じた時の直前の子法人の株式等の帳簿価額に加算する（法令9①七、119の3⑥、119の4）。

子法人が受けた 受贈益の額	× 持分割合(注)	−	子法人が支出した 寄附金の額	× 持分割合(注)

(注) 「持分割合」とは、子法人の寄附修正事由が生じた時の直前の発行済株式又は出資（子法人が有する自己の株式又は出資を除く）の総数又は総額のうちに親法人がその直前に有する子法人の株式又は出資の数又は金額の占める割合をいう。

Ⅳ 減価償却

1 取得価額配賦表

❶ 取得価額配賦表の作成目的

　法人が事業の用に供した減価償却資産の取得価額を、各事業年度において適正に配賦を行うためには、減価償却資産に係る「**取得価額配賦表**」（フォーム２−15）の作成が必要になる。

⑴ 減価償却の意義

　減価償却とは、長期間にわたって保有する減価償却資産の取得のために要した支出額を各年度の費用に配分する計算手続きである。

図表２−４	減価償却資産の一部
有形固定資産	・建物及びその附属設備（暖冷房設備・照明設備・通風設備・昇降機その他建物に附属する設備） ・構築物（ドック・橋・岸壁・桟橋・軌道・貯水池・坑道・煙突その他土地に定着する土木設備又は工作物） ・機械及び装置 ・車両及び運搬具 ・工具・器具及び備品
無形固定資産	・鉱業権（租鉱権及び採石権その他土石を採掘し又は採取する権利を含む） ・漁業権（入漁権を含む） ・商標権 ・ソフトウェア
生物	・牛・馬・豚・綿羊及びやぎ ・かんきつ樹・りんご樹・ぶどう樹・梨樹・桃樹　等 ・茶樹・オリープ樹・つばき樹・桑樹・こりやなぎ　等

⑵ 減価償却資産の範囲

　減価償却資産とは、棚卸資産・有価証券及び繰延資産以外の資産で、図表２−４

に掲げる資産のうち事業の用に供しているものであり、時の経過によりその価値が減少していくものをいう（法令13）。

(3) 減価償却資産の取得価額

① 取得価額の構成

　減価償却資産の取得価額は、その取得の態様に応じて、それぞれ次のように定められている（法令54①）。

　　(イ) 購入した場合

　　　購入した減価償却資産の取得価額は、次のような費用の合計額となる（法令54①一）。

　　　　ⓐ 購入の代価（引取運賃・荷役費・運送保険料・購入手数料・関税その他当該資産の購入のために要した費用がある場合には、その費用の額を加算した金額）

　　　　ⓑ 資産を事業の用に供するために直接要した費用の額

　　(ロ) 自己で建設・製作又は製造（以下「建設等」という）した場合

　　　建設等をした資産の取得価額は、次のような費用の合計額となる（法令54①二）。

　　　　ⓐ 資産の建設等のために要した原材料費・労務費及び経費の額

　　　　ⓑ 資産を事業の用に供するために直接要した費用の額

② 固定資産の取得価額に算入しないことができる費用

　次に掲げる費用の額は、たとえ固定資産の取得に関連して支出するものであっても、これを固定資産の取得価額に算入しないことができる（法基通7－3－1の2、7－3－3の2）。

　　(イ) 次のような租税公課等の額

　　　　ⓐ 不動産取得税又は自動車取得税

　　　　ⓑ 特別土地保有税のうち土地の取得に対して課されるもの

　　　　ⓒ 新増設に係る事業所税

　　　　ⓓ 登録免許税その他登記又は登録のために要する費用

　　(ロ) 建物の建設等のために行った調査・測量・設計・基礎工事等で、その建設計画を変更したことにより不要となったものに係る費用の額

　　(ハ) いったん締結した減価償却資産の取得に関する契約を解除して、他の減価償却資産を取得することとした場合に支出する違約金の額

　　(ニ) 減価償却資産を取得するための借入金の利子（使用を開始するまでの期間に係る部分）

❷ 作成上のポイント

⑴ 工事名・内容等の明示

「**工事名**」欄・「**内容**」欄等には、見積書等を確認して取得価額に含めるべきものか、費用処理すべきものかを検討し、詳細に工事内容を明示する。

⑵ 共通経費の明示

「**共通経費**」欄には、見積書等を確認して、全体の工事に関する共通経費なのか、複数の個別工事のみに係る共通経費なのかを確認する。さらに、共通経費の内容によって、配賦する方法を検討する。

⑶ 値引きの有無

「**値引き配賦**」欄には、工事に対する値引きがあった場合において、その値引き配賦額を記載する。

⑷ 勘定科目の選定

「**勘定科目**」欄には、会社の経理基準等に基づいて適正な各勘定科目を記載する。

⑸ 耐用年数の選定

「**耐用年数**」欄には、見積書・請求書等を確認して、耐用年数省令の各資産の種類ごとに耐用年数を記入する。

フォーム2－15　取得価額配賦表

取得価額配賦表

会社名 ＿＿＿＿＿＿

事業年度 ＿＿＿＿＿＿

No. ＿＿＿＿＿＿

作成日 ＿＿＿＿＿＿

工事名	内容	数量	個別工事価額	共通経費配賦	値引き配賦	取得価額（税抜）	消費税	取得価額（税込）	勘定科目	耐用年数
工事										
	小計									
共通経費										
	共通経費合計									
	合計金額									

【請求書等】

処理検印	扱者	担当者	管理者	営業部	経理部	決裁

第 2 章　会社の営業費用項目に係る税務証拠フォーム

❸　上手な記入方法

(1)　「会社名」欄等への記入

　「会社名」欄には「甲株式会社」と会社名を記入し、「事業年度」欄には甲株式会社の事業年度を記入する。

　「No.」欄には、取得価額配賦表が複数枚になる場合に記入し、「作成日」欄には、取得価額配賦表を作成した日付を「X1.8.25」と記入する。

(2)　「工事名」欄への記入

　「工事名」欄には、全体の工事名を「本社改修工事」と記入する。

(3)　「内容」欄等への記入

　「内容」欄には、請求書等を確認し記載例のように工事内容ごとに記入し、「数量」欄には請求書等を確認し各資産の数量を記入する。

(4)　「個別工事価額」欄への記入

　「個別工事価額」欄には、各工事の内容ごとに金額を記入する。

(5)　「共通経費」・「共通経費配賦」欄への記入

　請求書等を確認して共通経費に該当する工事がある場合には、「共通経費」欄に共通経費に該当する項目ごとの金額を記入し、その金額をもとにして、「共通経費配賦」欄に按分して（全体の共通経費額×各個別工事価額／個別工事価額合計）記入する。

(6)　「値引き配賦」欄への記入

　「値引き配賦」欄には、請求書等を確認し値引き等がある場合には、「値引き配賦」欄に按分して（全体の値引き額×各個別工事価額／個別工事価額合計）記入する。

(7)　「取得価額（税抜）」欄等への記入

　「取得価額（税抜）」欄には、各工事ごとの取得価額の消費税抜きの金額を記入し、「消費税」欄には、それぞれの消費税を記入するとともに、「取得価額（税込）」欄に各工事ごとの消費税込みの取得価額の金額を記入する。

137

フォーム2－16　取得価額配賦表＜記載例＞

会社名　甲株式会社
事業年度　X1.4.1～X2.3.31

取得価額配賦表

No.　1
作成日　X1.8.25

工事名	内容	数量	個別工事価額	共通経費配賦	値引き配賦	取得価額(税抜)	消費税	取得価額(税込)	勘定科目	耐用年数
本社改修工事	解体工事	1式	4,000,000	400,000	-400,000	4,000,000	320,000	4,320,000	修繕費	―
	新規玄関ホール改修工事	1式	20,000,000	2,000,000	-2,000,000	20,000,000	1,600,000	21,600,000	建物	50
	新規本社1F改修工事	1式	10,000,000	1,000,000	-1,000,000	10,000,000	800,000	10,800,000	建物	50
	電気設備工事	1式	8,000,000	800,000	-800,000	8,000,000	640,000	8,640,000	建物附属設備	15
	空調設備工事	1式	6,000,000	600,000	-600,000	6,000,000	480,000	6,480,000	建物附属設備	15
	給排水衛生設備工事	1式	7,000,000	700,000	-700,000	7,000,000	560,000	7,560,000	建物附属設備	15
	消火、排煙設備工事	1式	5,000,000	500,000	-500,000	5,000,000	400,000	5,400,000	建物附属設備	8
小計			60,000,000	6,000,000	-6,000,000	60,000,000	4,800,000	64,800,000		
共通経費	現場管理費		3,000,000							
	一般管理費		2,000,000							
	設計監理費		1,000,000							
	共通経費合計		6,000,000							
	値引き		-6,000,000							
	消費税		4,800,000							
	合計金額		64,800,000							

【請求書等】
1.見積書　2.請求書　3.工事工程表　4.レイアウト図

処理検印	扱者	担当者	管理者	営業部	経理部	決裁

第2章　会社の営業費用項目に係る税務証拠フォーム

(8) 「勘定科目」欄への記入

　「**勘定科目**」欄には、請求書等を確認して資産計上する各資産の種類ごとに勘定科目を記入する。

(9) 「耐用年数」欄への記入

　「**耐用年数**」欄には、耐用年数省令を確認し各資産の種類ごとに耐用年数を記入する。

(10) 「請求書等」欄への記入

　「**請求書等**」欄には、工事の内容を判断するために使用した見積書・請求書等を記入する。

❹　関連税務のチェックポイント

(1)　減価償却の方法

　減価償却費として損金の額に算入する金額は、その法人の各事業年度においてその償却費として損金経理をした金額のうち、その取得をした日及びその種類の区分に応じ、政令で定める償却の方法の中からその法人が選定した償却の方法（償却の方法を選定しなかった場合には、償却の方法のうち政令で定める方法）に基づき政令で定めるところにより計算した金額（「償却限度額」という）に達するまでの金額とする（法法31①）。

　なお、減価償却の方法には、定額法・定率法・生産高比例法・リース期間定額法等がある。

(2)　選定できる償却方法

　減価償却費については、平成19年度改正により大幅な改正が行われ、平成19年3月31日以前に取得した資産と平成19年4月1日以後に取得した資産とでは、減価償却の方法が異なる。

　平成19年4月1日以後に取得された減価償却資産の選定できる償却方法の範囲は、図表2−5のとおりである（法令48の2）。

139

図表2-5	選定できる償却方法	
資産の区分		選定できる償却方法
建物		定額法
建物附属設備	平成28年3月31日以前取得	定額法 or 定率法
	平成28年4月1日以後取得	定額法
有形減価償却資産		定額法 or 定率法
無形減価償却資産		定額法

(3) 償却限度額

平成19年度改正により、平成19年4月1日以後に取得した減価償却資産については、償却可能限度額及び残存価額が廃止され、耐用年数経過時に残存簿価1円まで償却できることになった。

本改正により、平成19年4月1日以後に取得した減価償却資産の償却限度額の計算方法等は次のようになった。

① 定 額 法

定額法とは、減価償却資産の取得価額にその償却費が毎年同一になるように資産の耐用年数に応じた「定額法の償却率」を乗じて計算した金額を各事業年度の償却限度額として償却する方法をいう（法令48の2①）。

> 取得価額 × 定額法の償却率 ＝ 償却限度額

② 定 率 法

定率法とは、減価償却資産の取得価額に、その償却費が毎年一定の割合で逓減するように資産の耐用年数に応じた「定率法の償却率」を乗じて計算した金額（調整前償却額）を事業供用1年目の償却限度額として償却を行い、2年目以後は、その資産の期首帳簿価額（取得価額からすでに償却費の累計額を控除した後の金額）に「定率法の償却率」を乗じて計算した金額（調整前償却額）を各事業年度の償却限度額として償却をする方法をいう（法令48の2①二ロ）。

第2章　会社の営業費用項目に係る税務証拠フォーム

〈算式1〉

（取得価額－既償却額[注1]）× 定率法の償却率[注2] ＝ 償却限度額

〈算式2〉

改定取得価額[注3] ×改定償却率[注4] ＝ 調整前償却額が償却保証額に満たない
場合の定率法の償却限度額

　調整前償却額が償却保証額[注5]に満たない場合は、上記〈算式2〉により計算した金額が各事業年度の償却限度額となる。

（注1）「既償却額」とは、前事業年度までに損金の額に算入された償却費の累積額。

（注2）「定率法の償却率」は耐用年数省令別表第九、十に規定されている。

（注3）「改定取得価額」とは、原則として、調整前償却額が最初に償却保証額に満たなくなる事業年度の期首未償却残高（取得価額から既償却費を控除した後の金額）をいう。

（注4）「改定償却率」は耐用年数省令別表第九、十に規定されている。

（注5）「償却保証額」とは、減価償却資産の取得価額にその減価償却資産の耐用年数に応じた保証率（耐用年数省令別表第九、十に規定されている）を乗じて計算した金額である。

2　ワンポイントアドバイス

❶　稼働を休止している資産の減価償却の取扱い

　減価償却資産の範囲から、稼働を休止しているものは除かれているが（法令13）、稼働を休止している資産であっても、その休止期間中必要な維持補修が行われており、いつでも稼働し得る状態にあるものについては、減価償却資産に該当するものとする。

　また、他の場所において使用するために移設中の固定資産については、その移設期間がその移設のために通常要する期間であると認められる場合は、減価償却を継続することができる（法令13、法基通7－1－3）。

❷　美術品等についての減価償却資産の判定

(1)　減価償却資産に該当しない美術品

　減価償却資産の範囲から、時の経過によりその価値が減少しないものを除くとされているが（法令13）、次の美術品等は「時の経過によりその価値の減少しない資

141

産」として取り扱われる（法基通7－1－1）。

① 古美術品・古文書・出土品・遺物等のように歴史的価値又は希少価値を有し、代替性のないもの

② 上記①以外の美術品等で、取得価額が1点100万円以上であるもの（時の経過によりその価値が減少することが明らかなものを除く）

(2) 減価償却資産に該当する美術品

上記(1)にかかわらず、次の①及び②に該当すれば減価償却資産に該当する。

① 時の経過によりその価値が減少することが明らかなもの

取得価額が1点100万円以上である美術品等であっても、「時の経過によりその価値が減少することが明らかなもの」は減価償却資産に該当し、次のすべてを満たす美術品等が該当する。

　(イ) 会館のロビーや葬祭場のホールのような不特定多数の者が利用する場所の装飾用や展示用（有料で公開するものを除く）として取得されるものであること

　(ロ) 移設することが困難でその用途にのみ使用されることが明らかなものであること

　(ハ) 他の用途に転用すると仮定した場合に，その設置状況や使用状況から見て美術品等としての市場価値が見込まれないものであること

② 取得価額が100万円未満

取得価額が1点100万円未満であるもの（時の経過によりその価値が減少しないことが明らかなものを除く）は、減価償却資産として取り扱われる。

第2章　会社の営業費用項目に係る税務証拠フォーム

Ⅴ　資本的支出と修繕費の区分

1　修繕・改良事項要望書

❶　要望書の作成目的

　企業が支出する費用を損金とするためには、経理処理を行う担当者だけが努力しても損金にならない項目がある。例えば、修繕・改良にかかった費用を経理担当者が見積書等の書類を机上で確認して、修繕費か資本的支出かを判断して区分経理しても、実際の事実関係と相違することがある。

　本要望書の作成目的は、その相違を解消することにあり、その修繕・改良が行われた現場である工場・店舗・事業所等の担当者から実際の修理内容等を事前に「**修繕・改良事項要望書**」（**フォーム2－17**）として提出してもらうことが重要になる。

　これにより、修理・修復の必要性を事前に検討することができ、その負担費用の是非等も経営面の問題として処理することができ、税務上も事前に損金性の検討が可能になる。

❷　作成上のポイント

　本要望書は、各部署の担当者・管理責任者から修繕を担当する部課又は総務・経理部等へ修繕・改良等が必要である事由等を記入して要望書形式で提出するものである。

(1)　修繕・改良等のランクの明示

　修繕・改良等のランクは、次のように区分する。

① 修理

　修理とは、き損等があるため専門業者による技能をもって原状回復する必要があり、その修理がなければ作動などしない状態のことをいう。

143

フォーム２－17 修繕・改良事項要望書

会社名 ＿＿＿＿＿＿＿＿＿＿　　　　　　No. ＿＿＿＿＿＿＿＿＿
事業年度 ＿＿＿＿＿＿＿＿＿　　　　　　作成日 ＿＿＿＿＿＿＿＿＿

修繕・改良事項要望書

発信部署		受理部署	
部・　　　　課		部・　　課	
修繕対象			
修繕内容			

修繕・改良等ランク	修理	改良	取替え
必要とする理由			

実施時期ランク	緊急	普通	次期以降
実施時期	予定	／　　　〜　　　／	
	実施	／　　　〜　　　／	
適用法令等			

経理処理（仕訳）	処理日付	借方		貸方	

耐用年数	種類	構造又は用途	細目	耐用年数

見積書等	①	
	②	
	③	
	④	
	⑤	

処理検印	扱者	担当者	管理者	営業部	経理部	決裁

② 改良

改良とは、修繕を行う必要があるとともにその大部分が陳腐化しているため、品質・性能の高いものに取り替えるか、物理的に付加することで正常性が回復するような状態のことをいう。

③ 取替え

取替えとは、新規設備等に取り替えなければならないような物理的・経済的な原状回復不能な状態のことをいう。

(2) 実施時期ランクの明示

実施時期ランクは、次のように判断する。

① 緊急

緊急とは、直ちに修繕を必要とすることをいい、時間的即時性を表わすことで、この場合、要望書の記入が事後記入になる場合もあり得る。

② 普通

普通とは、修繕等の開始時期を特に指定しない場合で、最も合理的で有効な方法によって実施してもらいたい場合をいう。

③ 次期以降

次期以降とは、修繕等を要望する現場の事情によって、修繕等が今期行われず次期以降において改めて検討する場合をいう。

❸ 上手な記入方法

(1) 「会社名」欄等への記入

「**会社名**」欄には「**甲株式会社**」と会社名を記入し、「**事業年度**」欄には甲株式会社の事業年度を記入するとともに、「**No.**」欄には、要望書が複数枚になる場合に記入する（事例は複数枚でないため記入しない）。

また、「**作成日**」欄には、要望書を提出した日付を「**X1.7.25**」と記入する。

(2) 「発信部署」欄への記入

「**発信部署**」欄には、修繕・改良を行う資産等を管轄している部署名・担当者を記入する。

(3) 「受理部署」欄への記入

「**受理部署**」欄には、修繕等の実施を決定する部署名・担当者を記入する。ただ

フォーム２－１８	修繕・改良事項要望書＜記載例＞

会社名　　　甲株式会社
事業年度　X1.4.1 ～ X2.3.31

No.
日付　　　X1.7.25

修繕・改良事項要望書

発信部署		受理部署	
総務部・総務課	甲野　一郎	管理本部・資産管理課	乙野　太郎

修繕対象	本社会議室のレイアウトの変更工事とスプリンクラーの設置、旧スプリンクラーの撤去
修繕内容	・現状の会議室の一部を取り壊し、会議室を拡張する。 ・スプリンクラーが耐用年数を経過しており、緊急に取替の必要あり。

修繕・改良等ランク	修理	改良	取替え
必要とする理由	・大人数の会議に対応するため。 ・スプリンクラーが耐用年数を経過しており、消防法の関係において問題があるため。		

実施時期ランク	緊急		普通	次期以降
実施時期	予定	8／1 ～ 8／31		
	実施	8／1 ～ 8／20		

適用法令等	【耐通 1-2-3】 　建物の内部に施設された造作については、その造作が建物附属設備に該当する場合を除き、その造作の構造が当該建物の骨格の構造と異なっている場合においても、それを区分しないで当該建物に含めて当該建物の耐用年数を適用する。

経理処理（仕訳）	処理日付	借方		貸方	
	X1年 8月20日	建物	5,200,000	現金預金	8,400,000
		建物附属設備	2,000,000		
		修繕費	1,200,000		

耐用年数	種類	構造又は用途	細目	耐用年数
	建物	鉄骨鉄筋コンクリート造	事務所用	50 年
	建物附属設備	消化設備	－	8 年

見積書等	① 見積書 ② レイアウト図 ③ 機種・商品説明書 ④ 現場写真 ⑤ 工事進捗表

処理検印	扱者	担当者	管理者	営業部	経理部	決裁

し、金額が多額になる場合には、取締役会議において決定を行う場合もあり得る。

⑷ 「修繕対象」欄への記入

「**修繕対象**」欄には、対象とする箇所・資産名・所在等その修繕等を行う必要性がわかるように記入する。

⑸ 「修繕内容」欄への記入

「**修繕内容**」欄には、具体的な修繕内容（何を、どこを、どの程度行うか）と現在の状態を記入する。

⑹ 「修繕・改良等ランク」欄等への記入

「**修繕・改良等ランク**」欄には、修繕等の内容により「**修理**」・「**改良**」・「**取替え**」欄のいずれかに記入し、「**必要とする理由**」欄には、現状の問題点・修繕等を実施しなければ業務遂行上いかなる影響が生じるかを明確に記入する。

⑺ 「実施時期ランク」欄への記入

「**実施時期ランク**」欄には、修繕等の内容により工事を行う時期を「**緊急**」・「**普通**」・「**次期以降**」欄のいずれかに記入し、「**予定**」欄には修繕等の工事予定日を記入するとともに、「**実施**」欄には修繕等の工事を実際に実施した日を記入する。

⑻ 「適用法令等」欄等への記入

「**適用法令等**」欄には、修繕費か資本的支出に該当するか否かを判断した法令等を記入し、「**経理処理（仕訳）**」欄には、その仕訳を記入する。

⑼ 「耐用年数」欄への記入

「**耐用年数**」欄への記入には、上記⑻「**経理処理（仕訳）**」欄において資産計上があった場合にその資産の種類・構造又は用途・細目・耐用年数を耐用年数表に基づき、各資産ごとに記入する。

⑽ 「見積書等」欄への記入

「**見積書等**」欄には、事例の修繕等を行うに当たっての見積書や工事の進捗状況等を説明できるように「**修繕・改良事項要望書**」と一緒に管理し、いつでも提示できるようにしておく。

❹ 関連税務のチェックポイント

(1) 資本的支出と修繕費の区分の取扱い

法人が固定資産の修理・改良等の名義で支出した金額は、次のように固定資産の取得として取り扱われる資本的支出と、その支出した事業年度で一時の損金となる修繕費とに区分される（法令132）。

① 資本的支出の例示

法人がその有する固定資産の修理・改良等のために支出した金額のうち、当該固定資産の価値を高め、又はその耐久性を増すこととなると認められる部分に対応する金額が資本的支出となるのであるから、例えば次に掲げるような金額は、原則として資本的支出に該当する（法基通7-8-1）。

(イ) 建物の避難階段の取付等物理的に付加した部分に係る費用の額

(ロ) 用途変更のための模様替え等改造又は改装に直接要した費用の額

(ハ) 機械の部分品を特に品質又は性能の高いものに取り替えた場合のその取替えに要した費用の額のうち通常の取替えの場合にその取替えに要すると認められる費用の額を超える部分の金額

なお、建物の増築・構築物の拡張・延長等は、建物等の取得に当たる。

② 修繕費に含まれる費用

法人がその有する固定資産の修理・改良等のために支出した金額のうち、当該固定資産の通常の維持管理のため、又はき損した固定資産につきその原状を回復するために要したと認められる部分の金額が修繕費となるのであるが、次に掲げるような金額は、修繕費に該当する（法基通7-8-2）。

(イ) 建物の移えい又は解体移築をした場合（移えい又は解体移築を予定して取得した建物についてした場合を除く）におけるその移えい又は移築に要した費用の額。ただし、解体移築にあっては、旧資材の70％以上がその性質上再使用できる場合であって、当該旧資材をそのまま利用して従前の建物と同一の規模及び構造の建物を再建築するものに限る。

(ロ) 機械装置の移設に要した費用（解体費を含む）の額

(ハ) 地盤沈下した土地を沈下前の状態に回復するために行う地盛りに要した費用の額。ただし、次に掲げる場合のその地盛りに要した費用の額を除く。

 ⓐ 土地の取得後直ちに地盛りを行った場合

 ⓑ 土地の利用目的の変更その他土地の効用を著しく増加するための地盛りを行った場合

ⓒ　地盤沈下により評価損を計上した土地について地盛りを行った場合

　㈡　建物・機械装置等が地盤沈下により海水等の浸害を受けることとなったために行う床上げ、地上げ又は移設に要した費用の額。ただし、その床上工事等が従来の床面の構造、材質等を改良するものである等明らかに改良工事であると認められる場合のその改良部分に対応する金額を除く。

　㈤　現に使用している土地の水はけを良くする等のために行う砂利、砕石等の敷設に要した費用の額及び砂利道又は砂利路面に砂利、砕石等を補充するために要した費用の額

⑵　形式基準による修繕費の判定

　一の修理、改良等のために要した費用の額のうちに資本的支出であるか修繕費であるかが明らかでない金額がある場合において、その金額が次のいずれかに該当するときは、修繕費として損金経理をすることができるものとする（法基通7－8－4）。
①　その金額が60万円に満たない場合
②　その金額がその修理、改良等に係る固定資産の前期末における取得価額のおおむね10％相当額以下である場合

2　ワンポイントアドバイス

❶　資本的支出を行った場合の減価償却費の取扱い（原則）

　法人が、資本的支出を行った場合には、その資本的支出の金額を取得価額として、その有する減価償却資産と種類及び耐用年数を同じくする減価償却資産を新たに取得したものとして償却限度額を計算する（法令55①）。

❷　平成19年3月31日以前に取得をした減価償却資産に資本的支出を行った場合の特例

　平成19年3月31日以前に取得した減価償却資産について資本的支出をした場合には、上記❶にかかわらず、資本的支出に係る金額をその減価償却資産の取得原価に加算することができる（法令55②）。

❸ 定率法を採用している場合の旧減価償却資産に対する資本的支出の特例

定率法によって減価償却をしている減価償却資産（平成24年3月31日以前に取得をされた資産を除く）に係る資本的支出については、次のとおり処理することができる（法令55④・⑤）。

① 前事業年度に資本的支出に係る金額がある場合において、旧減価償却資産及び新たに取得したものとされた追加償却資産についてそのよるべき償却方法として定率法を採用しているときは、上記❶にかかわらず、その事業年度開始の時において、その時における旧減価償却資産の帳簿価額と追加償却資産の帳簿価額との合計額を取得価額とする1つの減価償却資産を新たに取得したものとすることができる。

② 前事業年度に資本的支出に係る金額がある場合において、その金額に係る追加償却資産について、そのよるべき償却方法として定率法を採用し、かつ、上記①の適用を受けないときは、上記❶及び①にかかわらず、その事業年度開始の時において、その適用を受けない追加償却資産のうち種類及び耐用年数を同じくするもののその開始の時における帳簿価額の合計額を取得原価とする1つの減価償却資産を、新たに取得したものとすることができる。

③ 平成28年3月31日の属する事業年度の同日以前の期間内に資本的支出がある場合において、上記①又は②によりその事業年度の翌事業年度開始の時において新たに取得したものとされる減価償却資産（建物附属設備及び構築物並びに鉱業用減価償却資産のうち建物、建物附属設備及び構築物に係る部分に限る）については、同日以前に取得をされた資産に該当するものとして定率法により償却する（平28改正法令附則6③）。

❹ 平成19年4月1日から平成24年3月31日までの間に取得をされた定率法適用資産（旧減価償却資産）に対して資本的支出を行った場合の特例

⑴ 平成24年3月31日以前に資本的支出を行った場合

平成24年3月31日の属する事業年度において、同日以前の期間内に行われた資本的支出により新たに取得したものとされた追加償却資産について、その事業年度の翌事業年度開始の時において旧減価償却資産と追加償却資産の帳簿価額の合計額を取得価額とする一の減価償却資産を新たに取得したものとする場合には、その新

150

たに取得したものとされる一の減価償却資産は、平成24年4月1日以後に取得をされたものとして200％定率法が適用されるのではなく、平成24年3月31日以前に取得をされたものとして250％定率法により償却を行うこととされた（平23.12改正法令附則3⑤）。

(2)　平成24年4月1日以後に資本的支出を行った場合

旧減価償却資産と追加償却資産とに250％定率法と200％定率法のそれぞれ異なる償却率が適用される。このような場合には、上記❸の特例の適用はなく、合算することができないこととされている（法令55④、平23.12改正法令附則3④）。

(3)　同一事業年度内に複数回の資本的支出を行った場合の特例

改正事業年度において平成24年4月1日前の期間内に行った資本的支出により新たに取得したものとされる減価償却資産（「旧追加償却資産」という）と同日以後に行った資本的支出により新たに取得したものとされる追加償却資産とがある場合には、旧追加償却資産は追加償却資産とは異なる種類及び耐用年数の資産とみなされるため、これらの資産の帳簿価額を合算して一の減価償却資産を新たに取得したものとすることはできない（平23.12改正法令附則3⑥）。

Ⅵ　リース取引

1　リース取引税務フローチャート ||||||||||||||||||||||||||||||||||||||||||||||

❶　フローチャートの作成目的

⑴　作成目的

　平成 19 年 3 月 30 日に「リース取引に関する会計基準」の改正が行われ、これに併せて平成 19 年度改正において、リース取引に関する法人税法上の取扱いも改正された。

　改正により、平成 20 年 4 月 1 日以後に締結されるリース契約から、所有権移転外ファイナンス・リース取引は売買取引とみなされ、賃借人におけるリース資産の償却方法はリース期間定額法によることになったことから、リース取引が所有権移転外ファイナンス・リースに該当するか否かを適正に判定するため、「**リース取引税務フローチャート**」（フォーム 2 − 19）の作成が必要になる。

⑵　法人税法上のリース取引

　法人税法上のリース取引とは、資産の賃貸借（所有権が移転しない土地の賃貸借等を除く）のうち、次の要件のすべてを満たすものをいう。

①　リース期間中において、中途解約が禁止されているものであること又は賃借人が中途解約する場合には未経過期間に対応するリース料の額の合計額のおおむね全部（原則として 90％以上）を支払うこと。

②　賃借人が、リース資産からもたらされる経済的な利益を実質的に享受することができ、かつ、リース資産の使用に伴って生ずる費用を実質的に負担すべきこととされているものであること。

第2章　会社の営業費用項目に係る税務証拠フォーム

❷　作成上のポイント

⑴　税務上のリース取引の判定

「＜税務上のリース取引＞」欄で「NO」となった場合には、税務上の取扱いである売買取引に該当せず、賃貸借取引になる。

⑵「②」欄の判定

「②」欄の「著しく有利な価額」に該当するかどうかの判定は、一種の簡便基準として、賃貸人がリース期間終了時の未償却残高相当額を権利行使時の時価とみなし、その未償却残高相当額以上の金額を購入選択権の行使価格としている場合には、原則として「著しく有利な価額」に該当しないものとされている（法基通7－6の2－2）。

⑶　「③」欄の判定

「③」欄の「再リース」の判定は、無償と変わらない名目的な再リース料により再リースすることが契約書等の書面において明記されていないリース取引であっても、当事者間において予定されていることが一連の事実関係で明らかな場合にも、この取扱いが適用されることに留意しなければならない。

⑷　「⑤」欄の判定

「⑤」欄の「専属使用されている」か否かの判定は、賃借人がその資産を取得したのと何ら変わらない実態にあれば、所有権移転外リースに該当しないことになる（法基通7－6の2－3）。

⑸　「⑥」欄の判定

「⑥」欄の「識別が困難であると認められる」か否かの判定は、賃貸人と賃借人とのリース資産の管理方法に差異があるとしても、その両者によって、そのリース資産の性質及び使用条件等に適合した合理的な管理方法によりリース資産が特定できるように管理されているかどうかにより判定する（法基通7－6の2－6）

⑹　「⑦」欄の判定

「⑦」欄の「相当短いもの」に該当するか否かの判定は、次の基準により判定する（法基通7－6の2－7）。

153

フォーム２－19	リース取引税務フローチャート

会社名 _____　　No. _____
事業年度 _____　　作成日 _____

リース取引税務フローチャート

契約内容	リース取引先	対象資産	リース期間	法定耐用年数	リース料総額	その他

<税務上のリース取引>（法法 64 の 2③）
　以下の要件を満たす資産の賃貸借であるか。
（1）　中途解約禁止であること
（2）　フルペイアウトになっていること

→ NO → その他のリース取引（賃貸借取引）

YES

① リース資産が、リース期間終了の時又はリース期間の中途において、無償又は名目的な対価の額で賃借人に譲渡されるものか（法令 48 の 2⑤五イ） → YES →

NO

② 賃借人に対し、リース期間終了の時又はリース期間の中途においてリース資産を著しく有利な価額で買い取る権利が与えられているか（法令 48 の 2⑤五ロ） → YES →

NO

③ リース期間の終了後、無償と変わらない名目的な再リース料によって再リースをすることがリース契約において定められているか（法基通 7-6 の 2-1 (1)） → YES →

NO

④ 賃借人に対してリース資産の取得資金の全部又は一部を貸し付けている金融機関等が、賃借人から資金を受け入れ、その資金をしてその賃借人のリース料等の債務のうちその賃貸人の借入金の元利に対応する部分の引受けをする構造になっているか（法基通 7-6 の 2-1 (2)） → YES →

NO

⑤ リース資産が、使用可能期間中賃借人において専属使用されるものか（法令 48 の 2⑤五ハ） → YES →

NO

⑥ リース資産の識別が困難であると認められるものであるか（法令 48 の 2⑤五ハ） → YES →

NO

⑦ リース期間がリース資産の耐用年数に比して相当短いものであり、賃借人の税負担が著しく軽減されているか（法令 48 の 2⑤五ニ） → YES →

（右側ボックス）所有権移転リース取引（売買取引）

NO

所有権移転外リース取引（売買取引）

【契約書等】

処理検印	扱者	担当者	管理者	営業部	経理部	決裁

第2章　会社の営業費用項目に係る税務証拠フォーム

・耐用年数が10年未満のもの　➡　耐用年数×0.7

・耐用年数が10年以上のもの　➡　耐用年数×0.6

⑺　そ の 他

　本表は、フローチャート形式になっているため、1つ1つ項目を確認して利用する。リース取引の具体的内容を上段で示しているが、その項目はフローチャートの判断に必要と思われるものを設けている。

❸　上手な記入方法

⑴　「会社名」欄等への記入

　「**会社名**」欄には「**甲株式会社**」と会社名を記入し、「**事業年度**」欄には甲株式会社の事業年度を記入するとともに、「**No.**」欄にはリース資産ごとに番号を記入する。

　また、「**作成日**」欄には判定をした日「**X1.10.5**」を記入する。

⑵　「契約内容」欄の各欄への記入

　「**契約内容**」欄のうち、「**リース取引先**」欄にはリース取引先名「**乙リース㈱**」を記入し、「**対象資産**」欄には対象資産の名称「**器具備品**」を記入するとともに、「**リース期間**」欄にはリース期間「**5年**」を記入する。

　また、「**法定耐用年数**」欄には法定耐用年数「**5年**」を記入し、「**リース料総額**」欄にはリース料総額（税抜）「**1,500,000**」を記入するとともに、「**その他**」欄には留意点等があれば記載する。

⑶　「＜税務上のリース取引＞」欄の判定

　「＜税務上のリース取引＞」欄は、その内容を確認し、「YES」又は「NO」の判定を行う。

⑷　「＜税務上のリース取引＞」欄の各欄の判定

　「＜税務上のリース取引＞」欄のうち、「①」欄は、その内容を確認し、「YES」又は「NO」の判定を行うが、「YES」となった場合には、所有権移転リース取引（売買取引）に該当する。

　「②」欄は、その内容を確認し、「YES」又は「NO」の判定を行うとともに、「③」欄の内容を確認し、「YES」又は「NO」の判定を行う。

　また、「④」欄も、その内容を確認し、「YES」又は「NO」の判定を行うが、

155

| | | フォーム２－２０ | リース取引税務フローチャート＜記載例＞ |

会社名　　甲株式会社
事業年度　X1.4.1～X2.3.31

No.　　　　1
作成日　　X1.10.5

リース取引税務フローチャート

契約内容	リース取引先	対象資産	リース期間	法定耐用年数	リース料総額	その他
	乙リース㈱	器具備品	5年	5年	1,500,000	特になし

＜税務上のリース取引＞（法法64の2③）
　以下の要件を満たす資産の賃貸借であるか。
（1）　中途解約禁止であること
（2）　フルペイアウトになっていること　　　　　→ NO → その他の
リース取引
（賃貸借取引）

↓ YES

① リース資産が、リース期間終了の時又はリース期間の中途において、無償又は名目的な対価の額で賃借人に譲渡されるものか（法令48の2⑤五イ）　　　　　YES →

↓ NO

② 賃借人に対し、リース期間終了の時又はリース期間の中途においてリース資産を著しく有利な価額で買い取る権利が与えられているか（法令48の2⑤五ロ）　　　YES →

↓ NO

③ リース期間の終了後、無償と変わらない名目的な再リース料によって再リースをすることがリース契約において定められているか（法基通7-6の2-1（1））　　YES →

↓ NO

④ 賃借人に対してリース資産の取得資金の全部又は一部を貸し付けている金融機関等が、賃借人から資金を受け入れ、その資金をしてその賃借人のリース料等の債務のうちその賃貸人の借入金の元利に対応する部分の引受けをする構造になっているか（法基通7-6の2-1（2））　　YES →

↓ NO

⑤ リース資産が、使用可能期間中賃借人において専属使用されるものか（法令48の2⑤五ハ）　　　　YES →

↓ NO

⑥ リース資産の識別が困難であると認められるものであるか（法令48の2⑤五ハ）　　　　YES →

↓ NO

⑦ リース期間がリース資産の耐用年数に比して相当短いものであり、賃借人の税負担が著しく軽減されているか（法令48の2⑤五ニ）　　　　YES →

所有権移転リース取引（売買取引）

↓ NO

所有権移転外リース取引（売買取引）

【契約書等】
　1. リース契約書　2. 見積書

処理検印	扱者	担当者	管理者	営業部	経理部	決裁

第2章　会社の営業費用項目に係る税務証拠フォーム

「④」欄のようなリース取引では、賃貸人はリース資産の所有者としてのリスクを負っているとは認められず、実質的には賃借人が自己資金でリース資産を購入しているのと同様の状況にあるといえるため、所有権移転外リース取引に該当しないものとされている。

　さらに、「⑤」欄についても、その内容を確認し「YES」又は「NO」の判定を行い、「⑥」欄もその内容を確認し「YES」又は「NO」の判定を行うとともに、「⑦」欄についてもその内容を確認し「YES」又は「NO」の判定を行う。

(5)　所有権移転外リース取引（売買処理）の判定

　税務上のリース取引に該当し、上記(4)が「NO」となった場合は、税務上の所有権移転外リース取引（売買取引）に該当する。

(6)　契約書等

　上記の判定を行う基礎となった、「リース契約書・見積書」等を記載する。

❹　関連税務のチェックポイント

(1)　リース取引に係る減価償却

① 　所有権移転ファイナンス・リース取引の場合

　ファイナンス・リース取引のうち、所有権移転ファイナンス・リース取引により取得した資産は、自己所有の減価償却資産に適用する償却方法により償却計算を行う。

② 　所有権移転外ファイナンス・リース取引の場合

　ファイナンス・リース取引のうち、所有権移転外ファイナンス・リース取引により取得した資産は、リース期間定額法により償却計算を行う。

　なお、リース期間定額法とは、次の算式により計算した金額を各事業年度の償却限度額とする。

157

$$
\text{リース期間定額法の償却限度額} =
$$

$$
\left(\begin{array}{c} \text{リース資産} \\ \text{の取得価額} \end{array} - \text{残価保証額}^{(注)} \right) \times \dfrac{\text{その事業年度における} \atop \text{リース期間の月数}}{\text{リース期間の月数}}
$$

(注) 「残価保証額」とは、リース期間終了の時にリース資産の処分価額が所有権移転外リース取引に係る契約において定められている保証額に満たない場合に、その満たない部分の金額を賃借人が支払うこととされている場合におけるその保証額をいう（法令48の2⑤六）。

(2) リースバック取引の取扱い

① リースバック取引の概要

リース取引の一形態として、賃借人が所有する資産を賃貸人に売却し、賃貸人からその資産のリースを受ける取引が実務上多く行われており、一般に、セール・アンド・リースバック又はリースバック取引と呼ばれる。

税務上は、このようなリースバック取引が行われた場合には、その資産の種類・その売買及び賃貸に至るまでの事情その他の状況に照らし、これら一連の取引が実質的に金銭の貸借であると認められるときは、その資産の売買はなかったものとし、かつ、その譲受人（賃貸人）からその譲渡人（賃借人）に対する金銭の貸付けがあったものとする（法法64の2②）。

この場合には、その譲渡代金は、賃借人側では借入金、賃貸人側では貸付金として処理される。

② リースバック取引のうち金融取引に該当しないもの

リースバック取引が行われていれば、直ちに金融取引として取り扱うのではなく、リースバック取引を行うことに金融目的以外の合理的な理由がある場合には、一般の賃貸借取引として取り扱われるが、次のような取引は該当しないものとされる（法基通12の5-2-1）。

(イ) 多種類の資産を導入する必要があるため、譲渡人においてその資産を購入したほうが事務の効率化が図られること。

(ロ) 輸入機器のように通関事務等に専門的知識が必要とされること。

(ハ) 既往の取引状況に照らし、譲渡人が資産を購入したほうが安く購入できること。

(ニ) いわゆる中古資産について、その資産の管理事務の省力化等のために行われるもの。

(3) 不動産リース取引の取扱い

　所有権が移転しない土地の賃貸借はリース取引に含まれないが（法法64の2③）、譲渡条件付きの土地の賃貸借取引及び割安購入選択権付の土地の賃貸借取引はリース取引に該当し（法令131の2①）、かつ、譲渡条件付又は割安購入選択権付きであることから、所有権移転リース取引となる（法令48の2⑤五）。

2　ワンポイントアドバイス

　リース取引に係る消費税の取扱いは、次のようになる。

❶　オペレーティング・リース取引

　オペレーティング・リース取引とは、ファイナンス・リース取引以外の取引で賃貸借取引に該当し、原則として、リース料の支払期日において資産の貸付けの対価となるため、支払時の課税期間において仕入税額控除を行う（消基通9－1－20）。

❷　所有権移転リース取引と所有権移転外リース取引

　所有権移転リース取引と所有権移転外リース取引は、原則としてリース資産の引渡し時に資産の譲渡があったものとされるため、引渡し時の課税期間において、賃貸人はリース料の総額を課税売上げとし、賃借人は売買処理をした場合でも賃貸借処理をした場合でも、リース料の総額を全額仕入税額控除する。

　なお、賃貸借処理をする場合には、事業者の経理事務を考慮して、そのリース料について支払うべき日の課税期間において課税仕入れとする処理も認められている（消基通5－1－9、11－3－2）。

Ⅶ　繰延資産

1　繰延資産該当チェック表

❶　チェック表の作成目的

(1)　繰延資産の意義

　法人税法では、法人が支出する費用（資産の取得に要した金額とされるべき費用及び前払費用を除く）のうち支出の効果がその支出の日以後1年以上に及ぶもので、次の(2)に掲げるものを繰延資産とし、その支出の効果の及ぶ期間を基礎として償却することとされている（法法2二十四、32①、法令14①）。

(2)　繰延資産の範囲

　繰延資産とは、法人が支出する費用のうち、次に掲げるものとする（法令14①）。
① 創立費（発起人に支払う報酬・設立登記のために支出する登録免許税その他法人の設立のために支出する費用で、その法人の負担に帰すべきもの）
② 開業費（法人の設立後事業を開始するまでの間に開業準備のために特別に支出する費用）
③ 開発費（新たな技術もしくは新たな経営組織の採用・資源の開発又は市場の開拓のために特別に支出する費用）
④ 株式交付費（株券等の印刷費・資本金の増加の登記についての登録免許税その他自己の株式（出資を含む）の交付のために支出する費用）
⑤ 社債発行費（社債券等の印刷費その他債券（新株予約権を含む）の発行のために支出する費用）
⑥ 上記①から⑤までに掲げるもののほか、次に掲げる費用でその支出の効果がその支出の日以後1年以上に及ぶもの
　(イ) 自己が便益を受ける公共的施設又は共同的施設の設置又は改良のために支出

する費用

(ロ)　資産を賃借し又は使用するために支出する権利金、立退料その他の費用

(ハ)　役務の提供を受けるために支出する権利金その他の費用

(ニ)　製品等の広告宣伝の用に供する資産を贈与したことにより生ずる費用

(ホ)　上記(イ)〜(ニ)に掲げる費用のほか、自己が便益を受けるために支出する費用

(3)　繰延資産の償却

繰延資産の償却は、その繰延資産に係る支出の効果の及ぶ期間を基礎として計算した金額（「償却限度額」という）以内の金額を償却費として損金経理した場合には、損金算入が認められている（法法32①、法令64①）。

上記(2)①〜⑤の繰延資産	随時償却
上記(2)⑥(イ)〜(ホ)の繰延資産（税法固有の繰延資産）	償却限度額[注1]の範囲内で償却

（注1）　償却限度額の計算

$$償却限度額　＝　税法固有の繰延資産の額　\times　\frac{その事業年度の月数^{（注2）}}{償却期間の月数}$$

（注2）　事業年度の中途での支出の場合には、その支出の日から事業年度終了の日までの月数とし、1月未満の端数は切り上げる。

(4)　償却期間

繰延資産となる費用の支出の効果の及ぶ期間は、別段の定めがあるもののほか、固定資産を利用するために支出した繰延資産についてはその繰延資産の耐用年数、一定の契約をするに当たり支出した繰延資産（上記(2)⑥）についてはその契約期間をそれぞれ基礎として適正に見積もった期間による（法基通8－2－1）。

(5)　本チェック表の作成目的

上記のように、税法固有の繰延資産については、その支出の効果の及ぶ期間を基礎として償却することになる。したがって、経費の中に繰延資産に該当するものはないか、償却計算が適正に行われているかを「**繰延資産該当チェック表**」（フォーム2－21）により確認する必要がある。

❷　作成上のポイント

(1)　支出年月日の明示

　実際に支出した日を明示し、事業年度の中途で支出した場合には、原則として償却限度額の計算は支出した日から事業年度末までの期間の月数となる。

(2)　支出金額の明示及び消費税経理方法の確認

　繰延資産に該当する可能性がある支出をした場合には、その支出金額を明示する。

　また、「**消費税経理方法**」欄は、その法人が選択している方法によるため、「**支出金額**」欄はその法人が選択している経理方法によった金額を明示する。

　なお、「**(償却対象金額)**」欄は、例えば、支出した金額の一部が繰延資産に該当する可能性がある場合にその内書きとして使用することができる。

(3)　支出の内容の明示

　支出した内容が繰延資産に該当するかどうかの判定をするための重要な項目になるので、具体的に明示する必要がある。

(4)　判定の明示

　上記(3)の支出内容が、繰延資産に該当するかどうかの判定を実際に行う。

　「**支出の効果が１年以上に及ぶ費用として税法固有の繰延資産に該当するか**」欄の「**YES**」欄又は「**NO**」欄は、その支出内容に応じて判定することになるが、その判定の理由や根拠を明示する必要がある。

　したがって、「**"NO"の場合**」欄にはその「**理由**」欄を明示し、繰延資産に該当しない旨を説明する。また、「**"YES"の場合**」欄には、その繰延資産の「**種類**」欄と「**参考条文等**」欄を明示することによって繰延資産であることを明らかにすることができる。

(5)　償却限度額の計算

　「**償却期間**」欄は、支出の効果の及ぶ期間となるのであるが、その繰延資産の種類に応じて償却期間を明示することになる。

　「**償却限度額**」欄は、上記(1)及び(2)で明示した事項を参考にして「**償却対象金額**」欄及び「**償却開始時期**」欄を明示する。また、適用初年度は月割計算が必要なケースがあるため「**初年度償却限度額**」欄において計算し明示することになる。

第２章　会社の営業費用項目に係る税務証拠フォーム

フォーム２－21　繰延資産該当チェック表

会社名　_____

No. _____

事業年度 _____

作成日 _____

繰延資産該当チェック表

支出年月日		年　　月　　日		消費税経理方法	
支出金額 （償却対象金額）		円		税抜	税込
支出の内容					
判定	支出の効果が１年以上に及ぶ費用として税法固有の繰延資産に該当するか			YES	NO
"NO" の場合	理由				
"YES" の場合	種類				
	参考条文等				
償却期間 （支出の効果の及ぶ期間）		年（　　カ月）			
償却限度額	償却対象金額	円			
	償却開始時期	年　　月　　日（初年度　　カ月）			
	初年度償却限度額	円　×　$\dfrac{カ月}{カ月}$　=　　　　円			
損金経理の有無	有　・　無				
契約書類等	①				
	②				
	③				
	附記				

処理検印	扱　者	担当者	管理者	営業部	経理部	決　裁

Ⅶ　繰延資産

163

(6) 損金経理の有無

繰延資産の償却費は、償却限度額の範囲内において損金経理による方法で処理した場合に損金算入が認められている。したがって、損金経理で処理したかどうかのチェックをするために設けている。

(7) 契約書類等の明示

その支出の内容が、繰延資産に該当するかどうかの判定をした際の契約書類等を明示する。

例えば、一定の契約をするに当たり支出した繰延資産であれば、その契約期間を基礎として償却限度額を計算する必要が生じるため、その契約書類等がエビデンスの1つになる。

また、その契約書類の条項の中で、判定や償却限度額計算等の重要な情報が含まれている場合には、「附記」欄に明示することで本チェック表の機能を果たすことが可能となる。

❸ 上手な記入方法

例えば、事務所や店舗を賃借する際に、契約によって保証金等を支払うことが一般的である。しかし、その保証金等の一部が返還されない契約になっている場合には、この返還されない部分は実質的には権利金と同じであり繰延資産に該当することになる。

そこで、本事例に基づいて記入方法を説明する。

(1) 「会社名」欄等への記入

「会社名」欄には「Ａ株式会社」と会社名を記入し、「事業年度」欄には処理するＡ株式会社の事業年度を「X1.4.1～X2.3.31」と記入する。

また、「No.」欄には「001」とＡ株式会社が採用している文書番号を記入するとともに、「作成日」欄は担当者等がチェック表を作成した年月日を「X1.10.1」と記入する。

(2) 「支出年月日」欄への記入

賃貸借契約に基づく賃借保証金を支出した年月日について、領収書や振込記録等により確認し、「支出年月日」欄に「X1年10月1日」と記入する。

164

第２章　会社の営業費用項目に係る税務証拠フォーム

フォーム２－22　繰延資産該当チェック表＜記載例＞

会社名　　A株式会社
事業年度　X1.4.1～X2.3.31

No.　　　001
作成日　　X1.10.1

繰延資産該当チェック表

支出年月日		X１年10月１日	消費税経理方法	
支出金額 （償却対象金額）		3,000,000 円 （支出金額のうち返還不要な金額は 600,000 円）	（税抜）	税込
支出の内容		X1年10月1日付けの建物賃貸借契約における保証金のうち、返還不要とされる部分の金額		
判定		支出の効果が１年以上に及ぶ費用として税法固有の繰延資産に該当するか	（YES）	NO
"NO" の場合	理由			
"YES" の場合	種類	資産を賃借するための権利金		
	参考条文等	法令 14①、法基通 8－1－5		
償却期間 （支出の効果の及ぶ期間）		３年（ 36カ月 ）		
償却限度額	償却対象金額	600,000 円		
	償却開始時期	X1年10月 １日（初年度 6 カ月）		
	初年度償却限度額	600,000円 × $\dfrac{6 \text{カ月}}{36 \text{カ月}}$ ＝ 100,000 円		
損金経理の有無		（有）・　無		
契約書類等	①	X1 年 10 月１日付けの建物賃貸借契約書		
	②			
	③			
	附記	契約期間３年 （X1 年 10 月1日から X4 年9月 30 日）、 契約更新時の更新料の支払条項あり		

処理検印	扱　者	担当者	管理者	営業部	経理部	決　裁

Ⅶ　繰延資産

165

(3) 「支出金額」欄及び「消費税経理方法」欄への記入

　賃貸借契約に基づく賃借保証金の支出金額を、賃貸借契約書及び領収書や振込記録等により確認して「**支出金額**」欄に「**3,000,000円**」と記入する。

　また、賃借保証金のうち賃貸借契約に基づく返還不要部分の金額があるため「**支出金額**」欄の（償却対象金額）として「**（支出金額のうち返還不要な金額は600,000円）**」と記入する。

　また、A株式会社は税抜経理を採用しているため「**消費税経理方法**」欄の税抜に「**〇**」を付す。

(4) 「支出の内容」欄への記入

　支出の内容が繰延資産に該当するかどうかは、本チェック表の最も重要な判定事項になるため、できるだけ詳細に記入することが望ましい。本事例では、「**X1年10月1日付け建物賃貸借契約における保証金のうち、返還不要とされる部分の金額**」と記入する。

(5) 「判定」欄及び「"NO"の場合」欄又は「"YES"の場合」欄への記入

　支出の効果が1年以上に及ぶ費用として税法固有の繰延資産に該当するか否かについて、「**判定**」欄の"YES"又は"NO"で判定することになる。

　本事例では、YESに「**〇**」を付した上で「**"YES"の場合**」欄へ種類として「**資産を賃借するための権利金**」と記入し、参考条文等として「**法令14①、法基通8－1－5**」と記入することによって、繰延資産に該当することを明らかにしている。

　また、「**"NO"の場合**」欄については、例えば、繰延資産ではなく資産の取得価額を構成する費用や前払費用に該当する場合等、その理由を記載することが考えられる。

(6) 「償却期間」欄への記入

　本事例は、一般的な建物賃貸借契約を想定しているため、建物を賃借するための権利金等の償却期間は原則5年である（法基通8－1－5 (1)）。ただし、賃貸借契約期間が3年と5年未満であり、かつ、契約更新時の更新料の支払条項があることから「**償却期間**」欄に「**3年（36カ月）**」と記入する。

166

第2章　会社の営業費用項目に係る税務証拠フォーム

(7)　「償却限度額」欄への記入

「償却対象金額」欄には、「支出金額」欄の（償却対象金額）「600,000円」を転記する。

「償却開始時期」には、「支出年月日」欄の「X1年10月1日」を転記し、初年度は月割が必要となるため「（初年度6カ月）」と記入する。

また、「初年度償却限度額」には、上記によって算出した「100,000円」を記入する。

(8)　「損金経理の有無」欄のへ記入

A株式会社は、支出した金額に基づく繰延資産の償却限度額を損金経理の方法によって処理をしたので、有に「○」を付す。

(9)　「契約書類等」欄への記入

その支出した費用が、繰延資産に該当するかどうかの判定をした際に基礎になった契約書類等を記入する。本事例では、「**X1年10月1日付けの建物賃貸借契約書**」と記入する。

また、「附記」欄には、建物賃貸借契約書の条項が、繰延資産の償却限度額の計算に必要な償却期間に影響を及ぼす重要な情報であることから、「**契約期間3年（X1年10月1日からX4年9月30日）、契約更新時の更新料の支払条項あり**」と記入する。

賃貸借契約に係る契約期間が3年間であっても、契約更新時に再び更新料等の権利金を支払うことを必要としない契約になっている場合には、その権利金の償却期間は5年となるので、契約更新時の条件を付記することによって償却期間を明確にすることができる。

❹　関連税務のチェックポイント

(1)　前記以外の繰延資産の範囲

繰延資産の範囲には、前記❶(2)の繰延資産の範囲に掲げるもののほか、次に掲げる費用で支出の効果がその支出の日以後1年以上に及ぶものも含まれる（法令14①六）。

① 自己が便益を受ける公共的施設又は共同的施設の設置又は改良のために支出する費用（法令14①六イ）

167

② 資産を賃借し又は使用するために支出する権利金、立退料その他の費用（法令14①六ロ）

③ 役務の提供を受けるために支出する権利金その他の費用（法令14①六ハ）

④ 製品等の広告宣伝の用に供する資産を贈与したことにより生ずる費用（法令14①六ニ）

⑤ 上記①～④に掲げる費用のほか、自己が便益を受けるために支出する費用（法令14①六ホ）

(2) 繰延資産の償却期間

税法固有の繰延資産の償却期間は、「支出の効果の及ぶ期間」であるが、図表2－6に掲げるものは種類に応じて償却期間が定められている（法基通8－2－3）。

(3) 分割払の繰延資産の償却

法人が、公共的施設又は共同的施設の設置等に係る負担金で繰延資産となるべきものを分割して支払うこととしている場合には、たとえその総額が確定しているときであっても、その総額を未払金に計上して償却することはできない。ただし、その分割して支払う期間が短期間（おおむね3年以内）である場合には、当初に総額を計上して償却することができる（法基通8－3－3）。

また、分割払の繰延資産が、次のいずれにも該当するものである場合には、その支出した日の属する事業年度の損金の額に算入することができる（法基通8－3－4）。

① その負担金の額が、その負担金に係る繰延資産の償却期間に相当する期間以上の期間にわたり分割して徴収されるものであること。

② その分割して徴収される負担金の額がおおむね均等額であること。

③ その負担金の徴収がおおむねその支出に係る施設の工事の着手後に開始されること。

(4) 固定資産を利用するための繰延資産の償却開始時期

法人が繰延資産となるべき費用を支出した場合において、当該費用が固定資産を利用するためのものであり、かつ、当該固定資産の建設等に着手されていないときは、その固定資産の建設等に着手した時から償却する（法基通8－3－5）。

第2章　会社の営業費用項目に係る税務証拠フォーム

図表2－6　繰延資産の償却期間

該当条項	種類	細目	償却期間
法令14条1項6号イ《公共的施設等の負担金》に掲げる費用	公共的施設の設置又は改良のために支出する費用（8－1－3）	(1)　その施設又は工作物がその負担した者に専ら使用されるものである場合	その施設又は工作物の耐用年数の7／10に相当する年数
		(2)　(1)以外の施設又は工作物の設置又は改良の場合	その施設又は工作物の耐用年数の4／10に相当する年数
	共同的施設の設置又は改良のために支出する費用（8－1－4）	(1)　その施設がその負担者又は構成員の共同の用に供されるものである場合又は協会等の本来の用に供されるものである場合	イ　施設の建設又は改良に充てられる部分の負担金については、その施設の耐用年数の7／10に相当する年数 ロ　土地の取得に充てられる部分の負担金については、45年
		(2)　商店街等における共同のアーケード、日よけ、アーチ、すずらん灯等負担者の共同の用に供されるとともに併せて一般公衆の用にも供されるものである場合	5年（その施設について定められている耐用年数が5年未満である場合には、その耐用年数）
法令14条1項6号ロ《資産を賃借するための権利金等》に掲げる費用	建物を賃借するために支出する権利金等（8－1－5(1)）	(1)　建物の新築に際しその所有者に対して支払った権利金等で当該権利金等の額が当該建物の賃借部分の建設費の大部分に相当し、かつ、実際上その建物の存続期間中賃借できる状況にあると認められるものである場合	その建物の耐用年数の7／10に相当する年数
		(2)　建物の賃借に際して支払った(1)以外の権利金等で、契約、慣習等によってその明渡しに際して借家権として転売できることになっているものである場合	その建物の賃借後の見積残存耐用年数の7／10に相当する年数
		(3)　(1)及び(2)以外の権利金等の場合	5年（契約による賃借期間が5年未満である場合において、契約の更新に際して再び権利金等の支払を要することが明らかであるときは、その賃借期間）
	電子計算機その他の機器の賃借に伴って支出する費用（8－1－5(2)）		その機器の耐用年数の7／10に相当する年数（その年数が契約による賃借期間を超えるときは、その賃借期間）
法令14条1項6号ハ《役務の提供を受けるための権利金等》に掲げる費用	ノーハウの頭金等（8－1－6）		5年（設定契約の有効期間が5年未満である場合において、契約の更新に際して再び一時金又は頭金の支払を要することが明らかであるときは、その有効期間の年数）
法令14条1項6号ニ《広告宣伝用資産を贈与した費用》に掲げる費用	広告宣伝の用に供する資産を贈与したことにより生ずる費用（8－1－8）		その資産の耐用年数の7／10に相当する年数（その年数が5年を超えるときは、5年）

Ⅶ　繰延資産

169

該当条項	種類	細目	償却期間
法令14条1項6号ホ《その他自己が便益を受けるための費用》に掲げる費用	スキー場のゲレンデ整備費用（8−1−9）		12年
	出版権の設定の対価（8−1−10）		設定契約に定める存続期間（設定契約に存続期間の定めがない場合には、3年）
	同業者団体等の加入金（8−1−11）		5年
	職業運動選手等の契約金等（8−1−12）		契約期間（契約期間の定めがない場合には、3年）

2 ワンポイントアドバイス

❶ 損金経理要件

　繰延資産の償却費を損金の額に算入するには、償却限度額の範囲内において損金経理が必要になる。したがって、申告調整による減算は認められないので注意が必要である（法法32①）。

❷ 償却に関する明細書の添付

　繰延資産について償却費として損金経理した金額がある場合には、その計算に関する明細書を確定申告書に添付する必要がある（法令67）。

❸ 少額のものの損金算入

　税法固有の繰延資産に係る費用を支出した場合で、支出する金額が20万円未満の場合には、損金経理の方法によってその金額を支出事業年度の損金の額に算入することができる。なお、消費税の取扱いについては、経理処理の方法が税込処理を採用している場合は消費税込みで20万円未満かどうかで判定し、税抜処理を採用している場合には消費税抜きで判定することになる（法令134）。

Ⅷ　保険料

1　保険契約区分チェック表

❶　チェック表の作成目的

　法人は、役員や使用人の死亡等又は財産の損害による経済的損失を補てんし、経営の安定化を目的として生命保険契約又は損害保険契約に加入して、保険料の支払をしている。

　保険には、いろいろな種類の保険商品が出回っており、その保険商品の内容や契約条件によって税務上の取扱いが変わってくるが、主な保険料の税務上の取扱いは、次のとおりである。

(1)　生命保険料

　法人が保険契約者であり、役員又は使用人を被保険者として生命保険に加入した場合の保険料の税務上の取扱いについては、大きく分けて①満期保険金がある養老保険、②掛捨ての定期保険、③養老保険に定期保険を付した定期付養老保険の3つに区分されている。

① 養老保険に係る保険料

　養老保険とは、被保険者が死亡した場合又は保険期間が満了したときに死亡保険金又は満期保険金が支払われる生命保険をいうが、法人が保険料を支払った場合の税務上の取扱いは図表2-7のとおりである（法基通9-3-4）。

| 図表2-7 | 養老保険に係る保険料の取扱い |

契約者	受取人		取扱い	
	死亡保険金	生存保険金		
法人	法人		資産に計上	
	被保険者又はその遺族		役員又は使用人に対する給与	
	被保険者の遺族	法人	1/2	資産に計上
			1/2	期間の経過に応じて損金算入 ただし、役員・部課長その他特定の使用人（これらの者の親族を含む）のみを被保険者としている場合には、その者に対する給与

② 定期保険に係る保険料

定期保険とは、一定期間内に被保険者が死亡した場合のみ保険金が支払われる生命保険をいい、法人が保険料を支払った場合の税務上の取扱いは図表2-8のとおりである（法基通9-3-5）。

| 図表2-8 | 定期保険に係る保険料の取扱い |

契約者	受取人	取扱い
	死亡保険金	
法人	法人	期間の経過に応じて損金算入
	被保険者の遺族	期間の経過に応じて損金算入 ただし、役員・部課長その他特定の使用人（これらの者の親族を含む）のみを被保険者としている場合には、その者に対する給与

③ 定期付養老保険に係る保険料

定期付養老保険とは、養老保険に定期保険を付したものをいい、保険料の額が保険証券等において養老保険に係る保険料と定期保険に係る保険料とに明確に区分されている場合には、上記①の養老保険に係る保険料又は上記②の定期保険に係る保険料の取扱いによることになる。

また、保険料の額が養老保険に係る保険料と定期保険に係る保険料とに明確に区分されていない場合には、上記①の養老保険に係る保険料の取扱いによることになる（法基通9-3-6）。

(2) 損害保険料

法人が支払った損害保険契約の保険料については、原則として保険期間の経過に応じて損金に算入することになっている。ただし、長期損害保険のように満期返戻金の定めがある保険や前払保険料に該当する場合がある。そのため、長期損害保険

契約に該当するか否かの区分によって税務上の取扱いが定められている。

　長期の損害保険契約とは、法人が、保険期間が３年以上で、かつ、その保険期間満了後に満期返戻金を支払う旨の定めのある損害保険契約をいう。その支払った保険料の額のうち、積立保険料に相当する部分の金額は保険期間の満了又は保険契約の解除もしくは失効の時までは資産に計上するものとし、その他の部分の金額は期間の経過に応じて損金の額に算入する（法基通９－３－９）。

　また、支払った保険料の額のうち、積立保険料に相当する部分の金額とその他の部分の金額との区分は、保険料払込案内書、保険証券添付書類等により区分されているところによる（法基通９－３－９(注)）。

(3) 本チェック表の作成目的

　保険契約区分チェック表（フォーム２－23）は、次の項目を確認することを目的として作成する。

・役員や従業員の生命保険料等の会社負担が適正か（給与とされるものはないか）。
・保険証券で契約内容を確認し、積立部分と掛捨て部分を検討したか。
・積立金等に計上すべき配当金について確認したか。
・生命保険契約について契約転換や見直しを確認したか。
・損害保険契約について資産計上や前払費用とされるものはないか。

❷　作成上のポイント

(1) 商品区分の明示

　「**商品区分**」欄には、締結した保険契約の区分が生命保険なのか損害保険なのか、あるいはその他の契約に該当するかは一般的には明らかであるが、近年は多様で複雑な保険商品もあるため、保険契約書等において確認し明らかにしておく必要がある。

(2) 商品内容の明示

　「**商品内容**」欄には、締結した保険商品の内容を具体的に明示する。保険契約書等で保険会社名・保険商品の名称を転記することにより明示することになる。また、「**証券番号**」欄もあわせて転記するとよい。

(3) 契約の形式の明示

　「**契約の形式**」欄には、当該保険商品の情報を保険契約書や保険設計書等により

フォーム2－23 保険契約区分チェック表

会社名 _____
事業年度 _____

No. _____
作成日 _____

保険契約区分チェック表

商品区分	生命保険 ・ 損害保険 ・ その他 （ ）		
商品内容		証券番号	
契約の形式	契約年月日	年　月　日	保険契約者	
	保険期間	年　　カ月	払込期間	年　　カ月
	被保険者（役職）		対象物及び所有者	
	保険金受取人	死亡　　　満期	保険金額	死亡　　　　　円　　満期　　　　　円
	保険料	円　（月払・年払・その他　　　）		
	参考情報			
税務上の取扱い	種類（判定）			
	参考条文等			
	資産計上の有無	有　・　無	給与課税の有無	有　・　無
	処理方法（仕訳）			
保険契約書等	附記			

処理検印	扱者	担当者	管理者	営業部	経理部	決裁

記入し、税務処理を判定する上で、入り口となる重要な部分になるので、記入誤りがないように注意が必要になる。

　例えば、生命保険契約における「**保険金受取人**」欄の死亡時及び満期時の取扱いは、税務処理をする上で法人の資産に計上するか又は損金に算入するか、もしくは給与課税になるかが分かれる重要な部分になる。

　また、「**参考情報**」欄では、特約条項や保険の種類を判定する上で必要な特記すべき情報を記入できるように設けている。

(4)　税務上の取扱いの明示

　「**税務上の取扱い**」欄では、上記(3)の「**契約の形式**」欄の情報をもとに、保険商品の税務上の種類の判定から、仕訳等の処理方法まで明示することになる。

　「**種類（判定）**」欄では、その保険商品が、税務上のどの種類に該当するかを具体的に明示する。「**参考条文等**」欄では、判定に際して根拠となった法令や通達等の名称を明示しておく。

　「**資産計上の有無**」欄は、その保険商品の種類が税務上、保険積立金や前払保険料として資産に計上すべきものである場合の確認のためである。

　「**給与課税の有無**」欄では、特に生命保険契約の場合には、契約の形式によって法人が支払った保険料の額が給与課税になる場合がある。例えば、その法人の特定の役員のみが加入している生命保険契約で、被保険者や被保険者の遺族が保険金受取人になっている場合には、法人が支払った保険料の全部又は一部が給与となる場合がある。この場合には源泉徴収が必要になるため確認のため設けている。

　「**処理方法（仕訳）**」欄では、資産計上すべき部分と損金に算入すべき部分を保険料の額を具体的に明示し、あわせてその仕訳を明示して経理処理を行うことになる。

　また、保険期間（払込期間）を通して処理が変わらない場合には問題ないが、保険期間（払込期間）の中途で処理の変更があらかじめ判明している場合には、変更後の「**処理方法（仕訳）**」欄を明示することが望ましい。

(5)　保険契約書等の明示

　保険契約の区分をする上で必要となった「**保険契約書等**」欄を明示する。保険という個別事項であるので、保険契約書（保険証券）はもちろんのこと、パンフレット等の加入前の検討資料も重要な証明資料になる。

　「**附記**」欄では、保険会社や保険代理店の担当者へ確認した事項を備忘記録しておくことで、さらにチェック表としての機能を果たすことが可能となる。

❸ 上手な記入方法

　例えば、定期保険は満期保険金のない生命保険であるが、その支払う保険料が平準化されているため、保険期間の前半において支払う保険料の中に前払保険料が含まれている。長期平準定期保険は保険期間が長期にわたる定期保険であり、その保険期間の前半において支払う保険料の中に多額の前払保険料が含まれていることから、支払保険料の税務上の取扱いが設けられている。

　次に、本事例を設定して、記入方法を説明する。

(1) 「会社名」欄等への記入

　「会社名」欄には「B株式会社」と会社名を記入し、「事業年度」欄には処理するB株式会社の事業年度を「X1.4.1〜X2.3.31」と記入する。

　また、「No.」欄には「002」とB株式会社が採用している文書番号を記入するとともに、「作成日」欄は担当者等がチェック表を作成した年月日を「X1.4.1」と記入する。

(2) 「商品区分」欄への記入

　「商品区分」欄には、その保険が生命保険契約又は損害保険契約のいずれか該当する項目に「〇」を付す。その他の保険契約である場合には、「その他」に「〇」を付しカッコ書に記入する。

　本事例では、B株式会社は生命保険へ加入したので「生命保険」に「〇」を付す。

(3) 「商品内容」欄への記入

　「商品内容」欄には、生命保険契約書等から、保険会社名「X生命保険㈱」と商品名「定期保険」と併記する。また、「証券番号」欄に「X−012345」と記入する。

(4) 「契約の形式」欄への記入

　「契約の形式」欄のうち「契約年月日」欄には「X1年4月1日」と記入する。「保険契約者」欄には保険料負担者である「B株式会社」と記入する。

　「保険期間」欄と「払込期間」欄は異なる場合があるので、保険契約書等で確認して記入する。本事例は同じ「30年0カ月」と記入する。

　「被保険者（役職）」欄は、氏名を「甲野太郎」と記入することになるが、その甲

第2章　会社の営業費用項目に係る税務証拠フォーム

フォーム2－24　保険契約区分チェック表＜記載例＞

会社名　　B株式会社
事業年度　X1.4.1～X2.3.31

No.　　　002
作成日　　X1.4.1

保険契約区分チェック表

商品区分	生命保険 ・ 損害保険 ・ その他（　　　　　　）			
商品内容	X生命保険㈱ 定期保険		証券番号	X－012345
契約の形式	契約年月日	X1年4月1日	保険契約者	B株式会社
	保険期間	30年　　0カ月	払込期間	30年　　0カ月
	被保険者 （役職）	甲野太郎 （代表取締役）	対象物及び 所有者	―
	保険金 受取人　死亡	B株式会社	保険金額　死亡	50,000,000円
	満期	なし	満期	なし　　円
	保険料	2,000,000円　　（月払・年払・その他　　　）		
	参考情報	①保険加入時の被保険者の年齢　55歳 ②保険期間満了時の被保険者の年齢　85歳		
税務上の取扱い	種類 （判定）	保険加入時の被保険者の年齢 ＋ 保険期間 × 2＞105 55 ＋ 30 × 2 ＝ 115＞105 ∴　長期平準定期保険に該当		
	参考条文等	昭62.6.16直法2－2		
	資産計上の有無	有 ・ 無	給与課税の有無	有 ・ 無
	処理方法 （仕訳）	①　保険期間開始から保険期間の60％に相当する期間まで 　　（18年間） 　　（1/2資産計上　1/2損金算入） 　（借）長期前払費用 1,000,000　　（貸）現預金 2,000,000 　　　　支払保険料 1,000,000 ②　保険期間の60％に相当する期間経過後（12年間） 　（借）支払保険料　　4,500,000 　　　　　　　　　（貸）現　預　金 2,000,000 　　　　　　　　　　　　長期前払費用 ※2,500,000 　　　　　　　※資産計上累計額（3,000万円）÷12年		
保険契約書等	①	生命保険契約書（保険証券）		
	②	保険設計プラン書		
	③			
	附記	・保険会社担当者より経理処理の方法を確認した。		

処理検印	扱者	担当者	管理者	営業部	経理部	決裁

VIII　保険料

177

野太郎の役職をカッコ書に「**代表取締役**」と記入する。

「**保険金受取人**」欄及び「**保険金額**」欄は、保険証券等を確認して「**死亡**」欄に「**B 株式会社**」及び「**50,000,000 円**」と記入するとともに、定期保険のため満期はないので「**満期**」欄に「**なし**」と記入する。

「**保険料**」欄にも保険証券等を確認して「**2,000,000 円**」と記入して、支払方法は「**年払**」に「**○**」を付す。

「**参考情報**」欄では、本事例の生命保険契約の税務上の種類を判定する上で重要となる情報を次のとおり特記する。

「① 保険加入時の被保険者の年齢 55 歳」
「② 保険期間満了時の被保険者の年齢 85 歳」

⑸ 「税務上の取扱い」欄への記入

「**税務上の取扱い**」欄のうち、「**種類（判定）**」欄への記入は、上記の「**契約の形式**」欄をもとに行うことになるが、保険契約加入前に保険会社のプラン設計によって判定してから加入する場合が一般的である。

本事例では、長期平準定期保険の範囲に該当するかどうかの判定方法と、「**契約の形式**」欄における情報を用いて具体的に判定する。

判定方法は、「**保険加入時の被保険者の年齢 ＋ 保険期間 × 2 ＞ 105**」と記入する。

具体的には、「**55 ＋ 30 × 2 ＝ 115 ＞ 105**」と記入し、結果として「**長期平準定期保険に該当**」と記入する。

「**参考条文等**」欄は、長期平準定期保険に該当するかどうかの判定の根拠になった「**昭 62.6.16 直法 2 - 2**」と記入する。

「**資産計上の有無**」欄では、長期平準定期保険に該当するとなった結果を受けて、前払費用として資産計上する必要があるため、「**有**」に「**○**」を付す。

「**給与課税の有無**」欄は、保険契約者と保険金受取人がともにB株式会社であるため、給与課税はないので「**無**」に「**○**」を付す。

「**処理方法（仕訳）**」欄では、次のように具体的な経理処理を記入する。

長期平準定期保険の保険料の損金算入時期については、保険期間開始から60％に相当する期間は2分の1が前払費用等として資産計上し、残りの2分の1は定期保険と同様の取扱いになる。

また、保険期間の60％を経過した後の残りの期間は、定期保険と同様の取扱いとなり、前払費用等として計上した累計額は、その残りの期間で取り崩して損金算入することになる。

第2章　会社の営業費用項目に係る税務証拠フォーム

　本事例では、保険期間が30年であるため、「①保険期間開始から保険期間の60%に相当する期間まで（18年間）」と記入し、次のような仕訳を記入する。

　（1／2資産計上、1／2損金算入）

（借）長期前払費用 1,000,000　（貸）現　預　金　2,000,000
　　　支 払 保 険 料 1,000,000

　また、「②保険期間の60%に相当する期間経過後（12年間）」と記入し、次のような仕訳と資産計上累計額の算定根拠を記入する。

（借）支 払 保 険 料 4,500,000　（貸）現　預　金　2,000,000
　　　　　　　　　　　　　　　　長期前払費用※ 2,500,000

※　資産計上累計額（3,000万円）÷12年

⑹　「保険契約書等」欄への記入

　「保険契約書等」欄には、加入した保険契約が税務上どの種類に該当するか及びどのような処理になるかの基礎となった契約書等を記入する。本事例では、「①生命保険契約書（保険証券）」・「②保険設計プラン書」と記入する。

　また、最近の生命保険契約は複雑化した商品も多く、保険契約の税務上の取扱いを加入者が行うことが困難な場合が多い。したがって、保険契約加入前に保険会社等の担当者と打合せをした際に、税務上の取扱いや経理処理について確認した場合には、「附記」にその旨を記録しておくことが望ましい。

❹　関連税務のチェックポイント

　保険料の税務上の取扱いは、主に前記❶⑴、⑵のとおりであるが、保険契約の種類等に応じて、次のような税務上の取扱いが設けられている。

⑴　傷害特約等に係る保険料

　法人が傷害特約等の特約を付した養老保険、定期保険又は定期付養老保険に加入し、その特約に係る保険料を支払った場合には、その支払った保険料の額は、期間の経過に応じて損金の額に算入することができる。ただし、役員又は部課長その他特定の使用人（これらの親族を含む）のみを傷害特約等に係る給付金の受取人としている場合には、その保険料の額はその役員又は使用人に対する給与とする（法基通9－3－6の2）。

(2) 長期平準定期保険の保険料の取扱い

長期平準定期保険とは、その保険期間満了の時における被保険者の年齢が70歳を超え、かつ、その保険に加入した時における被保険者の年齢に保険期間の2倍に相当する数を加えた数が105を超えるものをいう。

法人が長期平準定期保険の保険料を支払った場合の税務上の取扱いは図表2－9のとおりである（昭和62.6.16直法2－2（平成8.7.4課法2－3、平成20.2.28課法2－3等により改正））。ただし、次の(3)逓増定期保険に該当するものを除く。

図表2－9	長期平準定期保険に係る保険料の取扱い			
区　　分	取扱い			
保険期間の開始の時からその保険期間の60%に相当する期間（1年未満の端数は切捨て）を経過するまでの期間	各事業年度の支払保険料の額	1/2	前払金等として資産に計上	
		1/2	一般の定期保険の保険料の取扱いと同じ	
保険期間の60%に相当する期間を経過した後の期間	各事業年度の支払保険料の額		一般の定期保険の保険料の取扱いと同じ	
	資産計上の累積額		その期間の経過に応じ取り崩して損金算入	

(3) 逓増定期保険の保険料の取扱い

逓増定期保険とは、保険期間の経過により保険金額が5倍までの範囲で増加する定期保険のうち、その保険期間満了の時における被保険者の年齢が45歳を超えるものをいう。

なお、この取扱いは、平成20年2月28日以降の契約に係る逓増定期保険の保険料について適用されるが、法人が逓増定期保険の保険料を支払った場合の税務上の取扱いは図表2－10のとおりである（昭和62.6.16直法2－2、（平成8.7.4課法2－3、平成20.2.28課法2－3等により改正））。

第2章　会社の営業費用項目に係る税務証拠フォーム

図表2－10	逓増定期保険に係る保険料の取扱い		
区　分	取扱い		
保険期間の開始の時からその保険期間の60%に相当する期間（1年未満の端数は切捨て）を経過するまでの期間	各事業年度の支払保険料の額	逓増定期保険の区分に応じ1/2、2/3又は3/4	前払金等として資産に計上
		逓増定期保険の区分に応じ1/2、1/3又は1/4	一般の定期保険の保険料の取扱いと同じ
保険期間の60%に相当する期間を経過した後の期間	各事業年度の支払保険料の額		一般の定期保険の保険料の取扱いと同じ
	資産計上の累積額		その期間の経過に応じ取り崩して損金算入

⑷　医療保険（終身保障タイプ）の保険料の取扱い

　法人が、医療保険（終身保障タイプ）に加入して保険料を支払った場合の税務上の取扱いは、図表2－11のとおりである（平成13.8.10 課審4－100（平成24.4.27課法2－3等により改正））。

図表2－11	医療保険（終身保障タイプ）に係る保険料の取扱い

①　医療保険（終身保障タイプ）の概要

保険事故	保険金	払戻金
災害による入院 病気による入院 災害又は病気による手術	災害入院給付金 病気入院給付金 手術給付金	保険料は掛捨てでいわゆる満期保険金はないが、保険契約の失効、告知義務違反による解除及び解約等の場合には、保険料の払込期間に応じた所定の払戻金が保険契約者に払い戻される。

②　税務上の取扱い

契約者	受取人	保険料払込期間	取扱い		
法人	法人 役員又は使用人（これらの者の親族を含む）	終身	各事業年度の支払保険料の額	払込みの都度損金算入	
		有期	各事業年度の支払保険料の額	A[注1]	損金算入
				支払保険料－A	積立保険料として資産計上
		保険料払込満了後	B[注2]の金額を資産計上額より取り崩して損金算入		

（注1）　A……払込保険料 $\times \dfrac{保険料払込期間}{105歳 - 被保険者の保険加入時年齢}$

（注2）　B…… $\dfrac{保険料払込満了時点の資産計上額}{105歳 - 被保険者の払込満了時年齢}$

⑸　個人年金保険の保険料の取扱い

　個人年金保険とは、法人が、自己を契約者とし、役員又は使用人（これらの者の親族を含む）を被保険者として加入した生命保険で、その保険契約に係る年金開始日に被保険者が生存しているときに所定の期間中、年金がその保険契約に係る年金受取人に支払われるものをいい、法人が個人年金保険に加入して保険料を支払った場合の税務上の取扱いは図表2－12のとおりである（平成2.5.30直審4－19）。

| 図表2－12 | 個人年金保険に係る保険料の取扱い | | | |

契約者	受取人		取扱い	
	死亡給付金	年金		
法人	法人		資産に計上	
	被保険者又はその遺族		役員又は使用人に対する給与	
	被保険者の遺族	法人	90%	資産に計上
			10%	期間の経過に応じて損金算入 ただし、役員・部課長その他特定の使用人（これらの者の遺族を含む）のみを被保険者としている場合には、その者に対する給与

⑹　介護費用保険の保険料の取扱い

　介護費用保険とは、法人が自己を契約者とし、役員又は使用人（これらの者の親族を含む）を被保険者として加入した損害保険で被保険者が寝たきり又は痴ほうにより介護が必要な状態になったときに保険事故が生じたとして保険金が被保険者に支払われるものをいい、法人が介護費用保険に加入して保険料を支払った場合の税務上の取扱いは図表2－13のとおりである（平成元.12.16直審4－52）。

| 図表2－13 | 介護費用保険に係る保険料の取扱い | | | |

区分	取扱い			保険事故の発生
被保険者が60歳に達するまでの支払分	各事業年度の支払保険料の額	1/2	前払費用等として資産に計上	資産計上の累積額
		1/2	期間の経過に応じて損金算入	一時の損金算入
被保険者が60歳以後の支払分	各事業年度の支払保険料の額	期間の経過に応じて損金算入		
	資産計上の累積額	60歳以後の15年間で期間の経過に応じて損金算入		

2 ワンポイントアドバイス

❶ 保険契約と給与課税との関係

　保険契約者である法人が、役員又は使用人（これらの者の親族を含む）を被保険者とする生命保険契約に加入し、その保険料を支払ったことによりその役員又は使用人が受ける経済的利益については、原則は給与所得として源泉徴収の対象になるため注意が必要になる。

　ただし、この場合でも一定の要件を満たすときは、給与課税がされないことになっている（所基通 36 - 31〜31 の 8、36 - 32）。

❷ 保険契約に係る経理処理情報

　保険加入時には、事前に保険会社から経理処理の方法を確認しておくことが重要であり、保険証券（保険契約書）・パンフレット・保険設計プラン書等にその経理処理の方法が記載されている場合がある。

IX 海外渡航費

1 海外渡航費必要性チェック表

❶ チェック表の作成目的

(1) 基本的な取扱い

　海外渡航費とは、法人が役員又は使用人に対して海外渡航のために支給する旅費（支度金を含む）をいうが、その海外渡航が法人の業務の遂行上必要なものであり、かつ、その渡航のため通常必要と認められる部分の金額の範囲内においては損金の額に算入されることになっている。したがって、法人の業務の遂行上必要とは認められない海外渡航の旅費はもちろん、法人の業務の遂行上必要と認められる海外渡航であっても、その旅費の額のうち通常必要と認められる金額を超える部分の金額については、原則として、役員又は使用人に対する給与として取り扱われる（法基通9－7－6）。

　なお、その海外渡航が旅行期間のおおむね全期間を通じ、明らかに法人の業務の遂行上必要と認められるものである場合には、その海外渡航のために支給する旅費は、社会通念上合理的な基準によって計算されているなど不当に多額でないと認められる限り、その全額を旅費とすることができる（法基通9－7－6(注)）。

(2) 本チェック表の作成目的

　上記(1)のとおり、海外渡航費が法人の旅費として損金算入できるかどうかは、法人の業務の遂行上必要なものであり、かつ、通常必要と認められるものとなっている。

　また、その海外渡航費の金額が通常必要と認められる金額かどうかは、日当・宿泊費・支度金等の額が旅行先における物価事情・旅行目的・旅行期間等から総合勘案して判定することになるため、それらの諸資料をもとに海外渡航費の必要性につ

184

いて「海外渡航費必要性チェック表」（フォーム2−25）でチェックする必要がある。

❷ 作成上のポイント

(1) 渡航者（役職）の明示

「渡航者（役職）」欄には、法人が負担した旅費等の対象となった海外渡航者を明示し、カッコ書には役職等、その法人の役員や使用人の身分を明示する。

(2) 目的の明示

「目的」欄には、商談先や取引先等の相手先の名称やその渡航先の国名・視察等の場所など具体的に明示することが望ましい。また、**業務・観光**」欄には「〇」を付すことになるが、休日等に観光を併せて行った場合には、「**観光**」欄にも「〇」を付す。

(3) 期間（日数）及び日程内訳の明示

「**期間（日数）**」欄には、出発日から帰国日までの期間（日数）を明示する（飛行機等の移動による旅行日を含めて明示する）。

「**日程内訳**」欄は、業務・観光・その他・旅行日に区分して明示するが、日数の区分は、「海外渡航費の取扱いについて（平成12.10.11 課法2−15）」に準じて、おおむね8時間を1.0日として0.25日を単位に算出する。

なお、後述する内容も「海外渡航費の取扱いについて（平成12.10.11 課法2−15）」に準じたものになる（詳細は、❹(5)を参照）。

(4) 業務従事割合及び損金算入割合の明示

「**業務従事割合**」欄は、上記(3)の「**日程内訳**」欄の区分に応じて計算した割合（端数処理はしない）を明示する。

「**損金算入割合**」欄には業務従事割合を10%単位で区分し、10%未満を四捨五入したものを明示する。

(5) 金額（円）の明示

「**金額（円）**」欄には、海外渡航により法人が支出した金額を明示する。その内訳は、大きく分けて交通費（往復の航空運賃等）とその他の旅費等に区分するが、その他の旅費等には、宿泊費・日当・支度金等が考えられる。

185

フォーム２－25 海外渡航費必要性チェック表

会社名　＿＿＿＿＿＿＿＿＿＿＿　　　No.　＿＿＿＿＿＿＿＿＿＿

事業年度　＿＿＿＿＿＿＿＿＿　　　作成日　　　　・・

海外渡航費必要性チェック表

渡航者 （役職）	（　　　　　　　　　）					
目的				業務　・　観光		
期間 （日数）	月　　　日　〜　　　　月　　　日（　日間）					
日程内訳	業務　　日	観光　　日	その他　　日	旅行日　　日		
業務従事割合				損金算入割合		
						％
金額（円）	合計（内訳）	交通費	宿泊費	日当	支度金	その他

判定	業務遂行上必要なものか		YES　・　NO（給与）	
	通常必要と認められるものか		YES　・　NO（給与）	
	"NO"の場合	円	給与課税	済　・　未済
	"YES"の場合	損金算入割合による区分	要　・　否	
	参考条文等			
	旅費として認められる金額（損金）			
	旅費として認められない金額（給与等）			
	業務外費用の精算の有無	有　　　年　　　月　　　日 精算（予定）		
		無（給与課税）　　済　・　未済		

渡航日程表等						
	附記					

処理検印	扱　者	担当者	管理者	営業部	経理部	決　裁

第2章　会社の営業費用項目に係る税務証拠フォーム

(6) 判定の明示

「**判定**」欄では、税務上損金の額に算入されるかどうかの判定を行い、具体的な金額を明示する。

「**業務遂行上必要なものか**」欄と「**通常必要と認められるものか**」欄では、「YES」又は「NO（給与）」のいずれかに「○」を付す。

「**業務遂行上必要なものか**」欄で「NO（給与）」に「○」を付した場合は、全額が給与になるので「"NO"の場合」欄に金額を明示する。「**給与課税**」欄では、給与課税が済んでいるかどうかの確認のため、作成日時点で「**済**」又は「**未済**」かに「○」を付す。

「**通常必要と認められるものか**」欄で「NO（給与）」に「○」を付した場合は、必要と認められる金額を超える部分の金額が給与になるので「"NO"の場合」欄にその金額を明示する。

「**"YES"の場合**」欄では、「**損金算入割合による区分**」欄の「**要**」・「**否**」に「○」を付し、「**参考条文等**」欄にその根拠法令等を明示する。なお、「**損金算入割合による区分**」欄の「**否**」に該当する場合とは、全額が損金に算入される場合が該当する。

「**旅費として認められる金額（損金）**」欄と「**旅費として認められない金額（給与等）**」欄では、その算出が必要な場合にはその計算過程を示した上で金額を明示するほうがよい。

「**業務外費用の精算の有無**」欄は、業務外で使用した費用を精算したかどうかの確認のため、作成日時点で「**有**」又は「**無（給与課税）**」に「○」を付すとともに、精算した場合や精算予定の場合は、「**有**」に「○」を付し、精算日（予定日）を明示する。精算しない場合には、「**無（給与課税）**」に「○」を付し、給与課税の「**済**」又は「**未済**」に「○」を付す。

(7) 「渡航日程表等」の明示

「**渡航日程表等**」欄は、その海外渡航費が業務を遂行する上で必要なものかどうかの判定等を行った際に必要な証明資料を明示する。旅費や日当等の社内規程がある場合にはその旨を明示し、渡航者からの報告書や行程表は最低限必要な疎明資料になる。

「**附記**」欄には、「**日程内訳**」欄や「**金額**」欄で、「**その他**」欄として区分したものの詳細を記入してもよい。

❸ 上手な記入方法

(1) 「会社名」欄等への記入

「会社名」欄には「C株式会社」と会社名を記入し、「事業年度」欄には処理するC株式会社の事業年度を「X1.4.1～X2.3.31」と記入し、「No.」欄には「003」とC株式会社が採用している文書番号を記入するとともに、「作成日」欄は担当者等がチェック表を作成した年月日を「X1.10.31」と記入する。

(2) 「渡航者（役職）」欄への記入

「渡航者（役職）」欄には、渡航者であるC株式会社の「乙山二郎（代表取締役）」と記入する。

(3) 「目的」欄への記入

「目的」欄には、C株式会社の乙山二郎が「Y社（Z国）との商談のため」の渡航であるためその旨を記入する。また、業務と併せて観光もしているため「業務・観光」の両方に「〇」を付す。

(4) 「期間（日数）」欄への記入

「期間（日数）」欄には、出発日から帰国日までの期間「X1年10月10日～X1年10月16日」と記入し、日数を「7日間」と記入する。

(5) 「日程内訳」欄への記入

「日程内訳」欄には、8時間を1.0日とし、0.25日単位にカウントした場合の内訳を「業務2.5日」・「観光1.0日」・「その他1.5日」・「旅行日2.0日」と記入する。「その他」には、土曜日や日曜日にした観光が含まれる。

(6) 「業務従事割合」欄及び「損金算入割合」欄への記入

「業務従事割合」欄は、業務日数2.5日と業務と併せて行った観光日数1.0日の合計日数のうちの業務日数2.5日の占める割合を記入する。算出すると「71.4％」になる。なお、観光は業務と併せて行っているため、その旨を「※」に記入する。

「損金算入割合」欄は、算出した業務従事割合71.4％について10％未満の端数について四捨五入したものを「70％」と記入する。

188

第2章　会社の営業費用項目に係る税務証拠フォーム

フォーム2-26　海外渡航費必要性チェック表＜記載例＞

会社名　　C株式会社
事業年度 X1.4.1～X2.3.31

No.　　　003
作成日　　X1.10.31

海外渡航費必要性チェック表

渡航者 （役職）	乙山二郎				（　代表取締役　）	
目的	Y社（Z国）との商談のため				業務　・　観光	
期間 （日数）	X1年 10月　　10日　　～　　X1年 10月　　16日（7日間）					
日程内訳	業務 2.5 日	観光 1.0 日	その他 1.5 日		旅行日 2.0 日	
業務従事割合	業務日数2.5／（業務日数2.5＋観光1.0）＝71.4% ※観光1.0は業務と併せて行っている				損金算入割合 70　　　%	
金額（円）	合計（内訳）	交通費	宿泊費	日当	支度金	その他
	600,000	250,000	150,000	100,000	50,000	50,000

判定	業務遂行上必要なものか			YES　・　NO（給与）	
	通常必要と認められるものか			YES　・　NO（給与）	
	"NO" の場合		円　給与課税	済　・　未済	
	"YES" の場合	損金算入割合による区分		要　・　否	
	参考条文等	平成12.10.11 課法2-15			
	旅費として認められる金額（損金）				
	①　交通費　250,000円 ②　交通費以外　350,000円 × 70% ＝ 245,000円 ③　①＋② ＝ 495,000円				
	旅費として認められない金額（給与等）				
	交通費以外　350,000円 － ② ＝ 105,000円				
	業務外費用の精算の有無	有　X1年　10月　25日 精算（予定） 無（給与課税）　　済　・　未済			

渡航日程表等	①	出張旅費規程
	②	渡航日程表
	③	報告書（商談メモ）
	附記	

処理検印	扱　者	担当者	管理者	営業部	経理部	決　　裁

IX　海外渡航費

189

⑺ 「金額」欄への記入

　「金額」欄には、海外渡航により法人が支出した合計金額を「600,000円」と記入し、その内訳を、「**交通費250,000円**」・「**宿泊費150,000円**」・「**日当100,000円**」・「**支度金50,000円**」・「**その他50,000円**」とそれぞれ記入する。

⑻ 「判定」欄への記入

　本事例の海外渡航は、Y社との商談がメインであり業務の遂行上必要な海外渡航に該当するため、「**業務遂行上必要なものか**」欄は「YES」に「○」を付す。交通費・宿泊費・日当・支度金については、出張旅費規程によるものであり、本海外渡航の目的・旅行期間等から勘案して適正金額と認められるため「**通常必要と認められるものか**」欄は「YES」に「○」を付す。

　また、業務従事割合が71.4％と50％以上であるため、「海外渡航費の取扱いについて（平成12.10.11課法2－15）」に準じ、「**"YES"の場合**」欄の「**損金算入割合による区分**」欄の「**要**」に「○」を付し、「**参考条文等**」欄に「**平成12.10.11課法2－15**」と記入する。

　「旅費と認められる金額（損金）」欄は、「①　往復の交通費　250,000円」と「②　交通費以外　350,000円に損金算入割合70％を乗じた金額245,000円」との「③　合計額　495,000円」と計算過程を記入する。

　「旅費と認められない金額（給与等）」欄は、「交通費以外350,000円から②245,000円を差し引いた105,000円」と計算過程を記入する。

　「業務外費用の精算の有無」欄は、旅費として認められない金額105,000円について精算をしているため、「有」に「○」を付し、精算した日を「**X1年10月25日**」と記入する。

⑼ 「渡航日程表等」欄への記入

　「渡航日程表等」欄には、商談等による海外渡航によって法人が支出した金額が、税務上の損金となるかどうかの判定のもとになる渡航日程表等を記入する。

　本事例では、交通費・宿泊費・日当・支度金の支払の根拠になる「**出張旅費規程**」・7日間の「**渡航日程表**」・Y社との商談の「**報告書（商談メモ）**」と記入する。

❹　関連税務のチェックポイント

　業務の遂行上必要な海外渡航の判定については、次のように取り扱われる。

(1) 業務の遂行上必要な海外渡航の判定

　法人の役員又は使用人の海外渡航が法人の業務の遂行上必要なものであるかどうかは、その旅行の目的・旅行先・旅行経路・旅行期間等を総合的に勘案して実質的に判定することになるが、次に掲げる旅行は、原則として法人の業務の遂行上必要な海外渡航に該当しない（法基通9－7－7）。

① 観光渡航の許可を得て行う旅行

② 旅行あっせんを行う者等が行う団体旅行に応募してする旅行

③ 同業者団体その他これに準ずる団体が主催して行う団体旅行で主として観光目的と認められるもの

(2) 業務の遂行上必要と認められない海外渡航の旅費の特例

　上記(1)①から③に掲げる旅行に該当する場合であっても、その海外渡航の旅行期間内における旅行先、行った仕事の内容等からみて法人の業務にとって直接関連のあるものがあると認められるときは、法人の支給するその海外渡航に要する旅費のうち、法人の業務にとって直接関連のある部分の旅行について直接要した費用の額は、旅費として損金の額に算入する（法基通9－7－10）。

(3) 業務の遂行上必要と認められる旅行と認められない旅行とを併せて行った場合の旅費

　法人の役員又は使用人が海外渡航をした場合において、その海外渡航の旅行期間にわたり法人の業務の遂行上必要と認められる旅行と認められない旅行とを併せて行ったものであるときは、その海外渡航に際して支給する旅費を法人の業務の遂行上必要と認められる旅行の期間と認められない旅行の期間との比等により按分し、法人の業務の遂行上必要と認められない旅行に係る部分の金額については、当該役員又は使用人に対する給与とする。

　ただし、海外渡航の直接の動機が特定の取引先との商談、契約の締結等法人の業務の遂行のためであり、その海外渡航を機会に観光を併せて行うものである場合には、その往復の旅費（当該取引先の所在地等その業務を遂行する場所までのものに限る）は、法人の業務の遂行上必要と認められるものとして、その海外渡航に際して支給する旅費の額から控除した残額について、当該役員又は使用人に対する給与になる（法基通9－7－9）。

⑷　同伴者の旅費

　法人の役員が法人の業務の遂行上必要と認められる海外渡航に際し、その親族又はその業務に常時従事していない者を同伴した場合において、その同伴者に係る旅費を法人が負担したときは、その旅費はその役員に対する給与とする。ただし、その同伴が例えば次に掲げる場合のように、明らかにその海外渡航の目的を達成するために必要な同伴と認められるときは、その旅行について通常必要と認められる費用の額は、この限りでない（法基通9－7－8）。

①　その役員が常時補佐を必要とする身体障害者であるため補佐人を同伴する場合

②　国際会議への出席等のために配偶者を同伴する必要がある場合

③　その旅行の目的を遂行するため外国語に堪能な者又は高度の専門的知識を有する者を必要とするような場合に、適任者が法人の使用人のうちにいないためその役員の親族又は臨時に委嘱した者を同伴するとき

⑸　同業者団体等が主催して実施する海外視察等の機会に併せて観光が行われる場合の海外渡航費の取扱い

　同業者団体等が主催して実施する海外視察等の機会に併せて観光が行われる場合の海外渡航費については、次のように取り扱われる（平成12.10.11 課法2－15）。

①　業務関連性の検討

　海外渡航費に係る損金算入額の算定に当たっては、次に掲げる事項を具体的に説明する書類その他参考となる資料に基づき、その法人の海外視察等の動機・参加者の役職・業務関連性等を十分に考慮して判定することになる。

　㈡　団体旅行の主催者・その名称・旅行目的・旅行日程・参加費用の額等その旅行の内容

　㈡　参加者の氏名・役職・住所

②　損金算入額の計算方法

　同業者団体等が行う視察等のための団体による海外渡航については、課税上弊害のない限り、その旅行に通常要する費用（その旅行費用の総額のうちその旅行に通常必要であると認められる費用をいう。以下同じ）の額に、旅行日程の区分による業務従事割合を基礎とした損金算入の割合（以下「損金算入割合」という）を乗じて計算した金額を旅費として損金の額に算入する。

　ただし、図表2－14左欄に掲げる場合は、それぞれ右欄による。

第2章　会社の営業費用項目に係る税務証拠フォーム

図表2－14	損金算入の取扱い
その団体旅行に係る損金算入割合が90％以上となる場合	その旅行に通常要する費用の額の全額を旅費として損金の額に算入する。
その団体旅行に係る損金算入割合が10％以下となる場合	その旅行に通常要する費用の額の全額を旅費として損金の額に算入しない。 (注)　海外渡航の参加者である使用人に対する給与と認められる費用は、給与として損金の額に算入する。
その海外渡航が業務遂行上直接必要であると認められる場合（「業務従事割合」が50％以上の場合に限る）	その旅行に通常要する費用の額を「往復の交通費の額（業務を遂行する場所までのものに限る）」と「その他の費用の額」とに区分し、「その他の費用の額」に損金算入割合を乗じて計算した金額と「往復の交通費の額」との合計額を旅費として損金の額に算入する。
参加者のうち別行動をとった者等個別事情のある者がいる場合	当該者については、個別事情を斟酌して業務従事割合の算定を行う。

③　損金算入割合

　上記②の「損金算入割合」は、業務従事割合を10％単位で区分し、10％未満の端数を四捨五入したものをいう。

④　業務従事割合

　上記②の「業務従事割合」は、旅行日程を「視察等の業務に従事したと認められる日数」、「観光を行ったと認められる日数」、「旅行日」及び「その他」に区分し、次の算式により計算した割合とする。

$$\frac{視察等の業務に従事したと認められる日数}{視察等の業務に従事したと認められる日数＋観光を行ったと認められる日数}$$

⑤　日数の区分

　業務従事割合の計算の基礎となる日数の区分は、おおむね次による。

　(イ)　日数区分の単位

　　日数の区分は、昼間の通常の業務時間（おおむね8時間）を1.0日としてその行動に応じ、おおむね0.25日を単位に算出する。ただし、夜間において業務に従事している場合には、これに係る日数を「視察等の業務に従事したと認められる日数」に加算する。

　(ロ)　視察等の日数

　　視察等の日数は、次に掲げるような視察等でその参加法人の業種業態・事業内容・事業計画等からみてその法人の業務上必要と認められるものに係る日数とする。

　　ⓐ　工場・店舗等の視察・見学又は訪問

193

ⓑ 展示会・見本市等への参加又は見学

ⓒ 市場・流通機構等の調査研究等

ⓓ 国際会議への出席

ⓔ 海外セミナーへの参加

ⓕ 同業者団体又は関係官庁等の訪問・懇親

(ハ) 観光の日数

観光の日数には、次に掲げるようなものに係る日数が含まれる。

ⓐ 自由行動時間での私的な外出

ⓑ 観光に付随して行った簡易な見学・儀礼的な訪問

ⓒ ロータリークラブ等その他これに準ずる会議で、私的地位に基づいて出席したもの

(ニ) 旅行日の日数

旅行日の日数は、原則として目的地までの往復及び移動に要した日数とするが、現地における移動日等の日数でその内容からみて「視察等の日数」又は「観光の日数」に含めることが相当と認められる日数（観光の日数に含めることが相当と認められる当該移動日等の日数で、土曜日又は日曜日等の休日の日数に含まれるものを除く）は、それぞれの日数に含める。

(ホ) その他の日数

その他の日数は、次に掲げる日数とする。

ⓐ 土曜日又は日曜日等の休日の日数（上記(ニ)の旅行日の日数を除く）

ただし、これらの日のうち業務に従事したと認められる日数は「視察等の日数」に含め、その旅行の日程からみて当該旅行のほとんどが観光と認められ、かつ、これらの日の前後の行動状況から一連の観光を行っていると認められるような場合には「観光の日数」に含める。

ⓑ 土曜日又は日曜日等の休日以外の日の日数のうち「視察等」・「観光」及び「旅行日」に区分されない休養・帰国準備等その他の部分の日数

2 ワンポイントアドバイス

❶ 役員の海外渡航

海外渡航費は、旅費となるか給与となるかが最大のポイントになる。この場合の給与は、臨時的な給与として取り扱われるため、役員に対するものは所得税の課税

のほか、法人税においても事前確定届出給与以外のものは損金の額に算入できない
ため注意が必要である。

❷ 形式基準

　業務の遂行上必要な海外渡航に該当するかどうかは、あくまで実質で判定すべき
ものと考えられるが、次に掲げるような形式を満たすことも必要である。
① 　業務ビザが取れる国についての海外渡航はできる限り業務ビザを取ること。
② 　日程表を作成し訪問先並びにその目的内容を明らかにして法人に提出して保管
　しておくこと。
③ 　海外渡航の結果報告書を作成し法人に提出し保管しておくこと。
④ 　出張旅費規程を作成しそこに日当、支度金他必要事項を規定しておくこと。
⑤ 　業務外の部分があるときは帰国後速やかにその金額を計算し精算しておくこと。

X 社宅家賃

1 社宅適正賃貸料確認計算書

❶ 計算書の作成目的

　会社と役員間の経済取引は、本来、会社法等によって規制される問題ではあるが、税務上も多くの関わりが生じる。

　会社と役員間の経済取引には、金銭の貸借・不動産の賃借や売買のほか、出資・増資・株式移転等の問題があり、このうち、土地や家屋等を会社と役員間で賃貸借する事例も少なくない。

　役員個人の所有家屋等を会社へ賃貸する場合は、賃貸借契約により条件を定め、賃貸料を客観的に決定することが一般の慣行といえる。これに対して、会社の家屋等を会社の関係者である役員や使用人に貸与する場合は、会社の業務と関係があるなどの理由から、その賃貸借契約を明確にしない場合がある。

　このため、会社が役員等に自社所有家屋等を賃貸する際に、その賃貸料の算定根拠を明確にした計算書があれば、その関係者間の賃貸料の計算を容易に行うことができる。そこで、取引内容と用途等についてその区分を確認して賃貸料の計算式を決定するために利用するひな型が本計算書である。

　社宅等を所有している会社は、「社宅適正賃貸料確認計算書」（フォーム２－27）により適正な賃貸料を算定するなどの目的で作成し、計算式判定の根拠資料として保存しておけば、税務調査の際の説明資料として活用することができる。

❷ 作成上のポイント

(1) 対象物件の明示

　「〔1〕対象物件」欄のうち、「賃貸期間（　年)」欄には、賃貸借契約書から社宅の賃貸期間を記入し、「所在地」欄には土地・家屋の所在地（地番又は住居表示）

196

第２章　会社の営業費用項目に係る税務証拠フォーム

フォーム２−27　社宅適正賃貸料確認計算書

会社名 ＿＿＿＿＿＿＿＿＿＿＿＿＿＿　　No. ＿＿＿＿＿＿＿＿＿＿＿＿

事業年度 ＿＿＿＿＿＿＿＿＿＿＿＿　　作成日 ＿＿＿＿＿＿＿＿＿＿＿

社宅適正賃貸料確認計算書

	所在地		固定資産税課税標準額	
（1）対象物件 賃貸期間（　年） 〔自 至　〕	種　類		土地	
	構　造			
	面　積		家屋	

	所　属	
（2）使用者 新規 改訂	役　職	
	氏　名	

	種　別	対象者	用　途	構　造	面　積	所　有	計算方式	
（3）区分	家　屋	役　員	住　宅	木　造	132㎡以下	自　社		
	土　地	使用人	住宅以外	木造以外	99㎡以下	借　上		

〔4〕　計算方式

社宅家賃の計算

従業員社宅

役員社宅 — 小規模住宅以外 / 小規模住宅

1　自己所有の社宅・借上社宅

家屋
固定資産税の課税標準額　　家屋の総床面積　　　敷地
固定資産税の課税標準額

□ ×2/1,000 + 12円 ×（　　㎡/3.3㎡）+ □ ×2.2/1,000

月額賃貸料

＝ □

2　自己所有の社宅

家屋
固定資産税の課税標準額　　敷地
固定資産税の課税標準額　　　月額賃貸料

□ ×12%+ □ ×6% ×1/12 ＝ □
（又は10%）

3　借上社宅

2 の計算賃料 □　　　　　　　　　　　　　　月額賃貸料
実際支払家賃 □ ×1/2 ｝いずれか高い方　＝ □

4　自己所有の社宅・借上社宅

家屋
固定資産税の課税標準額　　家屋の総床面積　　　敷地
固定資産税の課税標準額

□ ×2/1,000 + 12円 ×（　　㎡/3.3㎡）+ □ ×2.2/1,000

月額賃貸料

＝ □

注 1.　「小規模住宅」とは、家屋の床面積が 132㎡（木造家屋以外の場合は 99㎡）以下であるものをいう（所基通 36-41）。
　 2.　「木造家屋以外の家屋」とは、耐用年数が３０年を超える建物をいう（所基通 36-40注）。

処理検印	扱者	担当者	管理者	営業部	経理部	決裁

X
社宅家賃

を記入するとともに、「種類」欄には土地（宅地その他）・家屋（事務所・店舗・住宅等）の用途を明示する。

　また、「構造」欄には家屋の表示登記の内容を記入し、「面積」欄には家屋の床面積について共用部分を含めた面積を記入するとともに、「固定資産税課税標準額」欄には適正賃貸料の計算で必要になる土地・家屋の固定資産税課税標準額を記入する。

(2)　使用者の明示

　「〔2〕使用者」欄のうち、「新規・改訂」欄には、区分に応じた賃貸借に係る契約日を記入し、「所属」・「役職」・「氏名」欄には、それぞれ所属部課・役員ならば役職名・氏名を記入する。

(3)　社宅の区分

　「〔3〕区分」欄のうち、「種別」・「対象者」・「用途」・「構造」欄には、それぞれ賃貸物件の種別・対象者は役員又は使用人の区分、用途は住宅と住宅以外の区分、構造については木造（耐用年数が30年以下の住宅用の建物をいう）と木造以外（耐用年数が30年を超えるもの）に区分して「○」を付す。

　「面積」欄は、小規模住宅かどうかの判定に使用し、木造家屋の場合は132㎡以下、木造家屋以外では99㎡以下を小規模住宅として計算し、「所有」欄には、自社所有物件か借上物件かの区分について「○」を付すとともに、「計算方式」欄には、「〔4〕計算方式」欄から選択した番号を記入する。

(4)　計算方式への記入

　上記の「〔3〕区分」欄によって決定した組合せを税務上の取扱いに当てはめて、それぞれの月額賃貸料を計算する。

❸　上手な記入方法

(1)　「〔1〕対象物件」欄の各欄への記入

　「〔1〕対象物件」欄のうち、「賃貸期間」欄には、社宅等の賃貸借契約書に記載されている賃貸期間に基づき「2年」及び「自 X1.10.1 至 X3.9.30」と記入し、「所在地」欄には、物件ごとに土地・家屋の全部事項証明書に記載されている所在地を記入するとともに、「種類」欄には、「住宅」と記入する。

　また、「構造」欄には、家屋の全部事項証明書から「木造モルタル瓦葺2階建」

第2章　会社の営業費用項目に係る税務証拠フォーム

フォーム2－28　社宅適正賃貸料確認計算書＜記載例＞

会社名　　A株式会社	No.　　　1
事業年度 X1.4.1～X2.3.31	作成日　　X1.10.5

社宅適正賃貸料確認計算書

〔1〕対象物件 賃貸期間(2年) [自 X1.10.1 至 X3.9.30]	所在地	東京都千代田区外神田 1-2-3	固定資産税課税標準額	
	種　類	住宅	土地	15,000,000 円
	構　造	木造モルタル瓦葺　2階建		
	面　積	建物 110 ㎡	家屋	5,000,000 円

〔2〕使用者 新規　X1.10.1 改訂	所　属	営業1課
	役　職	取締役
	氏　名	甲

〔3〕区分	種　別	対象者	用　途	構　造	面　積	所　有	計算方式	
	⊙家屋	⊙役員	⊙住宅	⊙木造	⊙132㎡以上	⊙自社	4	
	⊙土地	使用人	住宅以外	木造以外	99㎡以下	借上		

〔4〕　計算方式

社宅家賃の計算

従業員社宅

1　自己所有の社宅・借上社宅

家屋 固定資産税の課税標準額 ×0.2% + 12円 ×(□ ㎡/3.3㎡) + 敷地 固定資産税の課税標準額 □ ×0.22%

月額賃貸料 ＝ □

役員社宅

小規模住宅以外

2　自己所有の社宅

家屋 固定資産税の課税標準額 □ ×12% + 敷地 固定資産税の課税標準額 □ ×6% （又は10%） ×1/12 ＝ 月額賃貸料 □

3　借上社宅

2の計算賃料 □
実際支払家賃 □ ×1/2
いずれか高い方　月額賃貸料 □

小規模住宅

4　自己所有の社宅・借上社宅

家屋 固定資産税の課税標準額 5,000,000円 ×0.2% + 12円 ×(110 ㎡/3.3㎡) + 敷地 固定資産税の課税標準額 15,000,000円 ×0.22%

月額賃貸料 ＝ 43,400 円

注 1.　「小規模住宅」とは、家屋の床面積が132㎡（木造家屋以外の場合は99㎡）以下であるものをいう（所基通 36-41）。
　　2.　「木造家屋以外の家屋」とは、耐用年数が30年を超える建物をいう（所基通 36-40注）。

処理検印	扱者	担当者	管理者	営業部	経理部	決裁

X 社宅家賃

と記入し、「**面積**」欄には、家屋の全部事項証明書から面積を「110㎡」と記入するとともに、「**固定資産税課税標準額**」欄のうち、固定資産税課税明細書から「**土地**」欄には「**15,000,000円**」・「**家屋**」欄には「**5,000,000円**」と記入する。

(2) 「〔2〕使用者」欄の各欄への記入

「〔2〕**使用者**」欄のうち、「**新規・改訂**」欄には、新規に入居していれば、新規と記入し、賃貸借契約の開始日を「X1.10.1」と記入し、「**所属**」・「**役職**」・「**氏名**」欄には、「**営業1課**」・「**取締役**」・「**甲**」と記入する。

(3) 「〔3〕区分」欄の各欄への記入

「〔3〕**区分**」欄のうち、「**種別**」欄には、家屋・土地に「○」を付し、「**対象者**」欄には、役員への貸与のため、役員に「○」を付すとともに、「**用途**」欄は住宅のため、住宅に「○」を付す。

また、「**構造**」欄には木造に「○」を付し、「**面積**」欄には、132㎡以下に「○」を付すとともに、「**所有**」欄は自社で所有している物件のため、自社に「○」を付す。

さらに、「**計算方式**」欄には、自己所有の社宅で小規模住宅に該当するため「4」と記入する。

(4) 「〔4〕計算方式」欄の各欄への記入

小規模住宅で自己所有のため、「**家屋の固定資産税の課税標準額**」欄に「**5,000,000円**」、「**家屋の総床面積**」欄に「**110㎡**」、「**敷地の固定資産税の課税標準額**」欄に「**15,000,000円**」と記入した結果として、「**月額賃貸料**」欄に「**43,400円**」と記入する。

❹ 関連税務のチェックポイント

使用者から受ける経済的利益である賃貸料については、役員と使用人とでは計算方法が区別され、次のように取り扱うこととされている。

(1) 役員社宅の賃貸料相当額の計算

使用者が役員に対して無償又は低額の賃貸料で住宅等を貸与することにより供与する経済的利益については、役員に対する賃貸料相当額とその役員から徴収している賃貸料の額との差額が給与等として課税されることになる。

使用者が役員に対して貸与した住宅等に係る通常の賃貸料の額（月額）は、その住宅等の広さに応じ、次の算式により計算した金額とされている（所基通36－40、36－41）。

① 小規模住宅等以外の住宅等の場合

　次の(イ)と(ロ)の合計額の12分の1が、月額の賃貸料相当額となる。

(イ)　$\left[\begin{array}{l}\text{その年度の家屋の固定}\\\text{資産税の課税標準額}\end{array}\right] \times 12\% \left[\begin{array}{l}\text{耐用年数30年超の}\\\text{家屋については10\%}\end{array}\right]$

(ロ)　$\left[\begin{array}{l}\text{その年度の敷地の固定}\\\text{資産税の課税標準額}\end{array}\right] \times 6\%$

　なお、その住宅等を他から借り受けた住宅等で貸与する場合には、使用者がその借上住宅等の賃借料として支払う額の50%に相当する額と上記の賃貸料相当額のうちいずれか多い金額が賃貸料相当額とされる。

② 小規模住宅等の場合

　貸与した家屋の床面積（二以上の世帯を収容する構造の家屋については、一世帯として使用する部分の床面積をいう）が132㎡（木造家屋以外の家屋については99㎡）以下であるものについては、次の(イ)と(ロ)の合計額が賃貸料相当額となる。

(イ)　$\left[\begin{array}{l}\text{その年度の家屋の固定}\\\text{資産税の課税標準額}\end{array}\right] \times 0.2\% + 12\text{円} \times \dfrac{\text{その家屋の総床面積（㎡）}}{3.3（㎡）}$

(ロ)　$\left[\begin{array}{l}\text{その年度の敷地の固定}\\\text{資産税の課税標準額}\end{array}\right] \times 0.22\%$

③ 経済的利益の有無の判定上のプール計算

　なお、単に、固定資産税の課税標準だけで計算するこの算式では、個々の社宅の新旧・地理的条件・自己所有・借上社宅の差等によって、その社宅相互間において実質的な利用価値を反映しない賃貸料が決定されるというおそれがある。

　そこで、個々の社宅について徴収する賃貸料の額を、使用者において合理的な基準で調整（いわゆるプール計算）し、これによって賃貸料を徴収している場合には、この調整後の賃貸料の額の合計額が個々の社宅につき評価した通常の賃貸料の額の合計額以上である場合には、これらの社宅のすべてについて適正な「通常の賃貸料」の額で徴収が行われているものとして取り扱うこととしている（所基通36－44）。もっとも、一部特定の者からはまったく賃貸料を徴収しないというような恣

意的な方法によってプール計算を行っているときには、この方法は認められていない。

また、そのプール計算は、役員社宅グループと使用人社宅グループとを完全に分離してプール計算をしなければならないこととされている。

(2)　使用人に貸与する社宅の通常の賃貸料の評価

使用者が使用人に対して無償又は低額の賃貸料で住宅等を貸与することにより供与する経済的利益については、使用人に対する賃貸料相当額とその使用人から徴収している賃貸料の額との差額が給与等として課税されることになる。

上記の場合には、次の①と②の合計額が賃貸料相当額となる（所基通36－45）。

①　$\left[\begin{array}{l}\text{その年度の家屋の固定}\\\text{資産税の課税標準額}\end{array}\right] \times 0.2\% + 12\text{円} \times \dfrac{\text{その家屋の延べ面積（㎡）}}{3.3（㎡）}$

②　$\left[\begin{array}{l}\text{その年度の敷地の固定}\\\text{資産税の課税標準額}\end{array}\right] \times 0.22\%$

なお、使用人から実際に徴収している賃貸料の額が、その住宅等につき上記により計算した賃貸料相当額の50％以上である場合には、その経済的利益はないものとする（所基通36－47）。

また、個々の住宅等について必ずしも賃貸料相当額の50％以上を徴収していなくても、全体（計算が困難な場合には、1カ所又は数カ所の事業所ごと）として計算した賃貸料相当額の50％以上を徴収していれば住宅等の貸与による経済的利益はないものとして取り扱うこととしている（所基通36－48）。

2　ワンポイントアドバイス

❶　賃貸料相当額の計算の留意点

適正な賃貸料を計算する場合には、次の①から④について留意する必要がある（所基通36－42）。

①　区分所有建物の床面積の場合は、共通部分の床面積も按分して加えた面積で計算する。

②　その住宅の固定資産税の課税標準が改訂された場合には、その改訂後の課税標

202

準に係る固定資産税の第1期の納期限の属する月の翌月分から、その改訂後の課
税標準額を基として計算する。

③　その住宅等が年の中途で新築された家屋のように固定資産税の課税標準額が定
められていないものである場合には、その住宅等と状況の類似する住宅等に係る
固定資産税の課税標準額に比準する価額を基として計算する。

④　その住宅等が月の中途で役員の居住の用に供されたものである場合には、その
居住の用に供された日の属する月の翌月分から、役員に対して貸与した住宅等と
して賃貸料相当額の計算をする。

❷　豪華な役員社宅の取扱い

役員に対する社宅が、社会通念上一般に貸与されている社宅と認められない、い
わゆる豪華社宅である場合は、一般の社宅の賃貸料相当額の計算によるのではなく、
周辺の家賃相場等からその社宅を第三者に貸与した場合に見込まれる賃貸料の額
（実勢価額）により計算することとされている。

いわゆる豪華社宅であるかどうかは、床面積が240㎡を超えるもののうち、取得
価額・支払賃貸料の額・内外装の状況等各種の要素を総合勘案して判定する。

なお、床面積が240㎡以下のものであっても、一般に貸与されている住宅等に設
置されていないプール等の設備や役員個人の趣味嗜好を著しく反映した設備等を有
するものについては、いわゆる豪華社宅に該当することになる。

❸　職務上の必要に基づく社宅等の貸与

使用人等に対して社宅や寮等を無償で提供している場合であっても、次のように
職務の遂行上やむを得ない必要に基づき使用者から指定された場所に居住すべきも
のが、その指定する場所に居住するために貸与を受ける家屋に係る経済的利益は課
税されないこととされている（所基通9－9）。

①　船舶乗組員に対し提供した船室

②　常時交替制により昼夜作業を継続する事業場において、その作業に従事するた
め常時早朝又は深夜に出退勤をする使用人に対し、その作業に従事させる必要上
提供した家屋又は部屋

③　通常の勤務時間外においても勤務を要することを常例とする看護師・守衛等そ
の職務の遂行上勤務場所を離れて居住することが困難な使用人に対し、その職務
に従事させる必要上提供した家屋又は部屋

④　次に掲げる家屋又は部屋

⑷　早朝又は深夜に勤務することを常例とするホテル・旅館・牛乳販売店等の住み込みの使用人に対し提供した部屋

⑵　季節的労働に従事する期間その勤務場所に住み込む使用人に対し提供した部屋

⑻　鉱山の掘採場（これに隣接して設置されている選鉱場・製錬場その他の附属設備を含む）に勤務する使用人に対し提供した家屋又は部屋

⑴　工場寄宿舎その他の寄宿舎で事業所等の構内又はこれに隣接する場所に設置されているものの部屋

XI 租税公課

1 租税公課明細書

❶ 明細書の作成目的

　法人が納付する租税公課には、国又は地方公共団体に納付する租税の他、罰金・科料・過料又は交通反則金等があり、損金の額に算入されないものは、法人税法に規定されている。したがって、規定されていない租税公課は損金の額に算入されることになる（法法38、40、41他）。

　租税公課が損金算入されるものと算入されないものに区別すると、図表2－15のようになる。

　図表2－15のように、租税公課が損金に算入されるか又は不算入になるかについては、税務上の区分が必要なため、租税公課を各税目ごとに集計し確認するための「**租税公課明細書**」（**フォーム2－29**）の作成が必要となる。

　また、過去に修正申告書を提出している場合には、本税の他延滞税の支払があるため、税務上区別して集計することが適正な課税所得金額を計算するために必要となる。

❷ 作成上のポイント

(1) 税　　目

　「税目」欄には、標準的な税目のみ表示しているため、税目は会社ごとに追加又は削除する必要がある。

(2) 年　　度

　「**年度**」欄には、決算期と「**確定**」又は「**予定**」を区別して記入する。また、修正申告等がある場合には、修正年度及び「**修正**」と記入する。

図表2-15	租税公課の取扱い	
支払先等	税　目	取扱い
国　税	法人税及び復興特別法人税	損金不算入
	地方法人税	
	所得税及び復興特別所得税（法人税等から控除又は還付されるもの）	
	延滞税・加算税、罰金等	
	所得税及び復興特別所得税（法人税等から控除しなかったもの）	損金算入
	消費税（税込経理の場合）	
	酒税	
	登録免許税	
	印紙税	
	利子税	
地方税	道府県民税・市町村民税	損金不算入
	延滞金（納期限延長に係るものを除く）	
	固定資産税・都市計画税	損金算入
	償却資産税	
	不動産取得税	
	地方消費税	
	事業所税	
	自動車税	
	延滞金（納期限延長に係るもの）	
外国税	外国法人税（外国税額控除を選択した場合の控除対象外国法人税）	損金不算入
	外国法人税（外国税額控除を選択しなかった場合）	損金算入

⑶　租税公課

　一般的な業種であれば、租税公課のみでよいが、製造業のように製造原価報告書がある場合には、販売費及び一般管理費と製造経費を区別して記入する。

　消費税については、税込経理の場合と税抜経理の場合で異なる。税込経理の場合は、会計上租税公課に計上されるため、確定分と予定分を区別して記入する。税抜経理の場合は、本税分は租税公課に計上されないため、控除対象外消費税等や消費税差額を記入する。

⑷　未収還付法人税等・未払法人税等

　「**未収還付法人税等**」欄には、予定分が年税額よりも多かった場合等の還付されるべき額として、会計上未収入金又は未収還付法人税等の科目で計上した金額を区別して記入する。

　また、「**未払法人税等**」欄には、前期の確定法人税等で期中に支払った分の未払

第２章　会社の営業費用項目に係る税務証拠フォーム

フォーム２－29　租税公課明細書

会社名 _____　　No. _____

事業年度 _____　　作成日 _____

租税公課明細書

(単位：円)

税　　目	年　度	租税公課（販管費）	租税公課（製造経費）	未収還付法人税等	未払法人税等	摘要
消　費　税						
消　費　税						
印　紙　税						
登録免許税						
固定資産税						
償却資産税						
受　取　利　息	（所得税等）					
受取配当金	（所得税等）					
法　人　税						
法　人　税						
道府県民税						
道府県民税						
事　業　税　等						
事　業　税　等						
加算税及び加算金						
延　滞　税						
交通反則金						
合　　計						

XI　租税公課

法人税等の取崩し額等を記入するもので、期末の決算時に未払法人税等として計上した金額でないことに留意する。

(5) 合計欄での照合

「**合計**」欄の金額は、租税公課であれば損益計算書・未収還付法人税等の金額は貸借対照表の金額と一致するため、租税公課明細書を作成した場合は、必ず損益計算書・貸借対照表と金額の相違がないか照合する。

また、未払法人税等の金額は、法人税申告書の別表五㈡の「納税充当金の計算」欄の取崩額の計と一致するため、租税公課明細書を作成した場合は必ず法人税申告書の別表五㈡と照合する。

❸ 上手な記入方法

(1) 「年度」欄への記入

「**年度**」欄には、前期の確定分である「**X1.3 期確定**」と当期の予定分である「**X2.3 期予定**」と記入する。

(2) 「租税公課」欄への記入

「**租税公課**」欄には、販売費及び一般管理費と製造経費の金額を元帳等から集計し、合計額を記入するが、本事例では、消費税は税込経理であるものとし、前期の確定分と予定分の金額を記入する。

印紙税・固定資産税・償却資産税等については、計上がされていない場合は他の勘定科目に計上されていないか分析する必要がある。

また、交通反則金がある場合には、本明細書に記入するとともに、税務上損金不算入となるため、法人税の課税所得金額の計算上、別表調整が必要となる。

(3) 「未収還付法人税等」欄への記入

「**未収還付法人税等**」欄には、法人税・市町村民税・道府県民税・事業税等のうち還付された金額を元帳から集計して記入する。

(4) 「未払法人税等」欄への記入

「**未払法人税等**」欄のうち、受取利息・受取配当金については、それぞれの源泉所得税等を集計して記入し、法人税・市町村民税・道府県民税・事業税等については、前期の確定分（「X1.3 期」）と当期（「X2.3 期」）の予定分のうち、未払法人税

第２章　会社の営業費用項目に係る税務証拠フォーム

フォーム２－30　租税公課明細書＜記載例＞

会社名　　Ａ株式会社　　　　　　　　　No.　　　　１
事業年度 X1.4.1～X2.3.31　　　　　　　作成日　　X2.5.25

租税公課明細書

（単位：円）

税　　目	年　度	租税公課（販管費）	租税公課（製造経費）	未収還付法人税等	未払法人税等	摘要
消　費　税	X1.3期確定	1,656,000				
消　費　税	X2.3期予定	958,500				
印　紙　税		25,600				
登録免許税		2,365,600				
固定資産税		1,565,600	235,200			
償却資産税		568,500				
受取利息	（所得税等）				52,565	
受取配当金	（所得税等）				235,620	
法　人　税	X1.3期確定				5,658,500	
法　人　税	X2.3期予定			565,600	4,565,600	
道府県民税	X1.3期確定				1,202,500	
道府県民税	X2.3期予定			356,500	856,500	
事業税等	X1.3期確定				2,556,500	
事業税等	X2.3期予定			565,500	1,895,600	
加算税及び加算金						
延　滞　税						
交通反則金		15,000				
合　　計		7,154,800	235,200	1,487,600	17,023,385	

209

等の勘定科目で取り崩している金額及び「法人税・住民税・事業税等の額」で計上した金額を記入する。

「X2.3 期予定」分の納税額は、未収還付法人税等の金額と未払法人税等の金額の合計と一致する。

❹ 関連税務のチェックポイント

(1) 不正行為等に係る費用の損金不算入

租税公課の取扱いとは別に、次に掲げるような賄賂等の額も損金の額に算入されない（法法 55 ①・②・⑤）。

① 隠ぺい仮装行為により法人税の負担を減少させ、又は減少させようとする場合の、その隠ぺい仮装行為に要する費用の額又は隠ぺい仮装行為により生ずる損失の額

② 法人が供与する刑法に規定する賄賂又は不正競争防止法 18 条 1 項（外国公務員等に対する不正の利益の供与等の禁止）に規定する金銭その他の利益に当たるべき金銭の額及び金銭以外の資産の価額並びに経済的な利益の額の合計額に相当する費用又は損失の額（その供与に要する費用の額又はその供与により生ずる損失の額を含む）

(2) 損金算入の時期

租税公課のうち損金算入が認められているものの損金算入時期は、次のように取扱いが定められている（法基通 9 − 5 − 1）。

① 申告納税方式による租税

納税申告書に記載された税額については、その納税申告書が提出された日の属する事業年度とし、更正又は決定に係る税額については当該更正又は決定があった日の属する事業年度とする。

ただし、収入金額又は棚卸資産の評価額のうちに申告期限未到来の納付すべき酒税等に相当する金額が含まれている場合又は製造原価、工事原価その他これらに準ずる原価のうちに申告期限未到来の納付すべき事業に係る事業所税もしくは地価税に相当する金額が含まれている場合において、法人がその金額を損金経理により未払金に計上したときの当該金額については、その損金経理をした事業年度とする。

② 賦課課税方式による租税

原則として賦課決定のあった日の属する事業年度とする。ただし、法人がその納付すべき税額について、その納期の開始の日（納期が分割して定められているもの

については、それぞれの納期の開始の日とする）の属する事業年度又は実際に納付した日の属する事業年度において損金経理をした場合には、その事業年度とする。

　この賦課課税方式に属する租税としては、固定資産税・不動産取得税・自動車税・都市計画税等がある。

③　特別徴収方式による租税

　特別徴収方式に係る租税としては、ゴルフ場利用税等があるが、その租税のうち納入申告書に係る税額については、その申告の日の属する事業年度とし、更正又は決定による不足税額については当該更正又は決定があった日の属する事業年度とする。

　ただし、申告期限未到来のものにつき収入金額のうち納入すべき金額が含まれている場合において、法人がその金額を損金経理により未払金に計上したときの当該金額については、その損金経理をした事業年度とする。

④　利子税及び延滞金

　法人税の利子税及び納期限が延長された場合の事業税・道府県民税及び市町村民税の延滞金は、原則として納付の日の属する事業年度とする。ただし、法人がその事業年度の期間に係る未納の金額を損金経理により未払金に計上したときのその金額については、その損金経理をした事業年度とする。

2　ワンポイントアドバイス

❶　固定資産の取得関連費用

　固定資産の取得に関連して支出する次の租税公課等は、固定資産の取得価額に含めるか損金に計上するかは法人の任意とされている（法基通7－3－3の2(1)）。

①　不動産取得税又は自動車取得税

②　特別土地保有税のうち土地の取得に対して課されるもの

③　新増設に係る事業所税

④　登録免許税その他登記又は登録のために要する費用

　上記の費用はいずれも、固定資産の取得に関連して納付するものであるが、これらの費用は一種の事後費用である上、その性格も流通税的なものないしは第三者対抗要件を具備するための費用であって、必ずしも固定資産の取得原価そのものとはいい切れない面がある。そこで、これらの租税公課等を取得価額に算入するかどうかかは法人の判断に任せることとされている。

❷ 未経過固定資産税

　不動産売買の際に、売買当事者の合意に基づき固定資産税・都市計画税の未経過分を売主と買主が精算する場合におけるその精算金は、地方公共団体に対して納付すべき固定資産税そのものではなく、私人間で行う利益調整のための金銭の精算であり、不動産の譲渡対価の一部を構成するものとして取り扱われる。

　したがって、買主側においては、取得価額に算入し、売主側においては売却価額に算入する必要がある。

XII 貸倒引当金（一括評価）

1 実質的に債権とみられないものの額の明細書

❶ 明細書の作成目的

(1) 貸倒引当金繰入額の損金算入

　一定の法人が、その有する金銭債権の一部につき、貸倒れその他これらに類する事由による損失の見込額として、損金経理により貸倒引当金勘定に繰り入れた金額のうち、「個別評価金銭債権に係る貸倒引当金繰入額」及び「一括評価金銭債権に係る貸倒引当金繰入額」の、損金算入限度額に達するまでの金額は、その事業年度の損金の額に算入される（法法52①）。

　なお、本稿においては、上記の2種類の繰入額のうち、「一括評価金銭債権に係る貸倒引当金繰入額」について記述する（「個別評価金銭債権に係る貸倒引当金繰入額」は、**第3章III**貸倒引当金（個別評価）を参照）。

(2) 一括評価金銭債権に係る貸倒引当金繰入額

① 貸倒実績率による計算

　「一括評価金銭債権に係る貸倒引当金繰入限度額」は、期末の売掛金・貸付金その他これらに準ずる金銭債権の帳簿価額の合計額に貸倒実績率を乗じて計算する（法法52②、法令96⑥）。

　一括評価金銭債権に係る貸倒引当金の繰入限度額は、次のように計算する。

> 繰入限度額 ＝ 期末一括評価金銭債権の帳簿価額の合計額 × 貸倒実績率

　なお、上記の貸倒実績率とは、次の算式により計算した率となる（小数点以下4位未満切上げ）。

$$\frac{\left(\begin{array}{l}\text{その事業年度開始の日前3年以内に開始した}\\\text{各事業年度の売掛債権等の貸倒損失の額}\\\text{＋個別評価貸倒引当金の繰入額の損金算入額}\\\text{－個別評価貸倒引当金の戻入額の益金算入額}\end{array}\right) \times \dfrac{12}{\begin{array}{c}\text{左の各事業年度の}\\\text{月数の合計}\end{array}}}{\left(\begin{array}{l}\text{その事業年度開始の日前3年以内に開}\\\text{始した各事業年度終了の時における一}\\\text{括評価金銭債権の帳簿価額の合計額}\end{array}\right) \div \text{左の各事業年度の数}}$$

(注1) 月数は、暦に従って計算し、1月に満たない端数は1月とする（法令96⑦）。

(注2) 分子の個別評価貸倒引当金の繰入額の損金算入額とは、その各事業年度で損金の額に算入された貸倒引当金勘定の金額のうち、個別評価貸倒引当金の繰入限度額（売掛債権等に係る金額に限る）に達するまでの金額をいう。

(注3) 分子の個別評価貸倒引当金の戻入額の益金算入額とは、その各事業年度で益金の額に算入された貸倒引当金勘定の金額のうち、その各事業年度の個別評価貸倒引当金の戻入額（その各事業年度において、貸倒損失の額が生じた売掛債権等又は個別貸倒引当金の対象とされた売掛債権等に係るものに限る）に達するまでの金額をいう。

② 法定繰入率による計算

一定の中小法人等については、上記①の貸倒実績率による計算に代えて、法定繰入率による計算の選択適用が認められている（措法57の9①）。

(イ) 繰入限度額の計算

法定繰入率による繰入限度額は、次のように計算する。

$$\text{繰入限度額} = \left(\begin{array}{l}\text{期末一括評価金銭}\\\text{債権の帳簿価額}\end{array} - \begin{array}{l}\text{実質的に債権と}\\\text{みられないものの額}\end{array}\right) \times \text{法定繰入率}$$

(ロ) 法定繰入率

法定繰入率は、その法人の業種により図表2－16のように定められている。

図表2－16 法定繰入率

卸売及び小売 （飲食店業及び料理店業を含む）	製造業	金融及び保険業	割賦販売小売業及び包括・個別信用購入あっせん業	その他
$\dfrac{10}{1,000}$	$\dfrac{8}{1,000}$	$\dfrac{3}{1,000}$	$\dfrac{13}{1,000}$	$\dfrac{6}{1,000}$

(ハ) 実質的に債権とみられないものの額

実質的に債権とみられないものの額は、次の原則法と簡便法の2つの計算方法による選択適用が認められている。

ⓐ 原則法

　原則法とは、債務者に対する債権の額と、同一債務者から受け入れた金額とが相殺適状にあるものだけでなく、債務の相殺的性格をもっているもの、債務者と相互に融資しているもの等を含んだところで、債務者ごとに判定して計算する方法である。

　債権等と相殺できる債務等を対比させてみると図表2－17のようになり、実質的に債権とみられないものの額は、この表における同一人に対する債権等の合計額と債務等の合計額のいずれか少ない金額の合計額として計算される（法基通11－2－9）。

図表2－17　実質的に債権とみられないものの額

債　権　等	債　務　等
売掛金又は受取手形	買掛金又は支払手形
売掛金又は受取手形	買掛金支払のため他から取得した受取手形の裏書譲渡
売掛金	受入営業保証金
売掛金	借入金
完成工事未収金	未成工事受入金
貸付金	買掛金
使用人貸付金	その使用人からの預り金
融通手形である受取手形	見合計上借入金又は振出手形である支払手形
未収地代家賃	預り敷金

ⓑ 簡便法

　原則法は、その計算がきわめて煩雑であるため、次のような算式による簡便計算も認められる（措令33の7③）。

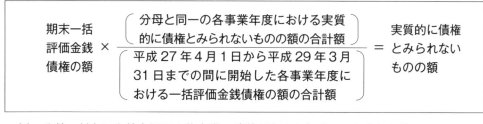

（注）　分数の割合に小数点以下3位未満の端数があるときは、これを切り捨てる。

　上記の計算のように一括評価金銭債権に係る貸倒引当金の計算において注意を要するのは、実質的に債権とみられないものの額である。

　実質的に債権とみられないものの額は、同一人に対する債権と債務で相殺適状にあるものなどを集計する必要があり、煩雑で見落としやすいため、実質的

に債権とみられないものの額の明細書を作成して管理する必要がある。

「**実質的に債権とみられないものの額の明細書**」（フォーム２－31）は、貸倒引当金の計算の根拠資料として保存することにより、税務調査の際の説明資料として利用することができる。

❷ 作成上のポイント

(1) 取引先名

「取引先名」欄には、売掛金等の債権を有している取引先の氏名・名称を記入するが、債務のみである取引先については記入しない。

(2) 債権の額

「〔1〕**債権の額（A）**」欄には、取引先ごとの「**売掛金**」・「**受取手形**」・「**未収入金**」・「**貸付金**」の区分に応じた金額を記入し、「**その他**」欄には、立替金・損害賠償金・保証債務を履行した場合の求償権等の金額を記入する。

(3) 債務の額

「〔2〕**債務の額（B）**」欄には、「**買掛金**」・「**支払手形**」・「**未払金**」の区分に応じた金額を記入し、「**その他**」欄には、預り金・敷金・保証金等の金額を記入する。

(4) 債権の額と債務の額の比較

「〔3〕**（A）と（B）のいずれか少ない金額**」欄には、「〔1〕**債権の額（A）**」欄の合計額と「〔2〕**債務の額（B）**」欄の合計額とのいずれか少ない金額を記入するが、債務の金額がない場合は0を記入する。

(5) 合計欄の照合

「〔1〕**債権の額（A）**」欄と「〔2〕**債務の額（B）**」欄について、各科目の合計額を記入するが、「〔1〕**債権の額（A）**」欄の各科目の合計額は貸借対照表の金額と一致しなければならないため、必ず照合する。

(6) 実質的に債権とみられないものの額

「〔4〕**実質的に債権とみられないものの額**」欄には、「〔3〕**（A）と（B）のいずれか少ない金額**」欄の金額の合計を記入する。

この金額が、期末一括評価金銭債権の帳簿価額から控除する金額になり、法人税

216

第２章　会社の営業費用項目に係る税務証拠フォーム

フォーム２−３１　実質的に債権とみられないものの額の明細書

会社名 ＿＿＿＿＿＿＿＿
事業年度 ＿＿＿＿＿＿＿＿

No. ＿＿＿＿＿＿
作成日 ＿＿＿＿＿＿

実質的に債権とみられないものの額の明細書

（単位：円）

取引先名	(1) 債権の額 (A)						(2) 債務の額 (B)					(3) (A)と(B)のいずれか少ない金額
	売掛金	受取手形	未収入金	貸付金	その他	計	買掛金	支払手形	未払金	その他	計	
合計												

(4) 実質的に債権とみられないものの額

XI　貸倒引当金（一括評価）

申告書の別表十一（一の二）一括評価金銭債権に係る貸倒引当金の損金算入に関する明細書の「25」欄に転記する。

❸ 上手な記入方法

⑴ 「取引先名」欄への記入

「取引先名」欄には、「B㈱」から「甲」までを記入する。

⑵ 「〔1〕債権の額（A）」欄の各欄への記入

「〔1〕債権の額（A）」欄には、「売掛金」・「受取手形」・「未収入金」・「貸付金」を内訳明細書等から各取引先ごとに記入し、「その他」欄には、本事例では、個人事業主甲に対して立替金があるため、立替金の金額「500,000」を記入する。

⑶ 「〔2〕債務の額（B）」欄の各欄への記入

「〔2〕債務の額（B）」欄には、「買掛金」・「支払手形」・「未払金」を内訳明細書等から各取引先ごとに記入し、「その他」欄には、本事例では、D㈱に係る保証金の金額「500,000」を記入する。

⑷ 「〔3〕（A）と（B）のいずれか少ない金額」欄への記入

「〔3〕（A）と（B）のいずれか少ない金額」欄には、次のように（A）と（B）の金額を比較して少ない金額を記入する。

① B㈱　債権の額計　1,500,000円 ＜ 債務の額計　2,500,000円
　　∴ 1,500,000円
② C㈱　債権の額計　　800,000円 ＞ 債務の額計　　525,000円
　　∴　525,000円
③ D㈱　債権の額計　25,000,000円 ＞ 債務の額計　3,500,000円
　　∴ 3,500,000円
④ E㈱　債権の額計　7,000,000円 ＞ 債務の額計　　　　0円
　　∴　　　　0円
⑤ 甲　　債権の額計　　500,000円 ＞ 債務の額計　　300,000円
　　∴　300,000円

⑸ 「〔4〕実質的に債権とみられないものの額」欄への記入

「〔4〕実質的に債権とみられないものの額」欄には、「B㈱」から「甲」までの

218

第2章　会社の営業費用項目に係る税務証拠フォーム

フォーム2−32　実質的に債権とみられないものの額の明細書＜記載例＞

会社名　A㈱
事業年度　X1.4.1～X2.3.31

No.　1
作成日　X2.4.28

実質的に債権とみられないものの額の明細書

（単位：円）

取引先名	(1) 債権の額 (A)						(2) 債務の額 (B)					(3) (A)と(B)のいずれか少ない金額
	売掛金	受取手形	未収入金	貸付金	その他	計	買掛金	支払手形	未払金	その他	計	
B㈱	1,000,000	500,000				1,500,000	1,000,000	1,500,000			2,500,000	1,500,000
C㈱		300,000	500,000			800,000	525,000				525,000	525,000
D㈱				25,000,000		25,000,000			3,000,000	500,000	3,500,000	3,500,000
E㈱	5,000,000		2,000,000			7,000,000					0	0
甲					500,000	500,000			300,000		300,000	300,000
合計	6,000,000	2,800,000	500,000	25,000,000	500,000	34,800,000	1,525,000	1,500,000	3,300,000	500,000	6,825,000	5,825,000

(4) 実質的に債権とみられないものの額　5,825,000

IX　貸倒引当金（一括評価）

合計額「5,825,000」を記入し、その金額を法人税申告書の別表十一（一の二）の 25 欄に転記する。

❹ 関連税務のチェックポイント

(1) 一括評価金銭債権の範囲

　一括評価金銭債権とは、売掛金・貸付金その他これらに準ずる金銭債権で、個別評価金銭債権を除いたものをいう。なお、その他これらに準ずる金銭債権には、次のような債権が含まれる（法基通 11 − 2 − 16、11 − 2 − 18、11 − 2 − 20）。

① 未収の譲渡代金・未収加工料・未収請負金・未収手数料・未収保管料・未収地代家賃等又は貸付金の未収利子で、益金の額に算入されたもの

② 他人のために立替払をした場合の立替金

③ 未収の損害賠償金で益金に算入されたもの

④ 保証債務を履行した場合の求償権

⑤ 金銭債権に含めている場合の先日付小切手

(2) 売掛債権に該当しないもの

　次のような債権は、売掛債権に該当しない。

① 預貯金及びその未収利子・公社債の未収利子、未収配当その他これらに類する債権

② 保証金・敷金（借地権、借家権等の取得等に関連して無利息又は低利率で提供した建設協力金等を含む）、預け金その他これらに類する債権

③ 手付金・前渡金等のように資産の取得の代価又は費用の支出に充てるものとして支出した金額

④ 前払給料・概算払旅費・前渡交際費等のように将来精算される費用の前払として一時的に仮払金・立替金等として経理されている金額

⑤ 金融機関における他店為替貸借の決済取引に伴う未決済為替貸勘定の金額

⑥ 証券会社又は証券金融会社に対し、借株の担保として差し入れた信用取引に係る株式の売却代金に相当する金額

⑦ 雇用保険法・雇用対策法・障害者の雇用の促進等に関する法律等の法令の規定に基づき交付を受ける給付金等の未収金

⑧ 仕入割戻しの未収金

⑨ 保険会社における代理店貸勘定（外国代理店貸勘定を含む）の金額

⑩ 法人税法 61 条の 5 第 1 項《デリバティブ取引に係る利益相当額の益金算入等》

第2章　会社の営業費用項目に係る税務証拠フォーム

に規定する未決済デリバティブ取引に係る差金勘定等の金額

⑪　法人がいわゆる特定目的会社（SPC）を用いて売掛債権等の証券化を行った場合において、当該特定目的会社の発行する証券等のうち当該法人が保有することとなったもの

なお、仮払金等として計上されている金額については、その実質的な内容に応じて売掛債権等に該当するかどうかを判定することに留意する。

2　ワンポイントアドバイス

❶　中小法人等の特例

平成23年度12月改正によって、貸倒引当金の繰入れ適用法人が、次の法人に限定されることになった（措法57の9①）。

(1)　事業年度終了時点で次に掲げる中小法人等（その法人が連結子法人である場合には、連結親法人が次に掲げる法人に該当する場合に限る）

①　普通法人のうち、資本金の額若しくは出資金の額が1億円以下であるもの（相互会社等、相互会社等の100％子法人及び資本金の額又は出資金の額が5億円以下の法人の100％子法人等を除く）又は資本若しくは出資金を有しないもの

②　公益法人等又は協同組合等

③　人格のない社団等

　(注)　平成29年度改正により、平成31年4月1日以後に開始する事業年度から、前3事業年度の平均所得金額が年15億円を超える事業年度については、中小法人であっても、「適用除外事業者」として法定繰入率等の適用ができなくなった。

(2)　一定の法人

①　銀行法2条1項に規定する銀行

②　保険業法2条2項に規定する保険会社

③　法人税法施行令96条4項に規定する内国法人（証券会社等）

④　ファイナンスリース取引に係るリース債権を有する法人その他金融取引に係る金銭債権を有する法人（法令96⑤に規定する内国法人）

XII　貸倒引当金（一括評価）

221

❷ 繰入限度額の割増特例

　公益法人等又は協同組合等については、平成29年4月1日から平成31年3月31日までの間に開始する事業年度における一括評価金銭債権に係る貸倒引当金の繰入限度額は、特例として対象額の110%に相当する金額とすることができる（措法57の9③)。

XIII 福利厚生費その他の費用

1 厚生行事計画・実施費用明細書

❶ 明細書の作成目的

　会社が事業を遂行していくためには、経営の維持・発展が必要とされ、企業は利益追求の活動を進めるとともに、その稼得した利益の一部を関係者に配分する。

　その利益還元の目的は、現在の稼得利益をもって将来の予定利益の確保を図ろうとするものであり、その還元する方法としては事業の動向を勘案して、次のいずれかに重点をおいて配分するようになると思われる。

① 対物的利益還元

　(イ) 設備投資

　(ロ) 研究開発

② 対人的利益還元

　(イ) 取引先

　(ロ) 社内従業員

　　このうち、社内従業員に利益還元をする方法としては、さらに次のような区分がされると思われる。

　　ⓐ 平均給与の増額

　　ⓑ 経常賞与の増額

　　ⓒ 臨時業績賞与の支給

　　ⓓ 退職給与引当額の拡充

　　ⓔ 現物給与の拡充

　　ⓕ 福利厚生計画の拡大

　これらは、金銭支給による給与等の増大による還元と、現物支給による福利厚生等の拡充による還元とに大別され、この福利厚生等による利益還元は、どの企業においても必要に応じ実施されている。

223

しかし、目的を逸脱した過剰な実施が行われ、税務上、その支出に対する損金性が問題となったり、受益者個人に対する源泉所得税の課税問題になる事例も少なくない。

このため、企業が実施する福利厚生計画が節度ある適正なものとして催されることを目的とした内容明細をチェックする資料が必要となる。

「**厚生行事計画・実施費用明細書**」（フォーム２－33）は、このような適正な福利厚生計画のために、あらかじめ、その計画段階において内容を検討し、実施後もその結果や効果等につき報告がなされる目的で作成される文書である。

なお、本明細書は、計画の規模の大小に関係なく、およそ従業員の福利厚生等のため会社負担費用が生じる場合に作成が必要となり、福利厚生に関する行事計画等が、企業活動にとって必要あるもので、しかも十分その効果が期待できて、会社が負担する費用が適正なものであることが判断できるようなフォームであることが、作成の要件であるといえる。

そして、その記入内容により、行事等による会社費用の負担が、税務上、損金として処理できることと、参加従業員等に「経済的利益」が与えられたとされ、源泉所得税の課税がされることのない内容であることのチェックが可能である様式が望ましいといえる。

❷　作成上のポイント

⑴　行事計画内容の明示

「〔１〕**行事計画内容**」欄のうち、「**行事内容・目的**」・「**予定日時・場所**」・「**参加対象**」・「**行事担当者**」欄には、その行事内容・目的を記入し、予定日時・場所については、日程・行先・天候による順延等の記入をする。そして、参加対象の部署・資格・男女別・義務参加か自由参加かなどの内容と行事担当者も記入する。

⑵　実施費用

「〔２〕**実施費用**」欄のうち、「**予算金額**」・「**内訳**」欄には、予算金額につき各細目別の費用総額を記入して合計を算出し、予算額等の規定・基準があれば、その金額の比較を記入し、「**負担者別の負担額**」欄には、費用の負担について、従業員負担分と会社負担分を記入して１人当たりの平均費用も算出しておく。

なお、これらの費用については、別紙明細書・費用見積書等を添付書面として活用する。

また、「**課税関係**」欄には、会社負担費用の損金処理と従業員個人の源泉課税等

224

第2章　会社の営業費用項目に係る税務証拠フォーム

フォーム2-33　厚生行事計画・実施費用明細書

会社名 _____　　No. _____
事業年度 _____　　作成日 _____

厚生行事計画・実施費用明細書

〔1〕　行事計画内容						
1　行事内容・目的						
2　予定日時・場所						
3　参加対象						
4　行事担当者						
〔2〕　実施費用						
1　予算金額						
2　内　　訳	行事費用	交通費	宿泊費	飲食費	その他	計
3　負担者別の負担額	個人負担	(1人平均)	会社負担	(1人平均)	合計	(1人平均)
4　課税関係						
〔3〕　実施結果						
1　開始日時等						
2　参加人員						
3　費用明細						
（　　　　　）						
（　　　　　）						
（　　　　　）						
（　　　　　）						
（　　　　　）						
（　　　　　）						
4　予算外支出						
事　　由						
〔4〕　効果等						

処理検印	扱者	担当者	管理者	経理部	決裁

XIII　福利厚生費その他の費用

を検討し、必要であれば、課税上の根拠などの資料を添付する。

(3) 実施結果

「〔3〕実施結果」欄のうち、「**開始日時等**」・「**参加人員**」欄には、開催日時等の記入、参加人数と内訳等を記入し、行事内容に関する実施費用の明細を記入する。

「**費用明細**」欄には、「〔2〕実施費用」欄の内訳区分で記入する方法や負担者別区分・日時別支出区分等があるため、会社に適した合理的な区分で記入し、「**予算外支出事由**」欄には、予算と実績との費用の相違がある場合には、その相違の理由を記入する。

(4) 効 果 等

「〔4〕効果等」欄には、この厚生行事計画が実施されたことによって得られた効果について具体的に記入するが、反省点等についても書き添えておく。

❸ 上手な記入方法

(1) 「〔1〕行事計画内容」欄の各欄への記入

「〔1〕行事計画内容」欄のうち、「**行事内容・目的**」欄には、その行事内容であるボウリング大会の名称を記入し、その目的も簡潔に記入する。

「**予定日時・場所**」欄には、日程・行先を駅名まで記入し、当日の天候に備え順延等の場合についても記入する。本事例は室内であるため、順延がないことから特に記入を要しない。

また、「**参加対象**」欄には、全従業員を対象としていることから「**従業員全員**」と記入し、「**行事担当者**」欄には、担当部署「**総務部**」・担当者「**上野太郎**」と記入する。

(2) 「〔2〕実施費用」欄の各欄への記入

「〔2〕実施費用」欄のうち、「**予算金額**」欄には、参加人数は当日などのキャンセルで増減する可能性があるため、現在の参加人数で記入する。当初は 50 名が参加予定のため、合計額の「**250,000 円（50 名予定）**」と記入する。

「**内訳**」欄には、ボウリング大会の費用「**75,000 円**」と懇親会の費用「**175,000円**」を区分して記入し、「**負担者別の負担額**」欄には、個人負担（0 円）・会社負担「**250,000 円**」及び 1 人平均「**5,000 円**」を記入する。

また、「**課税関係**」欄には、費用の金額が 1 人当たり 5,000 円以下と社会通念上

第2章　会社の営業費用項目に係る税務証拠フォーム

フォーム2-34　厚生行事計画・実施費用明細書＜記載例＞

会社名　　A株式会社
事業年度　X1.4.1～X2.3.31

No.　　　　5
作成日　　X1.9.3

厚生行事計画・実施費用明細書

〔1〕　行事計画内容	
1　行事内容・目的	1　第5回ボウリング大会、懇親会　従業員間のコミュニケーションの活性化を図る
2　予定日時・場所	2　X1年9月7日（金）　　18時～　上野ボウリング場（○○駅） 　　　　　　　　　　　　20時～　上野酒場（○○駅）
3　参加対象	3　従業員全員
4　行事担当者	4　総務部　上野太郎

〔2〕　実施費用						
1　予算金額	250,000円（50名予定）					
2　内　　訳	行事費用	交通費	宿泊費	飲食費	その他	計
	75,000円			175,000円		250,000円
3　負担者別の負担額	個人負担	（1人平均）	会社負担	（1人平均）	合計	（1人平均）
			250,000円	5,000円	250,000円	5,000円
4　課税関係	福利厚生費として損金処理					

〔3〕　実施結果	
1　開始日時等	1　X1年9月7日（金）18時からボウリング大会、20時から懇親会を実施
2　参加人員	2　48名参加（男性30名、女性18名）
3　費用明細	
（行事費用）	ボウリング大会　　72,000円　（48名×@1,500円）
（飲食費）	懇親会　　　　　　168,000円　（48名×@3,500円）
（　　　）	合　計　　　　　　240,000円
（　　　）	
（　　　）	
（　　　）	
4　予算外支出事　　由	4　当日体調不良により2名キャンセル
〔4〕　効果等	従業員の部門間の交流ができたことで社員のモチベーションの向上が期待できる。 反省点として、今後はボウリング会場から懇親会までの誘導をスムーズにできるようにすることが挙げられる。

処理検印	扱者	担当者	管理者	経理部	決裁

XⅢ　福利厚生費その他の費用

相当な範囲であることから、福利厚生費として全額損金に計上することができるため、その旨を記入する。

(3) 「〔3〕実施結果」欄の各欄への記入

「〔3〕実施結果」欄のうち、「**開始日時等**」欄には、実際に開催した日時等を記入し、「**参加人数**」欄には、実際に参加した「**48名**」を記入する。

「**費用明細**」欄には、当日参加した48名で計算した実績の費用の合計「240,000円」と記入し、ボウリング大会と懇親会の内訳も記入する。

また、「**予算外支出事由**」欄には、当日「2名キャンセル」により予算より費用が少なくなったことから、その理由を記入する。

(4) 「〔4〕効果等」欄への記入

参加した従業員からヒアリングを行い、簡潔に記入する。反省点があれば、今後の厚生行事計画で改善が期待できるため、詳細に記入する。

❹　関連税務のチェックポイント

福利厚生費に関する税務上の関連事項としては、その費用の支出が人的経費であるために「給与等」の支給に該当すれば源泉所得税の課税関係が生じ、給与等に該当しなくても「交際費等」・「寄附金」に該当すれば、損金算入の限度計算の対象になるなどの点がある。

また、本来の「福利厚生費」としての区分の該当性も検討する必要があるため、「給与等」と関連費用の区分を確認しなければならない。

(1)　給与等その他関連費用

① 　給与等と交際費等の区分

交際費等の支出の相手方には法人の役員及び使用人も含まれる（措通61の4(1)−22）ことから、役員又は使用人に対する接待・慰安等のために支出した金額のうち労務の対価としての性格を有するものは給与等として取り扱われる。この給与等と交際費等との区分は、個々の支出の目的等その内容により判断することになるが、次のようなものは、給与等の性格を有するため交際費等に含まれない。

(イ)　常時供与される昼食等の費用

(ロ)　自社の製品・商品等を原価以下で販売した場合の原価に達するまでの費用

(ハ)　機密費・接待費・交際費・旅費等の名義で支給した金額でその費途が不明で

あるもの又は法人の業務に関係がないと認められるもの

② 給与等と寄附金の区分

寄附金とは、寄附金・拠出金・見舞金その他いずれの名義をもってするかを問わず金銭その他の資産又は経済的利益の贈与又は無償の供与をいうこととされている（法法37⑦・⑧）。すなわち、任意に行われる反対給付のない財産の出捐ということができる。

したがって、役員又は使用人に対して金品を贈与したり、役員又は使用人の負担すべき寄附金を法人が負担した場合には、反対給付のない出捐ではなく、その者が法人の役員又は使用人であるがゆえに贈与し又は負担するものと認められるから、寄附金の支出としてではなく、その役員又は使用人に対して給与を支給したものとして取り扱われることとなる（法基通9－2－9）。

このような場合には、法人が寄附金として支出したときであってもその役員又は使用人に対して給与（原則として賞与）を支給したものとして取り扱い、法人の寄附金には含めないこととされる。

なお、法人が役員又は使用人の個人的費用（寄附金）を負担した場合には、その役員等に給与を支給したものとして、所得税の源泉徴収が必要となる。

③ 給与等と福利厚生費等の区分

使用人が使用人たる地位に基づいて使用者から受ける経済的利益については、原則として給与所得の収入金額に含まれるものと考えられているが、その範囲はきわめて広く、これを例示すると、次のような利益が上げられる（所基通36－15）。

- ㈀ 物品その他の資産の譲渡を無償又は低い対価で受けた場合におけるその資産のその時における価額又はその価額とその対価の額との差額に相当する利益
- ㈁ 土地・家屋その他の資産（金銭を除く）の貸与を無償又は低い対価で受けた場合における通常支払うべき対価の額又はその通常支払うべき対価の額で実際に支払う対価との差額に相当する利益
- ㈂ 金銭の貸付け又は提供を無利息又は通常の利率よりも低い利率で受けた場合における通常の利率により計算した利息の額又はその通常の利率により計算した利息の額と実際に支払う利息の額との差額に相当する利益
- ㈃ ㈁及び㈂以外の用役の提供を無償又は低い対価で受けた場合におけるその用役について通常支払うべき対価の額又はその通常支払うべき対価の額と実際に支払う対価の額との差額に相当する利益
- ㈄ 債務の免除を受けた場合におけるその免除を受けた金額又は自己の債務を他人が負担した場合における当該負担した金額に相当する利益

これらの給与等に係る経済的利益については、その内容によって、それが、ⓐ受

給者の職務の遂行に欠くことのできないもので主として使用者の業務遂行の必要から支給されるものである場合、ⓑその利益の程度がきわめて少額である場合、ⓒ受給者にとって選択の余地がない場合、ⓓ給与として課税するにしてはその評価が困難である場合、ⓔ主として政策的な判断により課税しないことが相当である場合などその事情等によりいくつかの課税上の特例が設けられている。

そしてその内容は、まったく課税しないこととするもの、一定の基準を超える場合に限って課税するもの、課税するとしても、一定の基準によって評価した金額を課税するものなどその経済的利益の実態に応じ、取扱いを異にしている。

このような経済的利益に対する所得税の取扱いについては、所得税法や租税特別措置法に定めているものもあるが、実際には、所得税基本通達による取扱いが大きなウエイトを占めているので、それぞれの経済的利益に応じた実務上の取扱いに注意することが必要になる。

なお、法人税の取扱いにおいては、所得税が課税されない経済的利益については、法人が給与として経理しない限り、福利厚生費として取り扱われる。

(2) 福利厚生費等として計上できる費用

① 経済的利益であるが所得税が課税されないもの

(イ) 永年勤続者（おおむね勤続年数10年以上の者）が支給を受ける表彰記念品又は旅行等への招待費用（金銭で支給したときは課税されることに留意する）が必要）（所基通36－21）

(ロ) 創業何周年・増資・竣工・合併等の記念品（処分見込価額が、1万円以下のもの。創業何周年記念はおおむね5年以上の間隔をおくこと）（所基通36－22）

(ハ) 自社製商品の値引販売（法人が取得価額以上の価額で販売すること。かつ、値引率が著しく大きくなく（おおむね30％以内）、値引率に勤続年数等に応ずる格差があるときは、合理的なバランスがあること。値引購入した商品は購入者の家事消費のためのものであること（所基通36－23）

(ニ) 残業、宿日直者に支給する食事（所基通36－24）

(ホ) 役員又は使用人が負担すべき社会保険料、役員又は使用人を保険金受取人とする生命（損害）保険契約に基づく保険料で、月割額で一定額以下のもの（役員のみを対象とするものを除く）（所基通36－31の2）

(ヘ) 災害疾病等の場合の貸付金利子（所基通36－28）

(ト) 法人の営む事業に属する用役の無償提供又は福利厚生施設を利用することによる利益（所基通36－29）

第2章　会社の営業費用項目に係る税務証拠フォーム

　(チ)　法人が支給する食事について、その食事の価額の半額以上を役員又は使用人
　　から徴収しており、かつ食事の価額と徴収額との差額が一定の金額以下のとき
　　（所基通36－38の2）

②　所得税法で非課税所得として規定されているもの

　(イ)　出張者の出張旅費及び転任者・就職者の赴任旅費並びに退職者の帰郷旅費
　　（所法9①四）

　(ロ)　通勤手当のうち、一定金額までのもの（所法9①五、所令20の2）

　(ハ)　職務の性質上制服を着用しなければならない者が支給を受ける制服等（所法
　　9①六、所令21）

　(ニ)　国外勤務者の受ける在外手当（所法9①七、所令22）

(3)　交際費等との関係

　交際費等の税務上の取扱いでは、法人企業が冗費を節約して自己資本を充実し企業体質の強化を図るという政策的見地等から、その支出額について、損金に算入しないなどの措置がとられている。

　そして、税法上の交際費等の範囲は、社会通念上の交際費の概念より幅広く定められており、基本的には次のような考え方になっている（措法61の4）。

図表2－18　交際費等の範囲

費　目	相手方	目　的
交際費	得意先・仕入先その他事業に関係ある者等(注)	接待・供応・慰安・贈答、その他これらに類する行為のために支出する費用
接待費		
機密費		
その他の費用		

　(注)　「得意先、仕入先その他事業に関係ある者」等には、その法人の営む事業に取引関係のある者だけでなく間接的にその法人の利害に関係ある者及びその法人の役員、従業員、株主等も含まれることに注意する必要がある（措通61の4(1)－22）。

①　その費用が「寄附金」に該当すると、法人税法上では、法人が支出する寄附金のうち、原則として一定額を超える部分の金額は損金の額に算入されない。また、この法人税法上の寄附金とは、法人が行った金銭その他の資産の贈与又は経済的な利益の無償の供与等をいうので社会通念上の寄附金の概念よりもその範囲は広くなっている（法法37⑦・⑧）。

XIII　福利厚生費その他の費用

図表2−19	寄附金の取扱い	
取引形態		寄附金の額
寄附金、拠出金、見舞金その他いずれの名義をもってするかを問わず、金銭その他の資産又は経済的利益の額	贈与、無償の供与	贈与又は供与時の時価で評価した額
	低額譲渡	譲渡時の時価と譲渡価額との差額

② 会社の負担費用が、その厚生行事の参加者の受益分が「給与等」として取り扱われ、課税される場合がある。

すなわち、所得税法では、各種所得の収入金額には、金銭による収入のほか、「物又は権利その他経済的な利益」、いわゆる経済的利益についても収入金額に含まれることとされ、その経済的利益については、「当該物若しくは権利を取得し、又は当該利益を享受する時における価額」をもって収入金額とすることが規定されている（所法36）。

(4) 交際費等とされないもの

社内の行事に際して支出される金額等で、次のようなものは交際費等には含まれないものとされている（措通61の4(1)−10）。

① 創立記念日、国民祝日、新社屋の落成式等に際して従業員におおむね一律に社内において供与する通常の飲食に要する費用

② 従業員（従業員であった者を含む）又はその親族等の慶弔、禍福に際して一定の基準に従って支給する金品に要する費用

③ 社外で行う場合であっても、飲食に要する費用の程度が社内で行う場合と同程度のものであるときには、従業員を対象とするものである限り、その費用は福利厚生費として取り扱われる。

2 旅費日当等精算書

❶ 精算書の作成目的

一般的に、外部取引先との営業活動による収入・支出に関する「証明資料」は、客観的に存在している。これに対し、企業内における会社と役員あるいは従業員等の構成員との金銭等の取引には、「証明資料」が作成されているが、いわば、内部取引であるからその証明力が若干弱いといえる。

第2章　会社の営業費用項目に係る税務証拠フォーム

このため、その「証明力」を補強するために、各種の「説明資料」を作成する必要がある。旅費日当等の出張関係費用は、各種交通機関の利用方法が多様になったことや、運賃等の値上りがあるため、会社にとってその負担額は、年々、増加傾向にある。

営業経費のうち、比較的大きな金額を占める勘定科目で、その支出の証明資料が不足するものには、特に説明資料の作成による証明力補強が必要である。

作成資料は、会社の販売費・一般管理費の支出に関する経理関係の社内文書として機能し、内部経理処理の管理上必要であること、すなわち、その費用支出の内部統制文書としての役割があり、さらに、社内監査や外部監査、あるいは、税務調査の際には、必ず必要となる文書である。

また、旅費等の精算に関する文書は、金銭の支出管理のほか、社用外出の業務管理面にも関連して、その外出・出張届出書の役割も有しているといえる。

これらの機能を目的とする文書として設定されるのが「旅費日当等精算書」であるが、その主たる目的は、旅費交通費には、「領収証」がないものが存在することもあるため、その支出金額の妥当性と外出・出張の行動を確認できることが重要である。

この文書の目的機能をまとめると、次のように、社内文書の中でもその重要性はきわめて大きい経理文書であり、税務証拠資料としても重要度は高いといえる。

① 旅費・日当等の支出金額の証明
② 外出・出張の事実、実績の説明資料
③ 旅費交通費等の支出の内部管理
④ 旅費交通費等の節約と不正防止
⑤ 仮払と精算書の機能
⑥ 外出・出張のルート合理化資料
⑦ 日程の節約と目的の限定のための賃料
⑧ 社用外出届としての役割
⑨ 混在費用の確認文書
⑩ 経費処理の基礎資料

❷ 作成上のポイント

「**旅費日当等精算書**」（フォーム2－35）は、前述の多様な目的と機能があるため、記載項目・内容が多くなるフォーマットであるが、その記入や計算等が複雑で面倒にならないように設計することが必要である。

すなわち、記入の頻度が高い文書であるから、なるべく気軽に、その都度、記入でき得る形式がとられなければならない。

多様な目的と機能を充足することと簡易な記入方法に徹することは、相反した要望となるが、必要不可欠な記入事項とその会社にとって最も必要である内容事項の項目設定がある文書として、創意工夫を凝らして作成すべきであるといえる。

何より大切なことは、社内管理文書としての機能があり、税務証拠資料としての目的が達成できるフォームにすることが必要であり、この2つの機能・目的を備えるほか、その会社の事業目的や、営業方法・出張等の頻度等で、必要記載事項を合理的に付加していくことが、本精算書の文書の利用価値を高めることとなる。

また、簡易な記入方法ができるように工夫するとともに、その証明資料としての役割が明確になる様式とするのが作成上のポイントである。

(1) 旅費交通費等の明細

「〔1〕旅費交通費等の明細」欄のうち、「**出張者氏名**」・「**役職**」欄には、出張者の氏名と役職を記入し、「**出張先**」・「**出張期間**」・「**出張目的**」欄にも、それぞれの項目を簡潔に記入する。

例えば、出張目的であれば、販売・購買・運搬・搬入立会い・据付工事・手直し・仕様打合せ・見積り・研究試験・人材採用・講習研修・連絡会議・見学・視察・接渉等を記入する。

「**月／日**」欄には、出張と外出の月日を記入するが、最初に「**年**」を記入し、「**項目・区間**」欄には、前泊等で宿泊等がある場合は宿泊先のホテル名も記入する。

この明細の記入上、最も工夫が必要なのは、「**項目・区間**」欄である。その記入方法は、出張先・交通手段・乗車区間・ルートごとの支出運賃、運賃の内訳等が、それぞれその会社の業務の実態と出張内容や目的に合わせて任意に記入できるようになっているから、記入方法のモデルを何通りか用意して記入者の参考にする方法がある。

「**項目・区間**」欄で、タクシー・ハイヤーあるいは航空機利用・グリーン車利用等、通常の出張・外出の方法を変更した場合、あるいは、旅費規程等と異なる方法により、交通費等の精算をする場合には、その事由を記入させるようにする。

また、「**金額**」欄には、出張に直接必要な旅費交通費のほか、交際費等の関連費用を区分して記入できるようになっている。

さらに、「**備考**」欄には、前泊等で移動の場合はその旨を記入する。

第2章　会社の営業費用項目に係る税務証拠フォーム

フォーム2－35　旅費日当等精算書

会社名　＿＿＿＿＿＿＿＿＿＿　　　　　　No.　＿＿＿＿＿＿＿＿＿＿
事業年度　＿＿＿＿＿＿＿＿＿＿　　　　　作成日　＿＿＿＿＿＿＿＿＿＿

旅費日当等精算書

〔1〕　旅費交通費等の明細

出張者氏名		役　職	
出　張　先			
出張期間			
出張目的			

月／日	項目・区間	金　額			備　考
		交通費	宿泊費	交際費その他	
小　計		① 円	② 円	③ 円	

〔2〕　旅費交通費等の計算

日　当		宿泊費			
日　数	単　価	泊　数	単　価	金　額	旅費交通費合計（①＋②＋④）
金　額	④ 円				
Ⓐ　仮払金		Ⓑ　出張費合計（①＋②＋③＋④）		差引過不足額（Ⓐ－Ⓑ）	

処理検印	扱者	担当者	管理者	経理部	決裁

XIII　福利厚生費その他の費用

(2) 旅費交通費等の計算

「〔2〕旅費交通費等の計算」欄のうち、「日当」欄には、日数と社内規程にある日当の単価を記入し、「宿泊費」欄には、宿泊日数と社内規程にある宿泊単価を記入する。

また、「Ⓐ仮払金」欄には、事前に仮払を受けた金額を記入し、「差引過不足額」欄で、仮払の金額と実際に支払った出張費の合計との差額を記入し精算する。

(3) 同時精算費用

「項目・区間」欄にあるように、出張・外出に際し旅費交通費以外の費用がかかり、仮払金で同時に精算する場合がある。この同時精算費用の税務として、交際費等の支出があれば、交際費課税の税務処理をする必要が生じる。

また、本来個人負担すべき支出の精算を会社が認めた場合には、給与等として源泉所得税の課税関係も生じる場合があるため、特に役員の出張の場合の精算には、内容の検討を十分に行う必要がある。

❸ 上手な記入方法

(1) 「〔1〕旅費交通費等の明細」欄の各欄への記入

「〔1〕旅費交通費等の明細」欄のうち、「出張先」欄には、出張先の住所をビル名「大阪フロンティアビル5F」まで記入し、「出張期間」欄には、出張の期間である「X1年5月2日からX1年5月4日」までを記入するとともに、「出張目的」欄には、A製品の打合せなど、具体的に記入する。

また、「項目・区間」欄には、同じ日であっても新幹線の移動とそれ以外の異動に区分して記入する。また、前泊している場合には、「東京駅～大阪駅（大阪シティホテル宿泊）」等と記入し、「金額」欄には、「交通費」・「宿泊費」・「交際費その他」と区分して支払った金額と合計額を記入する。

さらに、「備考」欄には、新幹線や前泊で移動した場合、宿泊等の場合はその内容がわかるように「前泊移動・新幹線・宿泊」等のように簡潔に記入する。また、得意先に手土産を渡している場合には、税務上は交際費で処理するため、「手土産」等と内容がわかるように簡潔に記入する。

(2) 「〔2〕旅費交通費等の計算」欄の各欄への記入

「〔2〕旅費交通費等の計算」欄のうち、「日当」欄には、会社の規程の日当単価

第２章　会社の営業費用項目に係る税務証拠フォーム

フォーム２－36	旅費日当等精算書＜記載例＞

会社名　　Ｂ株式会社
事業年度　X1.4.1 ～ X2.3.31

No.　　　　2
作成日　　X1.5.10

旅費日当等精算書

〔1〕　旅費交通費等の明細

出張者氏名	湯島太郎	役　職	営業部長

出　張　先	大阪商事㈱　大阪フロンティアビル５Ｆ
出張期間	X1年５月２日～ X1年５月４日
出張目的	Ａ製品の仕様打合せ、価格交渉

月／日	項目・区間	交通費	宿泊費	交際費その他	備　考
X1年 ５月２日	湯島駅～東京駅	165円			前泊移動
５月２日	東京駅～大阪駅（大阪シティホテル宿泊）	13,620円	7,000円		前泊移動・新幹線・宿泊
５月３日	大阪駅～新大阪駅（大阪商事㈱）	160円		2,500円	得意先移動・手土産
５月３日	新大阪駅～大阪駅（大阪シティホテル宿泊）	160円	7,000円		宿泊
５月４日	大阪駅～東京駅	13,620円			新幹線
５月４日	東京駅～湯島駅	165円			
小　　計		① 27,890円	② 14,000円	③ 2,500円	

〔2〕　旅費交通費等の計算

日　当		宿泊費			
日　数	単　価	泊　数	単　価	金　額	旅費交通費合計（①＋②＋④）
３日	5,000円	２泊	7,000円	14,000円	56,890円
金　額	④ 15,000円				
Ⓐ　仮払金		Ⓑ　出張費合計（①＋②＋③＋④）		差引過不足額（Ⓐ－Ⓑ）	
50,000円		59,390円		－9,390円	

処理検印	扱者	担当者	管理者	経理部	決裁

237

を「5,000円」と記入し、金額欄に日数3日×単価5,000円の合計「15,000円」を記入する。

　また、「宿泊費」欄には、宿泊数2日と単価7,000円により合計「14,000円」と記入し、「旅費交通費合計」欄には、①欄の「**交通費27,890円**」・②欄の「**14,000円**」と日当「**15,000円**」を合計した「**56,890円**」を記入する。

　さらに、「**出張費合計**」欄には、交際費を含めた出張費の合計「**59,390円**」を記入し、「**差引過不足額**」欄には、「**仮払金**」欄の「**50,000円**」から差し引いた「**－9,390円**」を記入する。

❹　関連税務のチェックポイント

　旅費交通費については、会社の損金となるかどうかの問題とその支給を受けた従業員等の源泉所得税の課税問題があり、その取扱いは次のようになる。

(1)　所得税法上非課税となる旅費

①　給与所得者が勤務する場所を離れてその職務を遂行するため旅行をした場合
②　転任・就職・退職等に伴う転居のための旅行をした場合

　その旅行に必要な支出に充てるため支給される金品でその旅行について「通常必要と認められるもの」をいう（支給される運賃・乗車料・宿泊費・移転料・日当等）。

　なお、ここで、「通常必要と認められる範囲内であるかどうか」については、次の事項を勘案して判定されることになっている。

　(イ)　その支給額が、会社の役員・使用人のすべてを通じて適正なバランスが保たれている基準によって計算されたものであるか。

　(ロ)　その支給額が、支給をする会社と同業種、同規模の他の会社が一般的に支給している金額に照らして相当と認められるものであるか（所基通9－3）。

(2)　日当・宿泊料の取扱い

　旅費交通費等のうち、日当・宿泊料等の税務上の取扱いは、旅費等の規程のとおり給与所得者がその職務に関し必要な旅行を行った場合に雇用主等から支給される金品である運賃として、所得税法上は非課税とされる。

　これらの交通費・宿泊料・日当の旅費等については、各社とも旅費規程であらかじめ妥当な額を定め、これに基づいてその金額を支給することが多いといえるが、この日当等を非課税とするのは「実費弁償」であることを理由としている。

　また、法人税の課税関係でいえば、日当等の支給規程については、職制上の地位

第2章　会社の営業費用項目に係る税務証拠フォーム

に応じた相当の支給較差があることは一般に認められているが、役員等に支給される日当等がきわめて多額に定めている場合など、その実費の中に交際費的な費用が含まれていると判断されれば、旅費と区分され課税処理が行われることに注意する必要がある。

旅費規程については、同規模会社等の事例を集め、合理的な基準を設定して、それによって計算する方法を確立することが肝要であるといえる。

3　モニター活動謝金支払計算書

❶　計算書の作成目的

製造業者又は卸売業者等が、一般消費者に対しモニター活動の謝礼として交付する金品のために通常要する費用は、交際費等に該当せず、広告宣伝費として税務上の損金となる。

企業が販売促進業務として自らの製品や商品に対するニーズを調査し、情報を入手する活動としてモニター利用が行われている。

当然ながらそのモニター募集の過程においてその製品や商品の宣伝を行うこともあるため、広告宣伝の効果も生じる。

このモニター利用の営業政策を進める場合の税務上の問題点としては、モニター活動の協力者に金品を提供するため、その支給対象者が確認できるかどうかということと、その支給金品が妥当な金額であるかということ、また、モニター活動の内容が販売促進業務とみられるかということなどがあり、税務調査においてもこれらの点について確認がなされる。

このため、モニター活動に対する謝礼金等について、その内容をあらかじめチェックして、税務上損金となるべき証拠資料となる文書が必要であり、その目的に合わせて作成されるのが、「**モニター活動謝金支払計算書**」（フォーム2-37）である。

日常、反復継続的に行われている取引であるならば、相手先は得意先・仕入先・納入業者・外交員等として特定することができ、その取引内容も売上げ・仕入れ等として処理することで、その確認のための税務証拠資料は十分に存在するが、臨時のイベントであるモニター活動は、その協力者すなわち謝金の支払対象者が不特定多数の中からその都度選ばれることから、その金品支出については、企業内においてチェック機能が働く必要がある。

XIII 福利厚生費その他の費用

239

通常の経理伝票のほかに特定の決裁文書（稟議書）があることが望ましいといえるが、同時にその検討と決裁の文書が、税務資料として役立つものであれば、なおいっそう効果的であり、部内において作成義務も確立することとなる。したがって、本計算書は、決裁文書と税務文書としての2つの機能を有することとなる。

また、本計算書は、モニターに対する支払を実施する場合の支払明細書としての機能も有しているので、記載内容を一部変更して、謝礼金の送付案内に同封する「支払通知書」として利用することもできる。

そのほか、記録文書・管理文書としてその活動効果と新製品開発との関係等の経営資料となり、この計算書を記録保存して、過去の販促活動の実績資料とすることで、効果的な販促活動を展開することも可能となる。

❷ 作成上のポイント

企業が実施したモニター活動に参加・協力した一般消費者に対して、その活動の謝金を呈する計算書であるから、その支払対象者が確認できる文書であることが、第一の作成ポイントといえる。

支払対象者が実在していることのほか、特定の関係者ではない、すなわち、広く公募され、不特定多数の一般消費者の中から選別された者であることが明確になるような記入欄が必要である。

次に、支払謝金の内容の記入欄を設けるとともに謝金の金額に合理性・妥当性があることが確認できる項目が必要となる。

謝金は、金銭による場合と、その企業の商品・製品を提供する場合、あるいは、別の物品等を提供する場合等があるが、いずれの種類であるか区別して記入できるようにしておく必要がある。

また、このモニター活動の具体的内容について記入ができる欄が必要となり、例えば、そのモニター活動が実施された期間、そして、具体的なモニター活動の状況が記入できる事項を設ける。

この欄の記入により、実施されたモニター活動の実際が確認され、その成果分析をもって経営資料として役立たせることもできるように設定しておく。

そして、このモニター活動の計算書は、企業内における販売促進業務・生産管理計画の業務に深い関わりのある文書であるから、その実施につき、承認を要するシステムがなければならないので、その承認等の処理確認ができる欄を設ける。

このようにすれば、税務資料としてもいっそうの証明力がつき、管理文書としての機能も増すといえる。

240

第2章　会社の営業費用項目に係る税務証拠フォーム

フォーム2－37　モニター活動謝金支払計算書

会社名＿＿＿＿＿＿＿＿＿＿　　　No.＿＿＿＿＿＿＿＿＿＿

事業年度＿＿＿＿＿＿＿＿＿　　　作成日＿＿＿＿＿＿＿＿＿

モニター活動謝金支払計算書

〔1〕　支　払　対　象　者	
1　住　　所	
2　氏　　名	
3　職業・TEL 等	（男・女）（　　歳）　　　　　　TEL
4　応募資料	
〔2〕　支　払　謝　金　計　算	
1　支払金額	
2　計算方法	
3　支払方法	現金　　　　　送金　　　　　振込
4　領収書等	
〔3〕　物　品　等　支　出	
1　品名・数量	
2　金　　額	
3　送付方法	
4　受領書等	
〔4〕　モ　ニ　タ　ー　活　動　内　容	
1　期間・名称	
2　実施方法	
3　アンケート回収	
4　活動状況分析	
5　効果分析	
6　判明事項	
7　次回参考事項	

処理検印	扱者	担当者	管理者	営業部	経理部	決裁

XⅢ　福利厚生費その他の費用

241

「支払通知書」もこの計算書と同じ枠組みを設定をするが、相手先には敬称をつけ、謝金の金額あるいは物品の内容が明らかになるような事項に記入がなされる必要がある。

ただし、社内においての必要事項については、謝礼の文言又は次回の応募方法等の欄に置き換えるようにする。

そのほか、領収証の欄を設け、その部分を切り取って返送できるようにすれば、なおこの文書の効用が高まる。

(1) 支払対象者の明示

「〔1〕支払対象者」欄のうち、「住所」・「氏名」欄には、相手先の住所と氏名を記入する。また、「住所」・「氏名」欄の余白に過去の応募歴など参考となる事項を記入する方法もある。

「職業・TEL 等」欄には、その支払対象者が確認できる事項を記入するため職業等は詳しく記入し、「応募資料」欄には、対象者が不特定多数の中から選ばれたことが明確になるデータを記入する。例えば、応募番号・地区名・適格事由等を記入する。

(2) 支払謝金計算

「〔2〕支払謝金計算」欄のうち、「支払金額」・「計算方法」欄には、金銭で謝金を支払う場合に記入するため、その金額を記入し、計算方法を詳細に記入する。モニター活動謝金の規約等があれば、その規約等のランクによって計算されたことがわかるようにしておき、金額の妥当性・合理性が確認できるように記入することが必要である。

また、「支払方法」欄については、現金による交付か、送金又は振込なのか、その支払方法の具体的内容を記入し、「領収書等」欄には、上記支払方法が証明できる文書との相互関係が明確になるような文書番号・証拠資料名を記入する。

(3) 物品等支出

「〔3〕物品等支出」欄のうち、「品名・数量」・「金額」欄には、モニター活動の謝金をその企業の商品・製品等で支払う場合や他の物品をもって充てる場合に記入するため、その物品等の品名・数量を記入し、その物品等の価額を金額欄に記入する。

また、「送付方法」・「受領書等」欄には、金銭の場合と同様に実際に相手先へ支出されたことと、その証明により、これらの事実が確認できるような記入をする。

242

第2章　会社の営業費用項目に係る税務証拠フォーム

(4)　モニター活動内容

　「〔4〕モニター活動内容」欄のうち、「**期間・名称**」欄には、実施されたモニター活動の具体的状況を記入することから、その「**期間**」とキャンペーン等の「**名称**」あるいは回数等を記入し、「**実施方法**」欄には、公募・モニター選定・活動の内容・条件等を詳しく記入する（別紙記入も活用する）とともに、「**アンケート回収**」欄には、回収時期・方法・到着日等を記入する。

　また、「**活動状況分析**」欄には、モニターがどの程度、活動に協力したかを評定した事項を記入し、「**効果分析**」欄には、この活動の効果を測定した内容を客観的に記入するとともに、「**判明事項**」欄には、モニター活動の結果判明したデータを記入し、問題点があれば是正するようにする。

　さらに、「**次回参考事項**」欄には、上記の実施内容の分析等から、次回に行うモニター活動のために参考となる事項を記入して、この文書が継続的資料となるようにする。

❸　上手な記入方法

(1)　「〔1〕支払対象者」欄の各欄への記入

　「〔1〕支払対象者」欄のうち、「**住所**」・「**氏名**」・「**職業・TEL 等**」欄には、支払対象者の住所・氏名の他、職業等も詳細に記入する。会社員については、アパレルなどできるだけ詳細に記入する。

　また、「**応募資料**」欄には、モニターの応募条件等の資料から、「**応募番号：5 番地区名：外神田地区　適格事由：女性**」と記入する。

(2)　「〔2〕支払謝金計算」欄の各欄への記入

　「〔2〕支払謝金計算」欄のうち、「**支払金額**」欄には、「**計算方法**」欄の計算結果を記入し、「**計算方法**」欄には、モニター活動の謝金計算基準から、A 商品と B 商品と単価が異なるものについては、それぞれ分けて計算し記入するとともに、「**支払方法**」欄には、振込で支払うため振込に「〇」を付す。

(3)　「〔3〕物品等支出」欄への記入

　本事例は、謝金を振込で支払っているため、「**物品等支出**」欄は記入不要である。

フォーム２－38	モニター活動謝金支払計算書＜記載例＞

会社名　　Ｃ株式会社	No.　　　　３
事業年度　X1.4.1～X2.3.31	作成日　　X1.11.15

モニター活動謝金支払計算書

〔1〕　支　払　対　象　者	
1　住　　　所	〒101-0021　千代田区外神田○○○
2　氏　　　名	甲
3　職業・TEL等	会社員（アパレル）　　　　　　　　　　TEL ××－××××－×××× （男・⦿女）（35歳）
4　応募資料	応募番号：５番　地区名：外神田地区　適格事由：女性

〔2〕　支　払　謝　金　計　算	
1　支払金額	30,000円
2　計算方法	A商品　@3,000円×6点
	B商品　@2,000円×6点
3　支払方法	現金　　　　　送金　　　　　　⦿振込
4　領収書等	

〔3〕　物　品　等　支　出	
1　品名・数量	
2　金　　　額	
3　送付方法	
4　受領書等	

〔4〕　モ　ニ　タ　ー　活　動　内　容	
1　期間・名称	X1年秋　新製品試供
2　実施方法	インターネットサイトからの告知による募集（詳細は別紙）
3　アンケート回収	試供後２週間以内にメール又は郵送で回収　　期限　X1年10月末
4　活動状況分析	アンケートのコメント・理由もしっかり回答していた。
5　効果分析	A商品の方が人気があり使用頻度が多かった。
6　判明事項	B商品について差別化ができていないという意見が多かった。
7　次回参考事項	

処理検印	扱者	担当者	管理者	営業部	経理部	決裁

(4) 「〔4〕モニター活動内容」欄の各欄への記入

「〔4〕モニター活動内容」欄のうち、「**期間・名称**」欄には、期間と商品名等を具体的に「**X1 年秋　新製品試供**」と記入し、「**実施方法**」欄には、インターネットによったため、その募集の方法を記入し、詳細については別紙とする。

また、「**アンケート回収**」欄には、回収方法と期限等を具体的に記入するとともに、「**効果活動状況**」欄・「**効果分析**」欄には、アンケートの回収結果を集計し、試供の効果等を具体的に記入する。

❹　関連税務のチェックポイント

(1)　モニター活動費用

消費者動向調査等のモニター活動に通常要する費用は、販売促進等のための費用であることから広告宣伝費に該当し、交際費等には含まれないものとして取り扱われる。

その条件は、通常要する費用の範囲内であることと、相手先が一般消費者である場合に限られることになっている。

このような活動のキャンペーンやイベントは、大企業やメーカーの業務と思われがちであるが、一般の商店等でも顧客層の把握・来店地域・年齢層等の調査にも利用できる。

なお、次の(2)～(4)に留意する必要がある。

(2)　交際費に含まれる費用 （措通 61 の 4 (1) － 15）

① 　創立記念日・社屋落成式の宴会費・交通費・記念品代等（従業員等におおむね一律に社内等で供与する通常の飲食に要する費用等は除く）

② 　下請けや特約店・代理店になるため、又はするための運動費

③ 　得意先・仕入先等を旅行・観劇に招待する費用や慶弔見舞金

④ 　いわゆる総会対策費で総会屋等に対して会費・賛助金・寄附金・広告料・購読料等の名目で支出する費用

⑤ 　高層ビル・マンション等の建設に当たって、住民対策のために支出する酒食の供与・旅行招待等のための費用（日照妨害等の損害賠償金を除く）

⑥ 　スーパーマーケット、百貨店等が既存の商店街等へ進出するに当たり、地元商店等の同意を得るために支出する運動費等の費用（地方公共団体等に対する寄附金及び公共的施設等の負担金の性質を有するものを除く）

(3) 販売促進活動等で支出される費用の支出の態様

① 金銭の交付（支出）をするもの

② 物品の交付をするもの

③ 旅行等への招待あるいは飲食等の提供する費用

③は原則として交際費となるが、①と②は、支出方法いかんで交際費等から除かれる場合がある。

(4) 広告宣伝費と交際費等の区分

企業が不特定多数の者に対する宣伝効果を意図して支出する次のような費用は、広告宣伝費の性質を有するものとして交際費等には含まれないものとして取り扱われる（措通61の4(1)-9）。

① 製造業者又は卸売業者が、抽選により、一般消費者に対し金品を交付するために要する費用又は一般消費者を旅行・観劇等に招待するために要する費用

② 製造業者又は卸売業者が、金品引換券付販売に伴い、一般消費者に対し、金品を交付するために要する費用

③ 製造業者又は販売業者が、一定の商品等を購入する一般消費者を旅行・観劇等に招待することをあらかじめ広告宣伝し、その購入した者を旅行・観劇等に招待する場合のその招待のために要する費用

④ 小売業者が商品の購入をした一般消費者に対し景品を交付するために要する費用

⑤ 一般の工場見学者等に製品の試飲、試食をさせる費用（これらの者に対する通常の茶菓の接待に要する費用を含む）

⑥ 得意先等に対する見本品、試用品の供与に通常要する費用

⑦ 製造業者又は卸売業者が、自己の製品又はその取扱商品に関し、これらの者の依頼に基づき、継続的に試用を行った一般消費者又は消費動向調査に協力した一般消費者に対してその謝礼として金品を交付するために通常要する費用

なお、一般消費者は不特定のエンドユーザーのことで、例えば、医薬品のメーカー又は販売業者から薬品を購入する病院や医師等はこの一般消費者に該当しないため注意する。

第3章

会社の損失項目
に係る
税務証拠フォーム

I　有価証券の評価損

1　有価証券評価損チェック表

❶　チェック表の作成目的

　法人がその有する資産の評価替えをしてその帳簿価額を減額した場合には、その減額した部分の金額は、原則として、損金の額に算入されない（法法33①）が、一定の事実が生じたことにより時価が帳簿価額を下回ることとなった場合には、特例が認められている。

　この評価損の特例とは、法人の有する資産（預貯金・売掛債権等の債権は除く）が、災害等によって著しく損傷するなどの一定の事実により、その資産の価額（時価）が帳簿価額を下回ることとなった場合には、損金経理により期末時価までの評価損を計上することが認められている（法法33②）。

　なお、法人の有する有価証券について一定の事実が生じた場合には評価損の損金算入が認められる（法令68①二）。

　企業支配株式等については、資産状態が著しく悪化したため、その価額が著しく低下した場合に限り、評価損の計上が認められる。

　この一定の事実は、価額の著しい低下が一時的なものである場合には評価損の損金算入は認められないため、この点についても厳格にチェックしたことを示す文書が必要になる。

　このため、証明資料としては、価額の著しい低下や発行法人の資産状態の著しい悪化が明らかなことが検証できる株価の推移表や株価が下落した理由が記載されている書類等があるが、この証明資料を補充する説明文書として作成されるのが「有価証券評価損チェック表」（フォーム３－１）である。

248

❷ 作成上のポイント

(1) 発生した事実等の明示

本チェック表の「**発生した事実**」欄は、税務の取扱いに対応した区分になっており、有価証券の種類によって評価損の計上が認められる要件が異なるため、「**有価証券等の種類**」欄で「**上場有価証券等**」と「**上場有価証券等以外**」の区分を設けている。

本チェック表は、第一チェックとして、時価が帳簿価額より低下した有価証券につき、価額の著しい低下に該当するか否かを「**差額**」欄でチェックし、著しい低下に該当しない有価証券を除外する。

次に、著しい低下に該当する有価証券につき、「**要件チェック**」欄で検証する手順となる。

(2) 銘柄等の明示

「**銘柄**」欄には、その有価証券の銘柄を明示するとともに、「**帳簿価額**」・「**時価**」・「**差額**」・「**評価損**」欄にはそれぞれの銘柄ごとの金額を明示する。

(3) 要件チェックの明示

「**要件チェック**」欄は、有価証券の種類等ごとに一定の事由に該当することを明示するために設けている。

フォーム３－１　有価証券評価損チェック表

会社名 ＿＿＿＿＿＿＿＿＿＿＿　　　　No. ＿＿＿＿＿＿＿＿＿＿＿

事業年度 ＿＿＿＿＿＿＿＿＿＿　　　作成日 ＿＿＿＿＿＿＿＿＿＿

有価証券評価損チェック表

発生した事実	有価証券の種類等	銘柄	帳簿価額	時価	差額	評価損
価額の著しい低下 （法令68①二イ）	上場有価証券等 （企業支配株式を除く）					
発行法人の資産状態が著しく悪化したため価額の著しい低下 （法令68①二ロ）	上場有価証券等以外					
上記に準ずる特別の事実 （法令68①二ハ）						

要件チェック

（1）近い将来その価額の回復が見込まれないものか（法基通9-1-7）		判断資料	YES	NO
銘柄				

（2）資産状態の著しい悪化		判断資料	YES	NO
≪形式基準≫ ① 特別清算開始の命令 ② 破産手続開始の決定 ③ 再生手続開始の決定 ④ 更生手続開始の決定 （法基通9-1-9（1））	銘柄			
≪実質基準≫ 期末における発行法人の1株当たりの純資産価額が取得時の純資産価額に比しておおむね50％相当額を下回るか （法基通9-1-9（2））	銘柄			
	判定			

250

❸ 上手な記入方法

(1) 「会社名」欄等への記入

「会社名」欄には「A株式会社」と会社名を記入し、「事業年度」欄にはA株式会社の事業年度を「X1.4.1～X2.3.31」と記入する。

また、「No.」欄には「1」と記載し、「作成日」欄には「X2.3.31」と記入する。

(2) 「銘柄」欄への記入

上場有価証券等の「銘柄」欄に「B社株式」・「C社株式」と記入する。また、上場有価証券等以外の「銘柄」欄に「D社株式」・「E社株式」と記入する。

(3) 「帳簿価額」・「時価」・「差額」欄への記入

「帳簿価額」・「時価」・「差額」欄に銘柄ごとの金額を記入して、実際に時価が帳簿価額より低下したことを検証する。

(4) 「要件チェック」欄への記入

① 回復見込みの検証

B社株式は上場有価証券等に該当するため、近い将来その価額の回復が見込まれないものか否かを検証する。銘柄ごとに判断資料を記入し、検証結果として「YES」欄又は「NO」欄に「○」を付す。

C社株式は価額の著しい低下に該当しないため、要件チェックは行わない。

② 形式基準又は実質基準の検証

「有価証券の種類等」欄のうち、上場有価証券等以外は、資産状態の著しい悪化を「《形式基準》」欄又は「《実質基準》」欄で検証する。

⑴ 形式基準

D社株式の資産状態の著しい悪化が形式基準の③の場合には「YES」欄に形式基準の該当する番号「③」を記入する。

⑵ 実質基準

E社株式は実質基準で判定しているので、「判定」欄で取得時の純資産価額に比しておおむね50%相当額を下回るか否かの検証を行う。検証の結果、おおむね50%相当額を下回らないため、「NO」欄に「○」を付す。

フォーム３－２　　有価証券評価損チェック表＜記載例＞

会社名　　　Ａ株式会社　　　　　　　　　　No.　　　　　1

事業年度　X1.4.1 ～ X2.3.31　　　　　　　　作成日　　X2.3.31

有価証券評価損チェック表

発生した事実	有価証券の種類等	銘柄	帳簿価額	時価	差額	評価損
価額の著しい低下 （法令68①二イ）	上場有価証券等 （企業支配株式を除く）	Ｂ社株式	1,000,000	400,000	600,000	600,000
		Ｃ社株式	1,300,000	1,000,000	300,000	×
発行法人の資産状態が著しく悪化したため価額の著しい低下 （法令68①二ロ）	上場有価証券等以外	Ｄ社株式	200,000	50,000	150,000	150,000
		Ｅ社株式	2,000,000	920,000	1,080,000	×
上記に準ずる特別の事実 （法令68①二ハ）						

要件チェック

（1）近い将来その価額の回復が見込まれないものか（法基通9-1-7）		判断資料	YES	NO
銘柄	Ｂ社株式	株価推移表	○	

（2）資産状態の著しい悪化		判断資料	YES	NO
≪形式基準≫ ① 特別清算開始の命令 ② 破産手続開始の決定 ③ 再生手続開始の決定 ④ 更生手続開始の決定 （法基通9-1-9（1））	**銘柄**	Ｄ社株式　　再生手続開始決定書	③	

≪実質基準≫	銘柄	Ｅ社株式	貸借対照表	
期末における発行法人の１株当たりの純資産価額が取得時の純資産価額に比しておおむね50％相当額を下回るか （法基通9-1-9（2））	判定	① 純資産価額　　92,098,000 円 ② 発行済株式数　　100,000 株 ③ １株当たり純資産価額　920 円 ④ 取得時の純資産価額　1,000 円 ③＞④のおおむね50％...該当しない		○

252

第3章 会社の損失項目に係る税務証拠フォーム

⑸ 「評価損」欄への記入

「要件チェック」欄の記入で「YES」欄に記入したB社株式・D社株式について「評価損」欄に評価損の金額を記入する。評価損は時価との差額の範囲内で損金算入が認められるため、通常の会計処理では「差額」欄の金額と「評価損」欄の金額は同額になる。

なお、C社株式については価額の著しい低下に該当しないため、「評価損」欄に「×」を付す。

また、「要件チェック」欄の記入で「NO」欄に記入したE社株式についても「評価損」欄に「×」を記入する。

❹ 関連税務のチェックポイント

⑴ 上場有価証券等の価額

上場有価証券等の価額が著しく低下した場合のその上場有価証券等の「価額」とは、次の①から④に掲げる金額による。

ただし、公表された最終の売買の価格がない場合には、公表された同日における最終の気配相場の価格とし、その最終の売買の価格及びその最終の気配相場の価格のいずれもない場合には、同日前の最終の売買の価格又は最終の気配相場の価格が公表された日で当該事業年度終了の日に最も近い日におけるその最終の売買の価格又はその最終の気配相場の価格とする。

① 取引所売買有価証券

㈶ 金融商品取引所において公表された当該事業年度終了の日におけるその取引所売買有価証券の最終の売買の価格（法令119の13一）

㈹ 取引所売買有価証券の気配相場

「最終の気配相場の価格」は、その日における最終の売り気配と買い気配の仲値とする。ただし、当該売り気配又は買い気配のいずれか一方のみが公表されている場合には、当該公表されている最終の売り気配又は買い気配とする（法基通2－3－30）。

㊟ 法人が、転換社債型新株予約権付社債（募集事項において、社債と新株予約権がそれぞれ単独で存在し得ないこと及び新株予約権が付された社債を当該新株予約権の行使時における出資の目的とすることをあらかじめ明確にしている新株予約権付社債をいう）に係る最終の気配相場の価格として、取引所の定める基準値段（当該転換社債型新株予約権付社債について事業年度終了の日の翌日の呼値の制限値幅の基準となる価格をいう）を使用しているときは、これを認める。

253

② 店頭売買有価証券及び取扱有価証券

公表されたその事業年度終了の日におけるその店頭売買有価証券又は取扱有価証券の最終の売買の価格（法令 119 の 13 二）

③ その他価格公表有価証券

(イ) 価格公表者によって公表されたその事業年度終了の日におけるその他価格公表有価証券の最終の売買の価格（法令 119 の 13 三）

(ロ) 公表する価格の意義

その他価格公表有価証券の「最終の売買の価格」又は「最終の気配相場の価格」とは、価格公表者によって公表される次に掲げる価格をいうことに留意する。この場合、その価格は、法人が、各事業年度において同一の方法により入手又は算出する価格によるものとし、その入手価格は通常の方法により入手可能なもので差し支えないものとする（法基通 2 － 3 － 32）。

ⓐ 公正評価額を提供するため複数の店頭市場の情報を集計し、提供することを目的として組織化された業界団体が公表した事業年度終了の日における最終の売買の価格（事業年度終了の日の社債の取引情報により証券業協会が公表する約定単価をもとに当該法人が算定した平均値又は中央値を含む）又は最終の気配相場の価格（事業年度終了の日の気配値に基づいて証券業協会が公表する公社債店頭売買参考統計値の平均値又は中央値を含む）

ⓑ 金融機関又は証券会社間の市場、ディーラー間の市場電子媒体取引市場のように、随時売買又は換金を行うことができる取引システムにおいて成立する事業年度終了の日における最終の売買の価格又は最終の気配相場の価格

ⓒ ブローカーによって継続的に提示されている公正評価額のうち当該事業年度終了の日における最終の売買の価格又は最終の気配相場の価格（株式以外の有価証券については、当該ブローカーが公正評価額として提示する合理的な方法により計算した価格を含む）

④ 上記以外の有価証券

(イ) 次に掲げる有価証券の区分に応じそれぞれ次に定める金額（法令 119 の 13 四）

ⓐ 償還期限及び償還金額の定めのある有価証券（償還期限に償還されないと見込まれる新株予約権付社債その他これに準ずるものを除く）

その有価証券の事業年度終了の時における帳簿価額に配分すべき金額に相当する金額を加算し、又は減算した金額その他その有価証券のその時における価額として合理的な方法により計算した金額

ⓑ ⓐに掲げる有価証券以外の有価証券

その有価証券の事業年度終了の時における帳簿価額

㈡　合理的に計算された価格の意義

「合理的な方法により計算した金額」とは、例えば、次に掲げる価格をいう（法基通2－3－33）。

ⓐ　上場有価証券等の市場価格に基づき、利率、残存償還期間、当該債券の発行者の信用度等を勘案して算定する理論価格方式、又は債券の種類ごとに類似した銘柄を選定し、業界団体が公表する事業年度終了の日の基準気配値の利回りを用いて算定する比準価格方式その他合理的な方法により算定した価格

ⓑ　ブローカー又は情報ベンダーから入手するⓐの方法に基づいて算定された価格

(2)　上場有価証券等以外の株式の価額

上場有価証券等以外の株式につき、資産の評価換えによる評価損の損金算入の規定を適用する場合のその株式の「価額」は、次の区分に応じ、次による（法基通9－1－13）。

①　売買実例のあるもの

当該事業年度終了の日前6月間において売買の行われたもののうち適正と認められるものの価額

②　公開途上にある株式（金融商品取引所が内閣総理大臣に対して株式の上場の届出を行うことを明らかにした日から上場の日の前日までのその株式）で、当該株式の上場に際して株式の公募又は売出しが行われるもの（①に該当するものを除く）

金融商品取引所の内規によって行われる入札により決定される入札後の公募等の価格等を参酌して通常取引されると認められる価額

③　売買実例のないものでその株式を発行する法人と事業の種類、規模、収益の状況等が類似する他の法人の株式の価額があるもの（②に該当するものを除く）

当該価額に比準して推定した価額

④　①から③までに該当しないもの

当該事業年度終了の日又は同日に最も近い日におけるその株式の発行法人の事業年度終了の時における1株当たりの純資産価額等を参酌して通常取引されると認められる価額

2 ワンポイントアドバイス

❶ 株価が50％相当額を下回る場合における回復可能性の判断基準

　上場株式の事業年度末における株価が帳簿価額の50％相当額を下回る場合における評価損の損金算入に当たっては、株価の回復可能性に関する検証を行う必要があるが、どのような状況であれば、「近い将来回復が見込まれない」といえるかが問題となる。株価が過去2年間にわたり50％程度以上下落した状況になくてはならないと考える向きもあるが、法人の側から、過去の市場価格の推移や市場環境の動向、発行法人の業況等を総合的に勘案した合理的な判断基準が示される限りにおいては、税務上その基準は尊重されることになる。

　したがって、必ずしも株価が過去2年間にわたり帳簿価額の50％程度以上下落した状態でなければ損金算入が認められないというものではない。

❷ 監査法人のチェックを受けて継続的に使用される形式的な判断基準

　監査法人による監査を受ける法人において、上場株式の事業年度末における株価が帳簿価額の50％相当額を下回る場合の株価の回復可能性の判断の基準として一定の形式基準を策定し、税効果会計等の観点から自社の監査を担当する監査法人から、その合理性についてチェックを受けたものであれば、その判断基準は客観性が確保されていると考えられる。さらに、この基準を継続的に使用するのであれば、そのような基準に基づく判断は恣意性が排除されていると考えられることから、税務上その基準に基づく損金算入の判断は合理的なものと認められる。

❸ 株価の回復可能性の判断の時期

　株価の回復可能性の判断は、あくまでも各事業年度終了時点において合理的な判断基準に基づいて行うものである。

　したがって、翌事業年度以降に株価の上昇などの状況の変化があったとしても、そのような事後的な事情は、当事業年度末の株価の回復可能性の判断に影響を及ぼすものではなく、当事業年度に評価損として損金算入した処理を遡って是正する必要はない。

Ⅱ　貸倒損失

1　売掛債権・回収不能事実報告書

❶　報告書の作成目的

　商取引で発生している売掛金等の債権について、特別の事実が発生し、その売掛債権の回収が不可能となる場合がある。

　法人税法上の取扱いでは、会社が有する売掛債権につき、一定の事実が発生した場合には、その売掛金等の額のうち全部又は一部の金額はその事実の発生した日の属する事業年度において貸倒れとして損金の額に算入することが認められている（法法22③三、法基通9－6－1～9－6－3）。

　このように貸倒損失として損金算入が認められる「一定の事実」とは、図表3－1に掲げるような態様に区分される。

図表3－1	貸倒損失の取扱い	
	区　　分	発生した一定の事実等
1	法律上の貸倒れ （法基通9－6－1）	債権の全部又は一部が法的手続きにより切り捨てられた場合
2	事実上の貸倒れ （法基通9－6－2）	債権の全部が債務者の資産状況・支払能力等からみて回収不能となった場合
3	形式上の貸倒れ （法基通9－6－3）	債務者との取引停止後、1年以上経過した場合

　一般に、得意先との取引関係においてその売掛債権が回収困難となる事実関係が発生した場合には、その企業の販売担当者等は状況を上司に報告するとともに売掛債権の回収に努力するが、その回収が不能となった場合には、その回収不能の事実を再び報告してその処理方法を検討するものと思われる。

　そして、その事実に基づき、損金の額に算入すべき態様に該当するか否かをチェックすることとなるので、その貸倒損失として処理する要件チェックのために

「売掛債権・回収不能事実報告書」（フォーム３－３）が作成される。

　したがって、本報告書の作成目的は、貸倒損失の損金算入が認めれるための必要条件を探るとともに、その手続きに不備な点はないかとの確認を内部的に実施することにある。

　当然ながら、税務調査において、この内容の検討が行われた場合の説明資料としての役割が主要な目的ともいえる。

　しかし、貸倒損失は、本来、発生しないことが望ましいわけであるから販売等の担当者が若干の滞り理由で安易に「回収不能」と判断することを防止するための経営上の文書でもある。

　また、どのような回収努力が行われたかを管理するためにも利用するほか、責任の所在を明らかにしておくための文書でもある。

　そして、処理方法が決定した場合において、本報告書を参考資料として、再び売掛債権の回収不能となるような事実が発生しないための対策会議等に提示することもあり得る。

　税務調査の結果、その否認があった場合には、その事由や手続処理の不備について、再チェックを行う資料ともなる。

　本報告書の形式は、担当責任者等より企業のトップに対して報告する文書として作成されるので、それを検討して一定の税務処理を行うという方式をとるように作られている。

❷　作成上のポイント

(1)　相手先等の明示

　売掛債権の回収不能の状況を報告する文書であるため、第一にその相手先が誰であるかということを報告する。この相手先の詳細がわかるような項目として「**商号・名称**」・「**所在地・TEL**」・「**代表者氏名・住所**」・「**当社との関係**」の欄を設けている。

(2)　売掛債権の内容の明示

　次に、回収不能となっている売掛債権の内容を確認する項目欄を設ける必要がある。

　本報告書では、売掛債権の回収と処理のために必要な情報として売掛債権の「**種別・金額**」・「**債権の発生**」・「**最終取引年月日**」・「**回収不能事由**」・「**担保物等**」・「**処理方法**」の項目を設けている。

258

第３章　会社の損失項目に係る税務証拠フォーム

フォーム３－３	売掛債権・回収不能事実報告書

会社名 ＿＿＿＿＿＿＿＿＿＿＿　　　No. ＿＿＿＿＿＿＿＿＿＿

事業年度 ＿＿＿＿＿＿＿＿＿＿　　　作成日 ＿＿＿＿＿＿＿＿＿

売掛債権・回収不能事実報告書

Ⅱ　貸倒損失

相手先	商号・名称	
	所在地・TEL	
	代表者氏名・住所	
	当社との関係	
売掛債権の内容	種別・金額	
	債権の発生	
	最終取引年月日	
	回収不能事由	
	担保物等	
	処理方法	
債権回収の経緯		

税務処理該当事項	処理事由・方法・年月日			
法律上の貸倒れ分 （法基通 9-6-1）	更生計画 再生計画		協議決定	
	特別清算		債務免除	
事実上の貸倒れ分 （法基通 9-6-2）				
形式上の貸倒れ分 （法基通 9-6-3）	取引停止後１年以上経過			
	取立費用未満			
	備忘価額			

処理検印	扱　者	担当者	管理者	営業部	経理部	決　裁

(3) 種別・金額の明示

「種別・金額」欄には、売掛金・受取手形・未収入金・貸付金・立替金等の経理上の勘定科目を記入するか、長期・短期の区分、あるいは営業・非営業の区分等、案件に応じた種別と金額を記入する。

(4) 債権の発生の明示

「債権の発生」欄には、この回収不能となった売掛債権等がいつ発生したのか、その取引の状況等、債権の形成の事情等を記入する。

(5) 最終取引年月日の明示

「最終取引年月日」欄には、売掛債権の発生の最終日、入金の最終日等を記入して、形式上の貸倒れの処理事由を明らかにするとともに、この文書の作成年月日との期間の長短等を確認するために記入する。

(6) 回収不能事由の明示

「回収不能事由」欄には、相手方の事情とその事由発生の原因等、回収不能に至った事実について記入する。

(7) 担保物等の明示

「担保物等」欄には、当社が権利を有する担保物等とその処分予想価額等のほか、他の債権者の担保確保状況等の必要事項又は保証関係事項を記入する。

(8) 処理方法の明示

「処理方法」欄には、対象となった売掛債権等が、今後どのように処理されるか、棚上げ長期分割払・切捨て・債務免除、あるいは、訴訟関係になるかなどの見込みを記入して、それに対応する経費の方法等を記入する。

(9) 債権回収の経緯の明示

「債権回収の経緯」欄には、債権回収のための活動状況を記入して、その回収努力が明らかになるように日程や手続き等の実行行為を記入する。別紙記入の場合は年月日・文書記号・番号等で索引が容易となる方法を記入しておく。

本報告書の作成目的は、売掛債権の回収努力とその結果処理にあるので、債権回収の経緯の項目欄はきわめて重要であるといえる。

第3章 会社の損失項目に係る税務証拠フォーム

この項目の設定事由は、債権の回収状況のプロセスを記入させ、その回収のための努力がいかなる方法で実行されたか、また、その結果が最終的にどのようになったかの経緯がわかれば、処理方法が決定できるからである。

記入内容が多くなると思われるので別紙記入の方式となると考えられるが、この場合は、インデックス的に記入する。あるいは、この項目に重点をおいたフォーマットとして回収不能債権の発生から一部回収、そして、貸倒れとなるまでの小項目を設ける方法もある。

⑽　税務処理該当事項の明示

「**税務処理該当事項**」欄には、回収不能の事実を貸倒損失の取扱いによって区分し、税務上の損金となる要件に適合している該当事項をチェックして、その記入をする。

⑾　法律上の貸倒れ分の明示

「**法律上の貸倒れ分**」欄には、この事実に該当する項目に日付等を入れ、処理事由を明確にしておく。

⑿　事実上の貸倒れ分の明示

「**事実上の貸倒れ分**」欄には、その売掛債権等の金額の全額が回収不能となった事由を具体的に記入し、その事実関係を証する関係資料の文書名・文書番号等を記入する。そして、この貸倒損失が認められる要件をチェックして、処理事由と方法を報告・処理・決裁の順序で記入する。

⒀　形式上の貸倒れ分の明示

「**形式上の貸倒れ分**」欄には、形式基準のどの要件に該当するかの記入をする。

❸　上手な記入方法

⑴　「会社名」欄等への記入

「**会社名**」欄には「**F株式会社**」と記入し、「**事業年度**」欄にはF株式会社の事業年度を「**X5.11.1～X6.10.31**」と記入する。

また、「**No.**」欄には「**1**」と記入し、「**作成日**」欄には「**X6.10.31**」と記入する。

261

フォーム３−４	売掛債権・回収不能事実報告書＜記載例＞

会社名　　　Ｆ株式会社　　　　　　　　　　　　No.　　　　　　1

事業年度 X5.11.1〜X6.10.31　　　　　　　　　作成日　X6.10.31

売掛債権・回収不能事実報告書

相手先	商号・名称	Ｇ株式会社		
	所在地・TEL	東京都文京区湯島○-○-○　　03-1234-5678		
	代表者氏名・住所	丙村太郎 東京都台東区上野○-○-○		
	当社との関係	X1年4月からX5年7月まで取引		
売掛債権の内容	種別・金額	売掛金　　　　　　　　　　　300,000円		
	債権の発生	X5年5月31日		
	最終取引年月日	X5年6月30日（入金の最終日）		
	回収不能事由	Ｇ株式会社の財産状態が悪化したため取引停止		
	担保物等	なし		
	処理方法	切捨て		
債権回収の経緯	別紙参照　文書No.1　X6年10月31日作成			
税務処理該当事項		処理事由・方法・年月日		
法律上の貸倒れ分 （法基通9-6-1）	更生計画 再生計画		協議決定	
	特別清算		債務免除	
事実上の貸倒れ分 （法基通9-6-2）				
形式上の貸倒れ分 （法基通9-6-3）	取引停止後1年以上経過		○	
	取立費用未満			
	備忘価額		1円	

処理検印	扱　者	担当者	管理者	営業部	経理部	決　裁

第3章　会社の損失項目に係る税務証拠フォーム

(2)　「相手先」欄の各欄への記入

　「相手先」欄のうち「**商号・名称**」欄には、回収不能債権の対象取引先である「**G株式会社**」を記入し、「**所在地・電話番号**」欄に「**東京都文京区湯島〇－〇－〇**」・「**03－1234－5678**」と記入する。

　また、「**代表者氏名・住所**」欄には、代表者の氏名・住所を「**丙村太郎**」・「**東京都台東区上野〇－〇－〇**」と記入する。

　さらに、「**当社との関係**」欄には取引の継続期間・紹介者・出資関係・社員・役員の出向又は受入れの関係等、組織と人事に至る関連事項を記入する。

　本事例では、取引の継続期間「**X1年4月からX5年7月まで取引**」と記入する。

(3)　「売掛債権の内容」欄の各欄への記入

　「売掛債権の内容」欄のうち「**種別・金額**」欄には、経理上の勘定科目である「**売掛金**」と、その金額「**300,000円**」を記入し、「**債権の発生**」欄には、G株式会社の売掛金発生日「**X5年5月31日**」を記入するとともに、「**最終取引年月日**」欄には、売掛金発生の最終日を記載するが、X5年6月30日に最後の入金があるため、入金の最終日「**X5年6月30日**」及び「**（入金の最終日）**」と記入する。

　「**回収不能事由**」欄には、相手方の事情とその事由発生の原因等、回収不能に至った事実について記入するが、本事例では、「**G株式会社の財政状態が悪化したため取引停止**」と記入する。

　また、「**担保物等**」欄には、G株式会社に対する担保物はないため「**なし**」と記入し、「**処理方法**」欄には、G株式会社の売掛金の今後の処理を「**切捨て**」と記入するとともに、「**債権回収の経緯**」欄には、本事例では別紙記入のため「**別紙参照文書No.1　X6年10月31日作成**」と記入する。

　さらに、「**税務処理該当事項**」欄には、G株式会社の売掛金に対する回収不能は形式上の貸倒れになるため、「**形式上の貸倒れ分**」欄を「**〇**」で囲み、「**取引停止後1年以上経過**」欄に「**〇**」を付す。

　形式上の貸倒れに該当する場合は、売掛債権の額から備忘価額を控除した金額が損金経理する金額となるため、「**備忘価額**」欄に「**1円**」を記入する。

❹　関連税務のチェックポイント

(1)　法律上の貸倒れ

　法人の有する金銭債権について次に掲げる事実が発生した場合には、その金銭債

権の額のうち次に掲げる金額は、その事実の発生した日の属する事業年度において貸倒れとして損金の額に算入する（法基通9－6－1）。

① 更生計画認可の決定又は再生計画認可の決定があった場合において、これらの決定により切り捨てられることとなった部分の金額

② 特別清算に係る協定の認可の決定があった場合において、この決定により切り捨てられることとなった部分の金額

③ 法令の規定による整理手続きによらない関係者の協議決定で、次に掲げるものにより切り捨てられることとなった部分の金額

　(イ) 債権者集会の協議決定で合理的な基準により債務者の負債整理を定めているもの

　(ロ) 行政機関又は金融機関その他の第三者のあっせんによる当事者間の協議により締結された契約でその内容が(イ)に準ずるもの

④ 債務者の債務超過の状態が相当期間継続し、その金銭債権の弁済を受けることができないと認められる場合において、その債務者に対し書面により明らかにされた債務免除額

(2) 法律上の貸倒れの留意点

① 処理方法

　法律上の貸倒れに該当する場合には、損金経理の有無にかかわらず、損金算入が強制される。法的整理については、一定の事実の発生要件が明確になることが必要である。

② 関係者の協議決定

　法令の規定による整理手続きによらない関係者の協議決定による貸金等の切捨ての場合の「合理的な基準」について、金額や協議内容につき客観性のある資料を残しておく。

③ 相当期間の意義

　「債務者の債務超過の状態が相当期間継続」しているという場合における「相当期間」とは、債権者が債務者の経営状態をみて回収不能かどうかを判断するために必要な合理的な期間をいうのであるから、形式的に何年ということではなく、個別の事情に応じその期間は異なることになる。

④ 債権放棄

　債権放棄をした場合においても債務者の資産の状況・支払能力等からみて、明らかに債務者である相手方に対する贈与と認められるときは、その免除額は寄附金となり、限度計算をしなくてはならない。

債務者である相手方が、債権者の会社と株式所有関係にあったり、役員の構成関係で関連がある等の場合には、特に留意する。

(3) 事実上の貸倒れ

法人の有する金銭債権につき、その債務者の資産状況・支払能力等からみてその全額が回収できないことが明らかになった場合には、その明らかになった事業年度において貸倒れとして損金経理をすることができる。この場合において、当該金銭債権について担保物があるときは、その担保物を処分した後でなければ貸倒れとして損金経理をすることはできないものとする（法基通9－6－2）。

> (注) 保証債務は、現実にこれを履行した後でなければ貸倒れの対象にすることはできないことに留意する。

(4) 事実上の貸倒れの留意点

① 事実上の貸倒れの回収不能を明らかにするために、図表3－2に掲げる各事項を検討して、その実質的な判断をする必要がある。

図表3－2　事実上の貸倒れの検討項目

	検討項目
(イ)	その債務者との取引を停止している
(ロ)	債務者に対し新たな資金の貸付けその他の援助をしていない
(ハ)	債務者が銀行その他から資金の借入れを継続していないことを確認できる
(ニ)	債務者が第三者から経営に対する援助を受けていないか、あるいは取引の継続をしていないことなどを確認できる
(ホ)	債権の額について利息の支払を受けていない
(ヘ)	いかなる金額であっても、分割弁済等の方法で支払を受けていない
(ト)	債権の回収につき、あらゆる手段、方法等で債務者と折衝し、その回収についての努力を行ったが、ついに回収ができなかった事実を明確にする資料・文書等がある
(チ)	債務者に対し、弁済につき誓約を求めたが、一切、約束等をしてくれない
(リ)	債務者に代わり、弁済等の約束をする保証人がいない
(ヌ)	債務者が会社であって、その役員等が経営上の責任を負う考えもなく、その資力等もまったくないことが明確である
(ル)	債務者と、その関係者のうちに経営上、相当の能力、ノウハウを有し、信用が潜在的にもあって、再建の可能性を有しているなどの事実がまったくあり得ないと確認できる
(ヲ)	債務者の事業内容や業界の動向で、再建の可能性がまったく見当たらず事業再建の意思、士気がないことが明確である
(ワ)	債権の回収に関連する一連の記録データが整理、保存され、債権者側において、不良債権の発生に関し、過去の業績と比較しての通算損益を計算するなど貸倒れによる損失の分析を行い、その取戻し努力の計画があり、不良債権の発生に関して責任者の処分等も明確である

265

⑸ 形式上の貸倒れ

　債務者について次に掲げる事実が発生した場合には、その債務者に対して有する売掛債権（売掛金・未収請負金その他これらに準ずる債権をいい、貸付金その他これに準ずる債権を含まない）について法人が当該売掛債権の額から備忘価額を控除した残額を貸倒れとして損金経理をしたときは、これを認める（法基通9－6－3）。

①　債務者との取引を停止した時（最後の弁済期又は最後の弁済の時が当該停止をした時以後である場合には、これらのうち最も遅い時）以後1年以上経過した場合（当該売掛債権について担保物のある場合を除く）

②　法人が同一地域の債務者について有する当該売掛債権の総額がその取立てのために要する旅費その他の費用に満たない場合において、当該債務者に対し支払を督促したにもかかわらず弁済がないとき

　(注)　①の取引の停止は、継続的な取引を行っていた債務者につきその資産状況、支払能力等が悪化したためその後の取引を停止するに至った場合をいうのであるから、例えば不動産取引のようにたまたま取引を行った債務者に対して有する当該取引に係る売掛債権については、この取扱いの適用はない。

2　ワンポイントアドバイス

❶　法律上の貸倒れ

　法律上の貸倒れは、債務者について倒産処理手続きを開始した場合において、貸倒れの額が法律上確定する場合と、債権放棄（債務免除）により貸倒れの額が確定する場合があるので、債務者の状況により、どちらの方法で債権が消滅するか、実情調査をして、手続きを選択する。

⑴　倒産処理手続き

　倒産処理手続きは、私的整理と法的整理とに区分され、後者については、会社更生・民事再生・特別清算・破産という各種の方法があり、その倒産の態様によって手続きが異なっているので、その処理過程を十分承知して、いつの段階で債権の配当なり、消滅が明定されているかを調査しておく。

　しかし、倒産処理は実際には、私的整理が圧倒的に多いので、私的整理のどの段階で貸倒額が法的に確認できるか、その整理の推移に積極的に対応して、全債権者

の同意がいつ、どのように行われたかを書類等で確認しておく。

(2) 書面による債務免除

　書面により債務免除額を明示した場合は、法律上の貸倒れとして取り扱われるが、この明示をする書面については、必ずしも公正証書等の公証力のある書面によることを要しないが、少なくとも相手方に送達したことを立証することのできる配達証明によるのが実務的であるといえる。

　レアケースだが、相手方が債務免除の処理をしない事例もあるようなので、当方の債権放棄について相手方の承認と処理の確認をしておく必要がある。

　債権放棄（債務免除）の通知が相手方行方不明等の理由で到達せず、返戻されてきた場合等は開封せず保管し、補完的な手続きと処理をしておく必要がある。

❷　事実上の貸倒れ

　事実上の貸倒れについての回収不能が明らかになった時期の判定は、きわめて難しいが、回収不能であることが何らかの事情で明らかになったにもかかわらず、その時期の属する事業年度において貸倒処理をせず、その後の事業年度で処理する場合には、その後の事業年度の貸倒処理につき税務上、損金の算入が認められない場合があるので、回収不能が確定できる時期の確定と損金経理については、特に留意する必要がある。

❸　形式上の貸倒れ

　会社が同一地域の債務者につき有する売掛債権で取立費用が超過する場合の貸倒れは、取引停止後1年以上経過することが必要ではない。

Ⅲ　貸倒引当金（個別評価）

1　個別評価金銭債権チェック表

❶　チェック表の作成目的

　会社が有する金銭債権のうち、一定の事実が発生したため、貸倒れによる損失の見込額として、損金経理により貸倒引当金勘定に繰り入れた金額うち、期末における金銭債権の額を基礎として計算される繰入限度額に達するまでの金額は損金の額に算入することが認められている（法法52、措法57の9）。

　繰入限度額の計算は、個別評価金銭債権と一括評価金銭債権とに区分して計算する（一括評価金銭債権の繰入限度額の計算については**第2章Ⅻ**を参照）。

　個別評価金銭債権は、次の(1)から(4)に該当する金銭債権をいい、その繰入限度額は、その区分に応じて計算した回収不能見込額の合計額となる（法法52①、法令96①、法規25の2、25の3）。

(1)　更生計画認可の決定等（次の①から④をいう。以下同じ）の事由が生じたことによりその弁済を猶予され、又は賦払により弁済されることとなったこと（法令96①一）

①　更生計画認可の決定

②　再生計画認可の決定

③　特別清算に係る協定の認可の決定

④　上記①から③までに掲げる事由に準ずるものとして財務省令で定める事由

（回収不能見込額）

金銭債権の額 － 一定の事実が生じた事業年度終了の日の翌日から5年を経過する日までに弁済される金額 － 取立て等見込額

(注)　取立て等見込額は、質権・抵当権・所有権・信用保険等によって担保されている部分の金額をいう（法基通11－2－5）。

第３章　会社の損失項目に係る税務証拠フォーム

(2)　債務超過の状態が相当期間継続し、かつ、その営む事業に好転の見通しがないこと、災害・経済事情の急変等により多大な損害が生じたことその他の事由により、その金銭債権の一部の金額につきその取立て等の見込みがないと認められること（法令96①二）

（回収不能見込額）

金銭債権の額 − 取立て等見込額

(注)　1　相当期間の意義

「相当期間」とは、「おおむね１年以上」とし、その債務超過に至った事情と事業好転の見通しをみて、その事由が生じているかどうかを判定する（法基通11 − 2 − 6）。

2　人的保証に係る回収可能額の算定

「その一部の金額に相当する金額」は、その金銭債権の額から担保物の処分による回収可能額及び人的保証に係る回収可能額等を控除して算定するが、次に掲げる場合には、人的保証に係る回収可能額の算定上、回収可能額を考慮しないことができる（法基通11 − 2 − 7）。

①　保証債務の存否に争いのある場合で、そのことにつき相当の理由のあるとき

②　保証人が行方不明で、かつ、その保証人の有する資産について評価額以上の質権等が設定されていること等によりその資産からの回収が見込まれない場合

③　保証人について更生手続き開始の申立て等の事由が生じている場合

④　保証人が生活保護を受けている場合（それと同程度の収入しかない場合を含む）で、かつ、その保証人の有する資産について評価額以上の質権等が設定されていること等により当該資産からの回収が見込まれないこと

⑤　保証人が個人であって、次のいずれにも該当する場合

　(イ)　その保証人が有する資産について評価額以上の質権等が設定されていること等により、その資産からの回収が見込まれないこと

　(ロ)　その保証人の年収額（その事業年度終了の日の直近１年間における収入金額をいう）がその保証人に係る保証債務の額の合計額（その保証人の保証に係る金銭債権につき担保物がある場合にはその金銭債権の額からその担保物の価額を控除した金額をいう）の5％未満であること

　　　ⓐ　その保証人に係る保証債務の額の合計額には、その保証人が他の債務者の金銭債権につき保証をしている場合には、他の債務者の金銭債権に係る保証債務の額の合計額を含めることができる。

　　　ⓑ　上記ⓐの保証人の年収額については、その算定が困難であるときは、その保証人の前年（その事業年度終了の日を含む年の前年をいう）分の収入金額とすることができる。

3　担保物の処分以外に回収が見込まれない場合等の個別評価金銭債権に係る貸倒引当金の繰入れ

「その取立て等の見込みがないと認められること」には、次に掲げる事実が含まれる。この場合において、その取立て等の見込みがないと認められる金額とは、その回収できないことが明らかになった金額又はその未収利息として計上した金額をいう（法基通11 − 2 − 8）。

①　法人の有するその金銭債権の額のうち担保物の処分によって得られると見込まれる

金額以外の金額につき回収できないことが明らかになった場合において、その担保物の処分に日時を要すると認められること

② 貸付金又は有価証券（以下この②において「貸付金等」という）に係る未収利息を資産に計上している場合において、その計上した事業年度（その事業年度が連結事業年度に該当する場合には、その連結事業年度）終了の日（その貸付金等に係る未収利息を2以上の事業年度において計上しているときは、これらの事業年度のうち最終の事業年度終了の日）から2年を経過した日の前日を含む事業年度終了の日までの期間に、各種の手段を活用した支払の督促等の回収の努力をしたにもかかわらず、その期間内にその貸付金等に係る未収利息（その資産に計上している未収利息以外の利息の未収金を含む）につき、債務者が債務超過に陥っているなどの事由からその入金がまったくないこと

(3) 更生手続き開始の申立て等（次の①から⑤をいう）の事由が生じていること（法令96①三）

① 更生手続開始の申立て

② 再生手続開始の申立て

③ 破産手続開始の申立て

④ 特別清算開始の申立て

⑤ 上記①から④までに掲げる事由に準ずるものとして財務省令で定める事由

（回収不能見込額）

$$\left[\text{金銭債権の額} - \begin{array}{l} \text{(イ)　実質的に債権とみられないもの} \\ \text{(ロ)　取立て等見込額} \end{array} \right] \times 50\%$$

(4) 債務者である外国の政府、中央銀行又は地方公共団体の長期にわたる債務の履行遅滞によりその金銭債権の経済的な価値が著しく減少し、かつ、その弁済を受けることが著しく困難であると認められること（法令96①四）

$$\left[\text{金銭債権の額} - \begin{array}{l} \text{(イ)　実質的に債権とみられないもの} \\ \text{(ロ)　取立て等見込額} \end{array} \right] \times 50\%$$

個別評価金銭債権の貸倒引当金繰入限度額は、その発生した事由によって計算が異なるため、対象となる金銭債権に係る発生事由と繰入限度額の金額を明らかにする必要がある。

また、その一定の事由が発生したことを証明する書類の保存が損金算入の要件となっていることから、証明書類を明記することにより、損金算入要件を満たすものであることの確認を行うための文書として「個別評価金銭債権チェック表」（フォーム3－5）を作成するものである。

❷ 作成上のポイント

(1) 相手先の明示

「相手先」欄には、個別評価金銭債権の対象取引先の「**氏名・名称**」、「**所在地・TEL**」、「**代表者氏名・住所**」を記入する。

(2) 該当事由等の明示

「**該当事由**」・「**条文番号**」欄は、該当する事由とその条文番号を明示する。

(3) 該当事由の発生日の明示

「**該当事由の発生日**」に欄は、上記(2)の該当事由の発生日を明示する。

(4) 種別等の明示

「**種別**」欄は、売掛金・受取手形・未収入金・貸付金・立替金等の経理上の勘定科目を明示し、「**金額(1)**」欄には、種別ごとの金額を記入する。

(5) 取立て等見込額の明示

「**取立て等見込額(2)**」欄は、繰入限度額の計算で金銭債権の額から控除する金額をチェックするために設けている。質権・抵当権・所有権留保・信用保険等によって担保されている金額や保証債務の履行額を記入する。

(6) 実質的に債権とみられないものの額の明示

「**実質的に債権とみられないものの額(3)**」欄は、繰入限度額の計算で金銭債権の額から控除する金額をチェックするために設けている。

(7) 差引金額の明示

「**差引金額(4)**」欄は、このチェック表の「**金額(1)**」から「**取立て等見込額(2)**」の金額と「**実質的に債権とみられないものの額(3)**」の金額を控除した金額を記入する。

(8) 繰入限度額の明示

「**繰入限度額**」欄は、該当事由の区分ごとに計算した金額を記入する。

フォーム３－５ 個別評価金銭債権チェック表

会社名 ＿＿＿＿＿＿＿＿＿＿＿　　　　No. ＿＿＿＿＿＿＿＿

事業年度 ＿＿＿＿＿＿＿＿＿　　　　作成日 ＿＿＿＿＿＿＿＿

個別評価金銭債権チェック表

相手先	氏名・名称	
	所在地・TEL	
	代表者氏名・住所	
該当事由	条文番号	
該当事由の発生日		
種別	金額 （1）	
取立て等見込額 （2）	担保権の実行	
	保証債務の履行	
	その他の取立て	
実質的に債権とみられないものの額 （3）		
差引金額 （4）　　（1）－（2）－（3）		
繰入限度額	法令96①一	(4) の金額	
	法令96①二	(4) の金額 ×50%	
	法令96①三	(4) の金額 ×50%	
	法令96①四	(4) の金額 ×50%	
保存書類		

処理検印	扱　者	担当者	管理者	営業部	経理部	決　裁

第3章　会社の損失項目に係る税務証拠フォーム

(9)　保存書類の明示

　個別評価貸倒引当金の損金算入が認められるためには、該当事由の証明書類の保存が要件となる。したがって、「**保存書類**」欄で証明書類を保存していることを明示する。

❸　上手な記入方法

(1)　「会社名」欄等への記入

　「**会社名**」欄には「**H 株式会社**」と記入し、「**事業年度**」欄にはH株式会社の事業年度を「**X1.10.1〜X2.9.30**」と記入する。

　また、「**No.**」欄には「**1**」と記入し、「**作成日**」欄には「**X2.9.30**」と記入する。

(2)　「相手先」欄の各欄への記入

　「**相手先**」欄のうち、「**氏名・名称**」欄には個別評価金銭債権の対象取引先の「**有限会社　M商事**」を記入し、「**所在地・TEL**」欄には有限会社M商事の所在地・TELの「**東京都千代田区神田○−○−○**」・「**03 − 4567 − 8901**」を記入する。

　また、「**代表者氏名・住所**」欄には「**甲山一郎**」・「**東京都台東区上野○−○−○**」を記入する。

(3)　「該当事由」欄への記入

　「**該当事由**」欄には「**再生手続き開始の申立て**」と記入し、「**条文番号**」欄には「**法令 96 ①三**」と記入する。

(4)　「該当事由の発生日」欄への記入

　「**該当事由の発生日**」欄には、「**X2 年 9 月 20 日**」と記入する。

(5)　「種別」・「金額」欄への記入

　「**種別**」欄には、経理上の勘定科目である「**売掛金**」・「**受取手形**」を記入し、「**金額(1)**」欄には、その種別の金額「**売掛金 900,000、受取手形 400,000**」を記入する。

(6)　「取立て等見込額」欄への記入

　「**取立て等見込額(2)**」欄には、担保権の実行等による取立て等見込額を記入する。

フォーム３－６	個別評価金銭債権チェック表＜記載例＞

会社名　　　H株式会社　　　　　　　　　　No.　　　　　1
事業年度 X1.10.1 ～ X2.9.30　　　　　　　　作成日　　X2.9.30

個別評価金銭債権チェック表

<table>
<tr><td rowspan="3">相手先</td><td>氏名・名称</td><td colspan="2">有限会社　M商事</td></tr>
<tr><td>所在地・TEL</td><td colspan="2">東京都千代田区神田○-○-○ 03-4567-8901</td></tr>
<tr><td>代表者氏名・住所</td><td colspan="2">甲山一郎　東京都台東区上野○-○-○</td></tr>
<tr><td>該当事由</td><td>条文番号</td><td>再生手続開始の申立て</td><td>法令 96①三</td></tr>
<tr><td colspan="2">該当事由の発生日</td><td colspan="2">X2 年 9 月 20 日</td></tr>
<tr><td rowspan="2">種別</td><td rowspan="2">金額　（1）</td><td>売掛金</td><td>900,000</td></tr>
<tr><td>受取手形</td><td>400,000</td></tr>
<tr><td rowspan="3">取立て等見込額　（2）</td><td>担保権の実行</td><td colspan="2">なし</td></tr>
<tr><td>保証債務の履行</td><td colspan="2">なし</td></tr>
<tr><td>その他の取立て</td><td colspan="2">なし</td></tr>
<tr><td colspan="2">実質的に債権とみられないものの額（3）</td><td colspan="2">200,000</td></tr>
<tr><td colspan="2">差引金額（4）　　　　（1）－（2）－（3）</td><td colspan="2">1,100,000</td></tr>
<tr><td rowspan="4">繰入限度額</td><td>法令 96①一</td><td>（4）の金額</td><td></td></tr>
<tr><td>法令 96①二</td><td>（4）の金額 ×50%</td><td></td></tr>
<tr><td>法令 96①三</td><td>（4）の金額 ×50%</td><td>550,000</td></tr>
<tr><td>法令 96①四</td><td>（4）の金額 ×50%</td><td></td></tr>
<tr><td>保存書類</td><td colspan="3">① 再生手続申立ての案内文書
② 債権者集会資料等
② 売掛金台帳
③ 実質的に債権とみられないものの額の明細書</td></tr>
</table>

処理検印	扱　者	担当者	管理者	営業部	経理部	決　裁

本事例では担保権や保証債務がないため、「なし」と記入する。

⑺　「実質的に債権とみられないものの額」欄への記入

「実質的に債権とみられないものの額⑶」欄には、「実質的に債権とみられないものの額の明細書」（第2章Ⅻ、フォーム2－31）等から集計した金額を記入する。本事例では「200,000」と記入する。

⑻　「差引金額」欄への記入

「差引金額⑷」欄には、「金額⑴」の合計額から「取立て等見込額⑵」と「実質的に債権とみられないものの額⑶」を控除した金額「1,100,000」を記入する（（900,000 ＋ 400,000）－ 200,000 ＝ 1,100,000）。

⑼　「繰入限度額」欄への記入

本事例は該当事由が「再生手続開始の申立て」のため、「繰入限度額」欄に、「差引金額⑷」欄の金額×50％で計算した金額「550,000」（1,100,000 × 50％ ＝ 550,000）を記入し、条文番号の「法令96①三」に「○」を付す。

⑽　「保存書類」欄への記入

「保存書類」欄には、「①再生手続申立ての案内文書」、「②債権者集会資料等」、「③売掛金台帳」、「④実質的に債権とみられないものの額の明細書」を記入する。

❹　関連税務のチェックポイント

⑴　貸倒れに類する事由

貸倒れその他これに類する事由には、売掛金・貸付金その他これらに類する金銭債権の貸倒れのほか、例えば、保証金や前渡金等について返還請求を行った場合における当該返還請求債権が回収不能となったときがこれに含まれる（法基通11－2－3）。

⑵　裏書譲渡をした受取手形

法人がその有する金銭債権について取得した受取手形でその金銭債権に係る債務者が振り出し、又は引き受けたものを裏書譲渡（割引を含む。以下⑵において同じ）した場合には、その受取手形に係る既存債権を個別評価金銭債権に該当するものとして取り扱う（法基通11－2－4）。

(注) この取扱いは、その裏書譲渡された受取手形の金額が財務諸表の注記等において確認できる場合に適用する。

(3) 第三者の振り出した手形

更生手続開始の申立て等があった場合の貸倒引当金勘定への繰入限度額の規定を適用する場合において、法人が債務者から他の第三者の振り出した手形（債務者の振り出した手形で第三者の引き受けたものを含む）を受け取っている場合におけるその手形の金額に相当する金額は、取立て等の見込みがあると認められる部分の金額に該当する（法基通11－2－10）。

(4) 手形交換所等の取引停止処分

法人の各事業年度終了の日までに債務者の振り出した手形が不渡りとなり、その事業年度分に係る確定申告書の提出期限（確定申告書の提出期限の延長の特例の規定によりその提出期限が延長されている場合には、その延長された期限とする。以下(4)において同じ）までにその債務者について手形交換所による取引停止処分が生じた場合には、その事業年度において更生手続開始の申立て等があった場合の貸倒引当金勘定への繰入限度額の規定を適用することができる。

法人の各事業年度終了の日までに支払期日の到来した電子記録債権法2条1項《定義》に規定する電子記録債権につき債務者から支払が行われず、その事業年度分に係る確定申告書の提出期限までにその債務者について同条2項に規定する電子債権記録機関（電子記録債権法施行規則25条の3第2号イ及びロに掲げる要件を満たすものに限る）による取引停止処分が生じた場合についても、同様とする（法基通11－2－11）。

2 ワンポイントアドバイス

個別評価金銭債権に係る貸倒引当金の繰入限度額の計算と一括評価金銭債権に係る貸倒引当金の繰入限度額の計算は、それぞれ別に計算することとされていることから、例えば、個別評価金銭債権に係る貸倒引当金の繰入額に繰入限度超過額があり、他方、一括評価金銭債権に係る貸倒引当金の繰入額が繰入限度額に達していない場合であっても、その繰入限度超過額をその一括評価金銭債権に係る貸倒引当金の繰入額として取り扱うことはできないことに留意する（法基通11－2－1の2）。

276

Ⅳ 固定資産の除却損

1 有姿除却チェック表

❶ チェック表の作成目的

　有姿除却に係る除却損は、実際に除却や廃棄等があった時点で計上されるものであるが、除却や廃棄等に多額の費用がかかるため、使用を廃止して固定資産を現状のまま放置しているケースが見受けられる。

　そのため、次に掲げるような固定資産については、たとえ解撤・破砕・廃棄等をしていない場合であっても、その資産の帳簿価額からその処分見込価額を控除した金額を除却損として損金の額に算入することができるものとされている（法基通7－7－2）。

> ① 　その使用を廃止し、今後通常の方法により事業の用に供する可能性がないと認められる固定資産
> ② 　特定の製品の生産のために専用されていた金型等で、当該製品の生産を中止したことにより将来使用される可能性のほとんどないことがその後の状況等からみて明らかなもの

　したがって、上記に該当する固定資産の除却処理を行うためには、今後使用の可能性があるか否かを検証する必要がある。

　その証明資料としては、固定資産台帳やスクラップ価額の見積書等があるが、この証明資料を補充する説明文書として作成されるのが「**有姿除却チェック表**」（**フォーム３－７**）である。

277

❷ 作成上のポイント

(1) 固定資産の内訳等の明示

「固定資産の内訳」欄のうち、「**資産コード**」欄には固定資産台帳等で使用している資産コードや管理番号を明示する。

「**資産種類**」・「**資産名称**」欄には、資産の種類と資産名称を明示する。

(2) 除却の時期等の明示

「除却の時期等」欄のうち、「**帳簿価額**」欄には有姿除却を行う固定資産の帳簿価額を明示し、「**処分見込価額**」欄には見積書等の金額を明示する。

また、「**除却損**」欄には帳簿価額から処分見込額を控除した金額を記載し、「**使用廃止日**」欄にはその固定資産の使用廃止日を明示する。

(3) 要件チェックの明示

「**要件チェック**」欄は、今後使用の可能性がないことの確認を行ったことを示すために「**判断理由**」欄を設けている。

(4) 調査書等の明示

「**調査書等**」欄には、このチェック表を作成する際に使用した証明資料を記入する。

第3章　会社の損失項目に係る税務証拠フォーム

フォーム３−７　　有姿除却チェック表

会社名 _____

事業所名 _____

事業年度 _____

No. _____

作成日 _____

有姿除却チェック表

固定資産の内訳	資産コード	資産種類	資産名称		

除却の時期等	帳簿価額	処分見込価額	除却損	使用廃止日

要件チェック	YES	NO	判断理由
その使用を廃止し、今後通常の方法により事業の用に供する可能性がないと認められるか（法基通 7-7-2（1））			
特定の製品の生産のために専用されていた金型等で、当該製品の生産を中止したことにより将来使用される可能性のないことがその後の状況等からみて明らかか（法基通 7-7-2（2））			

調査書等	

処理検印	扱者	担当者	管理者	営業部	経理部	決裁

Ⅳ　固定資産の除却損

279

❸ 上手な記入方法

(1) 「会社名」欄等への記入

「会社名」・「事業所名」欄には「X株式会社」・「A事業所」と記入し、「事業年度」欄にはX株式会社の事業年度を「X1.12.1～X2.11.30」と記入する。

また、「No.」欄には「1」と記入し、「作成日」欄には「X2.11.30」と記入する。

(2) 「固定資産の内訳」欄の各欄への記入

「固定資産の内訳」欄のうち、「資産コード」欄にはX株式会社が使用している固定資産の資産コードや管理番号の「1」を記入し、「資産種類」欄には「機械装置」と記入するとともに、「資産名称」欄には「〇〇製品製造設備」とその機械装置の名称を記入する。

(3) 「除却の時期等」欄の各欄への記入

「除却の時期等」欄のうち、「帳簿価額」欄には「10,000,000」を記入し、「処分見込価額」欄にはスクラップ価額の見積書等に記載された金額「4,000,000」を記入する。

また、「除却損」欄には、「帳簿価額」欄に記入した金額から「処分見込価額」欄に記入した金額を控除した金額「6,000,000」を記入する。

さらに、「使用廃止日」欄には、その固定資産の使用廃止日である「X2年2月10日」を記入する。

(4) 「要件チェック」欄への記入

「要件チェック」欄では、その対象となる固定資産の区分に応じてチェックを行った結果、〇〇製品製造設備は有姿除却の要件を満たすため、「YES」欄に「〇」を付す。また、「判断理由」欄に今後使用する可能性がないことの理由を記入する。

(5) 「調査書等」欄への記入

「調査書等」欄には、要件を満たすことの証明資料として「固定資産台帳」・「スクラップ価額の見積書等」・「固定資産稼働状況調査書」等を記入する。

第３章　会社の損失項目に係る税務証拠フォーム

フォーム３−８　　有姿除却チェック表＜記載例＞

会社名	Ｘ株式会社
事業所名	Ａ事業所

事業年度 X1.12.1 ～ X2.11.30

No.　　1
作成日　X2.11.30

有姿除却チェック表

固定資産の内訳	資産コード	資産種類	資産名称		
	1	機械装置	○○製品製造設備		

除却の時期等	帳簿価額	処分見込価額	除却損	使用廃止日
	10,000,000	4,000,000	6,000,000	X2年２月10日

要件チェック	YES	NO	判断理由
その使用を廃止し、今後通常の方法により事業の用に供する可能性がないと認められるか （法基通 7-7-2（1））	○		新製品の導入により、旧製品である○○製品製造設備は不要となった。この設備は他の用途に転用することが困難であり、多額の取壊費用がかかるため現状のまま放置している。
特定の製品の生産のために専用されていた金型等で、当該製品の生産を中止したことにより将来使用される可能性のないことがその後の状況等からみて明らかか （法基通 7-7-2（2））			
調査書等	・固定資産台帳 ・スクラップ価額の見積書等 ・固定資産稼働状況調査書		

処理検印	扱者	担当者	管理者	営業部	経理部	決裁

❹ 関連税務のチェックポイント

有姿除却により除却損の損金算入が認められる金額は、その除却の対象となった固定資産の帳簿価額から処分見込価額を控除した金額に限られているため、その解撤等に要する費用をあらかじめ見積もり、これをその処分見込価額から控除して除却損の金額を計算することは認められないことになる（法基通7－7－1）。

2 ワンポイントアドバイス

❶ 今後使用の可能性がないかどうかの判断

今後通常の方法により事業の用に供する可能性がないかどうかは、個々の事実認定の問題であるが、その使用を廃止した時点における事後処理の方法、客観的な経済情勢その他状況の変化を見極めた上で判断することになる。

❷ 生産中止の判断

「生産中止」とは、単に企業が生産中止したことを宣言すれば足りるというものではなく、一般的には、生産を中止した後の状況を見た上で将来の使用可能性を見極めるということであるため、通常は生産中止後、ある程度の期間経過後において、初めて除却ができるというべきであろう。

第4章

会社の資産・負債項目 に係る 税務証拠フォーム

I　土地・建物に係る取得価額の区分計算

1　土地・建物取得価額区分計算チェック表 ⬛⬛⬛⬛⬛⬛⬛⬛⬛

❶　チェック表の作成目的

　土地・建物を一括購入した場合、当事者間の契約書等においてそれぞれの価格の区分が明らかにされているものについては、原則としてその明らかにされている金額を基礎に土地・建物の取得価額の区分を行うことになる。

　一方、契約書等によりその区分が明らかにされていないときは、取得価額を合理的に区分する必要がある。土地・建物の取得価額の区分についての合理的な基準は、税法上特に定められた方法がなく、実務上は次のような考え方をもとに按分計算を行うこととなる。

> ・土地・建物いずれかの価額を算定し、残額が算定をしていないものの価額とする方法
> ・土地・建物について、各々の時価を算定し、その比率により按分する方法
> ・不動産鑑定評価額により按分する方法

　取得した側にとって、法人税法の取扱いでは、土地は非償却資産である一方、建物は減価償却資産であることから、減価償却資産の取得価額が大きいほうが、償却による投下資金の回収には税務上有利となる。

　また、消費税法の取扱いでは、土地は非課税仕入れであるが、建物は課税仕入れとなる。

　したがって、合理的算定方法による区分をしない場合、税務上のトラブルが発生することが予想されるため、土地・建物を一括購入した場合の対価を客観的に区分する方法を一覧できる「土地・建物取得区分計算チェック表」（フォーム4－1）を作成し、重要な税務証拠資料とすることが必要となる。

(1) 控除方式による方法

土地・建物のいずれか適正に把握できる一方の価額を算定し、その価額を控除した残額が算定していないものの価額とする方法としては、次のような方法がある。

① 土地の公示価格から算定する方法

相続税路線価をもとに、近隣の地価公示法に基づき選定された標準地の全部である比準対象地の1月1日を基準日とする公示価格を土地の相続税路線価で除した割合（公示価格比準倍率）を乗じて算出する方法で、次のような計算により土地の価額を計算し、残額を建物の価額とする。

- ・土地・建物の購入対価の合計　100,000,000円（土地100㎡、建物1棟）
- ・対象地の路線価　500,000円/㎡
- ・近隣の公示価格　800,000円/㎡　路線価　640,000円/㎡

○土地の価額　　500,000円 × 800,000／640,000 ＝ 625,000円/㎡
　　　　　　　　625,000円 × 100㎡ ＝ 62,500,000円
○建物の価額　　100,000,000円 － 62,500,000円 ＝ 37,500,000円

実務上は、これに付随費用を勘案し、さらに公示価格は1月1日を基準日としているので、購入時において地価が変動していると認められる場合には、時点修正を行うことが必要となる。

公示価格以外に土地の価額の算定方法としては次のようなものが考えられる。

(イ) 近隣の売買事例をもとに算定する方法

(ロ) 不動産業者により価格を査定してもらう方法

(ハ) 路線価を8割で割り戻して算定する方法（財産評価基本通達による評価額は時価の80％といわれているため）

② 建物の再建築価額から算定する方法

建物の再建築価額をもとに、旧定額法により減価償却した後の未償却残高を建物の価額として算出する方法で、次のような計算により建物の価額を計算し、残額を土地の価額とする。

- ・土地・建物の購入対価の合計　100,000,000円（土地100㎡、事務所用建物300㎡）
- ・建物の再建築価額　180,000円/㎡
- ・建物の構造　　鉄筋コンクリート造　　耐用年数50年　築年数　5年

○建物の価額　　180,000円/㎡ × 300㎡ ＝ 54,000,000円
　　　　　　　　54,000,000円 － 54,000,000円 × 0.9 × 0.02 × 5年 ＝ 49,140,000円

> ○土地の価額　100,000,000 円 − 49,140,000 円 = 50,860,000 円

　建物の再建築価額とは、購入時において購入した建物と同一のものを新築するものとした場合に必要とされる建築費をいい、実務上は、建築時と比較して物価や建材費等の変動があるときは、その変動分を考慮することが必要となる。

　再建築価額以外に建物の価額の算定方法には、次のようなものが考えられる。

　(イ)　国土交通省建築統計年報による標準的な建築価額表により計算した取得価額から、旧定額法により減価償却した未償却残高を建物の価額とする方法

　(ロ)　近隣の売買事例を基に算定する方法

　(ハ)　不動産業者に価格を査定してもらう方法

(2)　按分方式による方法

　土地と建物について全体の購入価額を土地・建物の一定の価額により按分する方法としては、最も代表的な方法に固定資産税評価額の比により按分する方法がある。

　固定資産税の評価額は、土地は売買実例価額、家屋は再建築価額を基準として評価されることから合理的な基準といえ、また取引当事者にとって固定資産税評価額の入手は容易でもあることから、区分方法としては簡便でかつ客観的な方法といえる。

　比率によって按分する方法としては、次の方法が考えられる。

①　相続税評価額を基礎に按分する方法

②　近隣の取引事例（時価）を基礎に按分する方法

③　不動産鑑定業者による鑑定評価額（時価）により按分する方法

(3)　付随費用の按分

　土地・建物を一括購入した場合に生じる付随費用についても、その内容により、土地の取得価額を構成するものと、建物の取得価額を構成するもの、及び固定資産の取得価額に算入しないことができるものに区分する。

❷　作成上のポイント

(1)　土地・建物の明細

　土地・建物の取得に関する書類であるため、「**所在地**」・「**地目**」・「**構造・用途**」・「**面積**（公簿面積・実測面積の別）」等の明細を記入する。ただし、これらの内容については、他の文書によっても詳細が明らかとなることから、その土地・建物が特

第4章 会社の資産・負債項目に係る税務証拠フォーム

フォーム4－1 土地・建物取得価額区分計算チェック表

会社名 _____　　No. _____
事業年度 _____　　作成日 _____

土地・建物取得価額区分計算チェック表

〔物件名　：　　　　　　　〕〔所在地：　　　　　　　　　　　　　　　　　　　　　〕

取得物件		取得年月日		取得先		購入代価		付随費用		取得価額計
	建物	構造・用途								
		床面積								
	土地	地目								
		面積								

控除方式		区分　　計算	取得価額	控除価額	控除価額算定方法		建物価額	土地価額
	建物控除	金額						
		面積@						
	土地控除	金額						
		面積@						

按分方式		区分　　計算	取得価額	建物評価額	土地評価額	評価額計	建物価額	土地価額
	時価按分方式	時価						
		調整						
		金額						
	固定資産税評価額按分方式	評価額						
		調整						
		金額						
	相続税評価額按分方式	評価額						
		調整						
		金額						
	公示価格按分方式	公示価格						
		調整						
		金額						

検討過程

添付資料	区分計算結果			減価償却に関する事項			
	〔算定方式：　　　　　　　　　　〕			細目・構造	法定耐用年数	経過年数	適用耐用年数
	土地の価額	建物の価額	計				
				備考			

処理検印	担当者	管理者	経理部	決　裁

287

定できる程度のものとすることができる。

(2) 取得価額

　土地・建物の購入代価、付随費用等、取得のための代価及び事業の用に供するために直接要した支出額も含まれるため、これらの費用についても記入が必要となる（法令54、法基通7－3－16の2）。

(3) 土地・建物の取得価額の区分方法

　上記❶のとおり、土地・建物一括取得の取得価額の区分方法には、控除方式と按分方式があり、どの方式を選択するかは、それぞれの個別事情により判断する必要がある（図表4－1）。

　会社の方針で特定の方式を用いて継続的にその方法によって区分するのであれば、本チェック表は、その方法のみを抽出して作成する。

図表4－1	土地・建物の取得価額の区分方法

	区分	計算方法
控除方式	建物価額控除方式	土地・建物のうち適正に把握できる一方の価額を算定し、控除した残額を他方の価額とする方法
	土地価額控除方式	
按分方式	土地・建物価額（時価）按分方式	土地・建物それぞれの価額（時価）を適正に求め按分する方法
	固定資産税評価額按分方式	土地・建物の固定資産税評価額を按分の基礎とする方法
	相続税評価額按分方式	土地・建物それぞれの相続税評価額を求め、按分の基礎とする方法
	公示価格按分方式	土地は最寄りの公示価格を参考とした評価額。建物は相続税評価額により按分する方法

❸ 上手な記入方法

(1) 「会社名」欄等への記入

　「**会社名**」欄には「**A株式会社**」と会社名を記入し、「**事業年度**」欄には取得の日の属する事業年度を「X19.4.1～X20.3.31」と記入する。

　また、「**物件名**」欄には、一見してどの物件かわかるよう、物件の社内呼称である「**葛西倉庫**」と記入し、「**所在地**」欄には住居表示を記載するが、地番を併記するほうが望ましい。

第4章　会社の資産・負債項目に係る税務証拠フォーム

フォーム４－２　土地・建物取得価額区分計算チェック表＜記載例＞

Ⅰ　土地・建物に係る取得価額の区分計算

会社名　　Ａ株式会社
事業年度 X19.4.1～X20.3.31

No.　　001
作成日　 X20.3.31

土地・建物取得価額区分計算チェック表

〔物件名　：　葛西倉庫　　　　〕〔所在地：東京都江戸川区東葛西○-○-○　　　　　　　　　　　　　　　　　　〕

取得物件	取得年月日	X20.3.15	取得先	有限会社乙村	購入代価	付随費用		取得価額計
	建物	構造・用途	鉄骨造2階建	倉庫 X1.4築	手付 8,800,000	仲介手数料	3,000,000	
		床面積	公簿 130㎡	現況 130㎡	残金 88,000,000	登録免許税	損金処理 ~~180,000~~	
	土地	地目	宅地		固都税精算金 200,000	司法書士報酬	損金処理 ~~150,000~~	
		面積	公簿 100㎡		97,000,000		3,000,000	100,000,000

控除方式	区分	計算	取得価額	控除価額	控除価額算定方法		建物価額	土地価額
	建物控除	金額						
		面積@						
	土地控除	金額	100,000,000	62,500,000	相続税路線価の比を基に、		37,500,000	62,500,000
		面積@	625,000円/㎡		近隣公示価格を修正する方法			

按分方式	区分	計算	取得価額	建物評価額	土地評価額	評価額計	建物価額	土地価額
	時価按分方式	時価						
		調整						
		金額						
	固定資産税評価額按分方式	評価額		5,800,000	56,200,000	62,000,000		
		調整		—	—			
		金額	100,000,000	5,800,000	56,200,000	62,000,000	9,354,839	90,645,161
	相続税評価額按分方式	評価額						
		調整						
		金額						
	公示価格按分方式	公示価格						
		調整						
		金額						

検討過程

1) 土地控除方式　対象地の路線価　500,000円/㎡　○土地の価額 500,000 × 800,000/640,000 = 625,000円/㎡
　　　　　　　　近隣の公示価格　800,000円/㎡　　　　　　　　　625,000円/㎡ × 100㎡ = 62,500,000円
　　　　　　　　〃の路線価　　　640,000円/㎡　○建物の価額 100,000,000円 − 62,500,000円 = 37,500,000円

2) 固定資産税評価額按分方式
　　　　固定資産税評価額　：　　土地　56,200,000円　　建物　5,800,000円

　　　○土地の価額 100,000,000 × $\dfrac{56,200,000}{56,200,000 + 5,800,000}$ = 90,645,161

　　　○建物の価額 100,000,000 × $\dfrac{5,800,000}{56,200,000 + 5,800,000}$ = 9,354,839

3) 検討・判断
　　　近隣公示価格による方法は、土地価額が上昇している現状から適当ではないと判断され、また控除残額としての建物の価額は、耐用年数の全部を経過した倉庫としては過大である。よって、固定資産税評価額による按分方式を採用する。

添付資料	区分計算結果			減価償却に関する事項			
・売買契約書（写）・登記簿謄本（写）・固定資産税評価証明書・路線価図等	〔算定方式：固定資産税評価額按分方式〕			細目・構造	法定耐用年数	経過年数	適用耐用年数
	土地の価額	建物の価額	計	金属造3㍉以下 倉庫用建物	12年	18年	2年
	90,645,161	9,354,839	100,000,000	備考　中古資産の簡便法により法定耐用年数の20%の年数			

処理検印	担当者	管理者	経理部	決　裁

289

⑵　「取得物件」欄の各欄への記入

　「取得物件」欄には登記簿謄本等を確認しながら、取得物件の「**構造・用途**」、「**面積**」等を転記するが、登記上と現況の面積や地目、用途等が異なる場合には、「**公簿：雑種地**」、「**現況：宅地**」等と記載しておくとよい。

　「**購入代価**」欄には、合計額のみを記載してもよいが、手付・残金・固都税精算金等の支払がある場合にはその内訳を記入し、合計額を算出するようにする。「**付随費用**」欄には、「**仲介手数料**」等、取得価額に算入すべき費用を記入するのは当然であるが、「**登録免許税**」や「**司法書士報酬**」等、損金処理したものについても記入し、「**損金処理　~~180,000~~**」のように抹消線を施して取得価額の合計には加算しないよう明示しておくと、後日の参考となる。

　取得価額に算入すべきもののすべてを記入したら、「**取得価額計**」欄にその合計を「**100,000,000**」円のように記入し、この金額を計算しようとする「**控除方式**」「**按分方式**」の各「**取得価額**」欄へ転記する。

⑶　「控除方式」欄への記入

　「**建物控除**」方式、「**土地控除**」方式による計算を行った場合には、計算を行った方式の各欄に金額等を記入する。

　この場合、「**検討過程**」欄に採用した計算過程を記入し、例えば土地控除方式により先に土地の価額を算定した場合には、「**控除価額**」欄と「**土地価額**」欄に算定した土地の価額を転記し、併せて「**面積@**」欄には1㎡当たりの土地の単価を記入しておくとよい。

　また、土地の価額を控除した残額を「**建物価額**」欄に記入するとともに、「**控除価額算定方法**」欄には採用した算定方法を簡記する。

⑷　「按分方式」欄への記入

　按分方式による計算を行った場合には、計算を行った方式の各欄に金額等を記入する。

　固定資産税評価額按分方式により土地・建物の価額を算定した場合には、まず計算の基礎となる「**建物評価額**」欄・「**土地評価額**」欄にそれぞれの固定資産税評価額を「**5,800,000**」円、「**56,200,000**」円と記入し「**評価額計**」欄にはその合計額を「**62,000,000**」円と記入する。固定資産税評価額の評価換えは３年ごとのため、調整が必要な場合には「**調整**」欄に調整計算を行った後の金額を記入する。

　この後、「**検討過程**」欄に採用した「**固定資産税評価額按分方式**」による計算過

290

程を記入し、「**建物価額**」欄と「**土地価額**」欄に算定したそれぞれの価額を転記する。

⑸ 「検討過程」欄への記入

上記⑶、⑷のとおり、「**検討過程**」欄には採用した方式による計算過程が記入されるが、採用した方式によることが適当であることの理由や、また、複数の方式により算定を行った場合には、いずれの方法を採用するべきか、検討した内容を記載しておくとよい。

⑹ 「添付資料」欄への記入

土地・建物の取得価額区分計算には、金額の根拠とした資料が重要であるため、本チェック表には、必ず根拠とした資料を添付することとなる。「**売買契約書（写）**」は必須の資料といえるが、その他にも按分等の根拠とした評価額を証明する書類も添付し、その名称を記入する。

⑺ 「区分計算結果」・「減価償却に関する事項」欄等への記入

複数の方式により計算を行った場合には、検討の結果採用した「**土地の価額**」・「**建物の価額**」を記入し、明示する。

あわせて「**建物の減価償却に関する事項**」欄についても、「**細目・構造**」欄・「**法定耐用年数**」欄・「**経過年数**」欄等を同時に記入することで、取得した建物に適用するべき耐用年数の決定が可能である。

「**処理検印**」欄を設けると、取得価額の区分計算と減価償却の耐用年数について、担当者より上司へ報告・決裁を受け、その後の会計処理・固定資産台帳への登録資料としての書式として利用しやすくなる。

❹ 関連税務のチェックポイント

⑴ 取得価額に含めないことができる付随費用

購入した土地・建物の取得価額には、原則として、その資産の購入代価とその資産を事業の用に供するために直接要した費用のほか、仲介手数料等、その資産の購入のために要した費用も含まれる。

ただし、次に掲げるような費用については、取得価額に算入しないことができる（法基通 7 − 3 − 1 の 2 、7 − 3 − 3 の 2 ）。

・不動産取得税

・登録免許税その他登記等のために要する費用

・建物の建設等のために行った調査・測量・設計・基礎工事等でその建設計画を変更したことにより不要となったものに係る費用

・いったん結んだ取得に関する契約を解除して、他の資産を取得することとした場合に支出する違約金

・資産を取得するための借入金の利子（使用を開始するまでの期間に係る部分）

　　(注)　使用を開始した後の期間に係る借入金の利子は、期間の経過に応じて損金の額に算入する。

(2)　土地とともに取得した建物を取り壊した場合

① 建物の購入価額

　土地を建物とともに取得した場合において、当初からその建物を取り壊して土地を利用する目的であることが明らかであると認められるときは、その建物の取得価額及び取壊費用の合計額は、その土地の取得価額に算入することとなる。

　取得後直ちに建物を取り壊した場合のほか、取得後おおむね1年以内に建物の取壊しに着手するなど、当初からその建物を取り壊して土地を利用する目的であることが明らかであると認められる場合には、土地の取得のみが目的であるという形式的な判断基準が設けられている（法基通7－3－6）。

② 廃材等の処分によって得た金額がある場合

　取壊しよって生じた廃材等の処分によって得た金額がある場合には、その金額は土地の取得価額に加算する建物の帳簿価額又は取壊費用から控除する。

③ 費用として処理する場合

　建物の取得が土地を利用する目的であるかどうか明らかでない場合、あるいは取得後に重大な後発的事由が生じてその使用を中止して取り壊した場合などには、その建物の帳簿価額と取壊費用は取り壊した事業年度の損金の額に算入することができる。

(3)　土地・建物の取得に際して支払った立退料がある場合

　法人が土地・建物の取得に際し、その土地・建物を従来から使用していた借地人・借家人等の使用者等に支払う立退料は、その土地・建物の取得価額に算入しなければならない（法基通7－3－5）。

　この場合、土地の取得のため借地人に支払った立退料は土地の取得価額に算入し、建物を取得するために借家人に支払った立退料は建物の取得価額に算入することとなる。

　土地・建物を取得するために借地人・借家人へ支出する費用には、立退料の名目

第4章　会社の資産・負債項目に係る税務証拠フォーム

で支払う金品の他、転居費用や所得補償としての補償金等、いろいろな費用が考えられる。

　税務上、土地・建物の取得価額に算入するべき費用の範囲は、借地人等を立ち退かせることを目的として支出される費用となり、原則として、借地人の立退きに直接必要な費用として支出される金品のすべてを立退料と解し、取得価額に算入するべきと考えられる。

2　ワンポイントアドバイス

❶　証拠資料・計算根拠の保存

　土地・建物を一括購入している場合には、土地と建物の価額の区分が合理的になされていることを明らかにするため、「土地・建物取得価額区分計算チェック表」を作成するとともに、次のような資料を作成あるいは保存する必要がある。

　これらの資料は、その土地・建物を所有する限り永年保存とするべきである。

・不動産売買契約書・請求書・領収書（控え）

・取得年度の路線価図

・取得年度の近隣地地価公示資料・標準地位置図

・不動産鑑定評価書（作成した場合）

・取締役会議事録・稟議書等、価額決定過程の確認ができる書類

・取引記録

　　取引実態や個別事情を説明できることを目的とした資料として、次のような内容を記録する。

　　　　・取引の端緒

　　　　・仲介等の相手先（当社との関係）

　　　　・立退等付帯業務の内容

　　　　・取引資金の出金状況

　　　　・資金調達内容

　　　　・契約・引渡し等の時期の記録

　　　　・付帯費用の明細

❷ 税務上の注意点

　土地付き建物の取引価額は、実務上は先行して合計金額により取引が合意される場合が多いと考えられ、土地・建物の価額の区分が契約書に記載されている場合であっても、取引当事者の都合により有利な区分になっているのではないかと疑念を持たれる場合がある。

　合理的な区分の方法は税法に明らかな規定がなく、算定根拠としての、公示価格・固定資産税評価額・路線価等も市場価額としての時価と乖離している場合も多い。複数の基準による区分を試算し、最も合理的であると説明のできる方法を採用することや、場合によっては不動産鑑定士の鑑定評価を実施することなども検討する必要がある。

第4章　会社の資産・負債項目に係る税務証拠フォーム

Ⅱ　借地権の設定

1　借地権関係届出チェック表

❶　チェック表の作成目的

　借地権の設定に当たっては、税務上の取扱いを十分に検討し、契約内容の決定前に、その前後の有利・不利事項についても十分に検討する必要があり、当事者間の実情にあった借地契約を選択し、所轄税務署へ届出の必要なものについては遅滞なく届け出なければならない。

　土地関係の取引は影響する金額も大きいため、契約内容による税務上の取扱いや、届出書提出の要否を「**借地権関係届出チェック表**」（**フォーム4－3**）により確認する。

　土地と建物の所有者が異なるという借地権設定契約を締結するに当たって、両者とも税務上不利益な扱いを受けない契約とするには、どのような条件とすればよいか入念に検討しなければならない。

　契約の条件次第で、現在・将来にわたり税務上の取扱いがどのように及ぶのかを、パターン別に確認しチェックするため、本チェック表を作成する必要がある。

(1)　借地権の定義

　借地借家法で規定する借地権とは、「建物の所有を目的とする地上権又は賃借権」をいい（借地借家法2）、建物を所有する目的で土地の賃貸借を行う場合、一般に借地権利金を授受する慣行がある。

　一方、法人税法上の借地権は「建物又は構築物の所有を目的とする地上権又は土地の賃借権」をいい、次のような行為が含まれる（法令137、138）。
・借地権又は地役権の設定により土地を使用させること
・借地権を転貸すること
・他人に借地権に係る土地を使用させること

295

(2) 権利金の認定課税

借地権の設定に際し権利金を授受する取引慣行のある地域において、権利金の授受がない場合には権利金の認定課税の問題が生ずる。

法人税法では、法人が行う取引は第三者間における取引と同様の経済的合理性を持って行われるべきとされ、経済的合理性に反する相手方に有利な取引を行った場合には、これを純粋な経済取引に置き直したところで課税される。土地の賃貸借においても、法人が借地権の設定に際し権利金を収受しない場合には、その収受すべき権利金を認定し、原則として借地権の受贈益に対して課税される（法法22②、法基通13－1－3）。

なお、受贈益に対する課税関係は、土地所有者と借地人が法人であるか個人（通常は土地所有者である法人の役員）であるかにより、図表4－2のように取り扱う。

図表4－2	権利金認定の課税処理				
土地所有者			借地人		
法人	（借）寄　附　金　（貸）権利金収入		法人	（借）権　利　金　（貸）受　贈　益	
法人	（借）給　与　等　（貸）権利金収入		役員・使用人	給与所得	
法人	（借）寄　附　金　（貸）権利金収入		上記以外の個人	一時所得	
個人	－		法人	（借）権　利　金　（貸）受　贈　益	

なお、権利金の認定については、次の算式により計算した金額を通常収受すべき権利金の額と認定し、土地所有者である法人が借地人に贈与したものとされる（法基通13－1－3）。

$$\text{通常収受すべき権利金の額} = \text{土地の更地価額}^{(注)} \times \left(1 - \frac{\text{実際に収受している地代の年額}}{\text{相当の地代の年額}} \right)$$

(注) 土地の更地価額は、その借地権の設定時における通常の取引価額をいう。

(3) 権利金を収受する慣行がない場合

法人が借地権の設定により権利金を収受しなかったときに権利金の認定課税が行われるのは、権利金の授受が行われる取引上の慣行がある場合に限られることから（法令137）、権利金授受の慣行がない場合には権利金の認定課税は行われない。

この場合、相続税又は贈与税の課税価格に算入しない借地権（借地権割合が３割未満）に該当する地域においては権利金授受の慣行がないものとされる。

⑷　相当の地代を収受する場合

権利金を収受する慣行がある場合においても、法人が借地権の設定により、権利金の収受に代えて相当の地代を収受しているときは権利金の認定課税が行われない（法令137、法基通13－1－2）。

その後、借地人に借地権が帰属するか否かは、無償返還の届出書の提出の有無・相当の地代の改訂の有無により異なる。

① 相当の地代の年額

相当の地代は次の算式により算定される。

> 相当の地代の年額 ＝ （土地の更地価額 － 収受した権利金等の額）× 6%

相当の地代については、当初は「土地の更地価額」に対しておおむね8%とされていたが、平成元年より当分の間6%とされた。また「土地の更地価額」とは、通常の取引価額をいうが、課税上弊害のない場合には、次の価額によることも認められる（法基通13－1－2�注㈩、平成元 .3.30 直法2－2）。

・近傍類地の公示価格又は国土利用計画法の標準価格から合理的に算定した価額

・相続税評価額

・相続税評価額の過去３年間における平均額

② 権利金の一部を収受する場合の相当の地代の計算

土地の相続税評価額を土地の更地価額として相当の地代を計算する場合において、権利金の一部を収受したときは、収受した権利金を次の算式のとおり、相続税評価額と同一基準に調整し、調整計算後の権利金の額を土地の更地価額から控除した後の金額に6%を乗じて相当の地代を計算する（法基通13－1－2�注㈩）。

> 調整後の収受した
> 権利金の額 ＝ 収受した権利金の額 × $\dfrac{相続税評価額}{更地としての通常の取引価額}$
>
> 相当の地代の年額 ＝ （相続税評価額 － 調整後の収受した権利金の額）× 6%

③ 相当の地代に満たない地代を収受している場合

法人が借地権の設定により他の者に土地を使用させた場合において、収受する地代の額（実際の地代）が相当の地代に満たないときは、権利金の認定が行われ、認定される権利金の額は、次の算式により計算される（法基通13－1－3）。

相当の地代の改訂方法に関する届出書

※整理事項	1 土地所有者	整理簿	
		番　号	
	2 借地人等	確　認	

受付印

平成　　年　　月　　日

国 税 局 長
税 務 署 長　殿

　土地所有者 ＿＿＿＿＿＿＿＿は、借地権の設定等により下記の土地を平成 ＿＿年 ＿＿月 ＿＿日から ＿＿＿＿＿＿＿に使用させることとし、その使用の対価として法人税法施行令第137条に規定する相当の地代を収受することとしましたが、その契約において、その土地を使用させている期間内に収受する地代の額につき法人税基本通達13－1－8（又は連結納税基本通達16－1－8）の ｛(1)により改訂する / (1)によらない｝ こととしましたので、その旨を届け出ます。

　なお、下記の土地の所有又は使用に関する権利等に変動が生じた場合には、速やかにその旨を届け出ることとします。

記

土地の表示

所　在　地	＿＿＿＿＿＿＿＿＿＿＿＿＿＿＿＿＿＿＿＿＿＿＿＿
地 目 及 び 面 積	＿＿＿＿＿＿＿＿＿＿＿＿＿＿＿＿＿＿　　＿＿＿＿＿＿ ㎡

	（土地所有者）	（借地人等）
住所又は所在地	〒　　　　　　　　　　　電話（　　　）　　－	〒　　　　　　　　　　　電話（　　　）　　－
氏 名 又 は 名 称	㊞	㊞
代 表 者 氏 名	㊞	㊞

	（土地所有者が連結申告法人の場合）	（借地人等が連結申告法人の場合）
連結親法人の納　税　地	〒　　　　　　　　　　　電話（　　　）　　－	〒　　　　　　　　　　　電話（　　　）　　－
連結親法人名等	＿＿＿＿＿＿＿＿＿＿＿＿＿＿	＿＿＿＿＿＿＿＿＿＿＿＿＿＿
連結親法人等の代表者氏名	＿＿＿＿＿＿＿＿＿＿＿＿＿＿	＿＿＿＿＿＿＿＿＿＿＿＿＿＿

借地人等と土地所有者との関係	借地人等又はその連結親法人の所轄税務署又は所轄国税局
＿＿＿＿＿＿＿	＿＿＿＿＿＿＿＿＿

20.06 改正

第4章　会社の資産・負債項目に係る税務証拠フォーム

（契約の概要等）

1　契 約 の 種 類 _____

2　土地の使用目的 _____

3　契 約 期 間　　平成　　　年　　　月　～　平成　　　年　　　月

4　建 物 等 の 状 況

　(1) 種　　　　　類 _____

　(2) 構造及び用途 _____

　(3) 建 築 面 積 等 _____

5　土 地 の 価 額 等

　(1) 土 地 の 価 額 _____円　（_____）円

　(2) 権利金等の額 _____円

　(3) 地 代 の 年 額 _____円

6　特 約 事 項 _____

　　　　　　　　　 _____

7　土 地 の 形 状 及 び 使 用 状 況 等 を 示 す 略 図

8　添 付 書 類 (1) 契 約 書 の 写 し (2) _____

Ⅱ　借地権の設定

$$\text{認定される権利金の額} = \text{土地の更地価額}^{(注)} \times \left\{ 1 - \frac{\text{実際に収受している地代の年額}}{\text{相当の地代の年額}} \right\}$$

(注) 土地の更地価額は、その借地権の設定時における通常の取引価額をいう。

④ 相当の地代を引き下げた場合

相当の地代を収受した場合において、その後地代を引き下げたときは、その引き下げたことについて次のような相当の理由があると認められる場合を除き、その引き下げたときの土地の価額を基礎として権利金の認定課税が行われる（法基通13-1-4）（図表4-3）。

・地代を引き下げる代わりに権利金の授受が行われた場合
・借地権の設定時に比較して土地の価額が下落した場合

図表4-3　相当の地代を引き下げた場合の取扱い

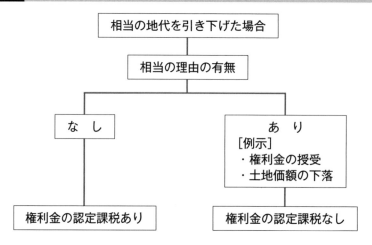

⑤ 相当の地代の改訂

法人が借地権の設定により相当の地代を収受することとした場合には、契約書等において、その土地の使用期間に収受する地代の額の改訂方法につき、次の(イ)、(ロ)のいずれかによることを定め、それらの内容を記載した「相当の地代の改訂方法に関する届出書」を借地人との連名により、遅滞なく所轄税務署長に届け出なければならない。

なお、その届出がないときは(ロ)の方法を選択したものとされる（法基通13-1-8）。

(イ) 借地権の設定に係る土地の価額の上昇に応じて、おおむね3年以内に収受する地代の額を相当の地代に改訂する方法（地価上昇に応じて地代の改訂が行われているため、借地人に借地権が発生しない）

(ロ)　上記(イ)以外の方法（地価上昇に応じて地代の改訂が行われていないため、借地人に借地権が発生する）

(5)　土地の無償返還に関する届出書

　借地権が設定された場合において、権利金の授受がなく相当の地代を収受しない場合であっても、土地所有者と借地人が土地賃貸借契約において土地の無償返還を定めるとともに、「土地の無償返還に関する届出書」を土地所有者の所轄税務署長に提出した場合には、権利金の認定課税は行われない（法基通13 − 1 − 7）。

　この取扱いは、特殊関係者間における借地権の設定については、当事者の合意したところに従って自然な形で課税関係を処理することとし、権利金の認定課税という不自然な課税関係を限定するためのものである。

① 要　　件

　無償返還に関する届出書を提出する場合には、以下の要件を満たす必要がある。

・権利金の授受がないこと

・土地賃貸借契約書に土地が将来無償で返還される旨の記載があること

・土地所有者と借地人が連名で届出書を土地所有者の所轄税務署長に提出すること

・土地所有者と借地人の両者が個人の場合には適用がないこと

② 相当の地代の認定課税

　無償返還に関する届出書が提出された場合には、権利金の認定課税は行われないが、相当の地代を支払う必要がある。

　つまり、借地取引における権利金と地代とは、一方が高くなれば他方が低くなる相関関係にあることから、借地権の設定により権利金の支払がなければ相当の地代の支払が必要になる。

　したがって、借地人が支払う地代（実際の地代）が相当の地代に満たない場合には、その満たない金額に対し、毎期相当の地代の認定課税が行われる。

　相当の地代の認定課税は、土地所有者と借地人の関係により税務処理が異なり、図表4 − 4のように土地所有者が法人の場合にのみ課税が行われる。

土地の無償返還に関する届出書

受付印

※整理事項	1 土地所有者	整理簿	
		番 号	
	2 借地人等	確 認	

平成　　年　　月　　日

国 税 局 長
税 務 署 長　殿

土地所有者　＿＿＿＿＿　は、〔借地権の設定等／使用貸借契約〕により下記の土地を平成　　年　　月　　日から　＿＿＿＿＿　に使用させることとしましたが、その契約に基づき将来借地人等から無償で土地の返還を受けることになっていますので、その旨を届け出ます。

なお、下記の土地の所有又は使用に関する権利等に変動が生じた場合には、速やかにその旨を届け出ることとします。

記

土地の表示

所 在 地　＿＿＿＿＿＿＿＿＿＿＿＿＿＿＿＿＿＿＿＿＿＿＿

地目及び面積　＿＿＿＿＿＿＿＿＿＿＿＿＿＿＿＿　＿＿＿＿＿　㎡

	（土地所有者 ）	（借 地 人 等）
住所又は所在地	〒　　　　電話（　　）　－	〒　　　　電話（　　）　－
氏 名 又 は 名 称	＿＿＿＿＿＿＿＿＿㊞	＿＿＿＿＿＿＿＿＿㊞
代 表 者 氏 名	＿＿＿＿＿＿＿＿＿㊞	＿＿＿＿＿＿＿＿＿㊞

	（土地所有者が連結申告法人の場合）	（借地人等が連結申告法人の場合）
連結親法人の納 税 地	〒　　　電話（　　）　－	〒　　　電話（　　）　－
連結親法人名等	＿＿＿＿＿＿＿＿＿＿	＿＿＿＿＿＿＿＿＿＿
連結親法人等の代表者氏名	＿＿＿＿＿＿＿＿＿＿	＿＿＿＿＿＿＿＿＿＿

借地人等と土地所有者との関係	借地人等又はその連結親法人の所轄税務署又は所轄国税局
＿＿＿＿＿＿	＿＿＿＿＿＿

20. 06 改正

第4章　会社の資産・負債項目に係る税務証拠フォーム

（契約の概要等）

1　契　約　の　種　類　_____

2　土 地 の 使 用 目 的　_____

3　契　約　期　間　平成　　　年　　　月　～　平成　　　年　　　月

4　建 物 等 の 状 況

（1）種　　　　　類　_____

（2）構 造 及 び 用 途　_____

（3）建 築 面 積 等　_____

5　土 地 の 価 額 等

（1）土 地 の 価 額　_____円　（財産評価額　　　　　　円）

（2）地 代 の 年 額　_____円

6　特　約　事　項　_____

　_____

7　土地の形状及び使用状況等を示す略図

8　添 付 書 類　（1）契約書の写し　（2）_____

（法1337－1）

図表4-4		地代認定の課税処理		
土地所有者			借地人	
法人	（借）寄 附 金　（貸）受取地代	法人	課税所得なし （（借）支払地代　（貸）免 除 益）	
法人	（借）役員給与等　（貸）受取地代	役員・ 使用人	認定額＝給与所得	
個人	課税処理なし	個人	課税所得なし （（借）支払地代　（貸）免 除 益）	

③　使用貸借の場合

　従前の法人税の取扱いは「法人は経済人であり常に経済ベースの取引を行う」という前提に立ち、法人が土地の使用貸借契約を締結しても、土地の賃貸借契約がありその地代を免除している取引として権利金の認定課税が行われていた。

　しかし、昭和55年以後、法人にも使用貸借があり得るという考え方の下に無償返還に関する届出書の提出があれば、権利金の認定課税は行われず相当の地代を認定することとされた（法基通13－1－7）。

⑹　一時使用の場合

　土地所有者が権利金を収受せず他の者に土地を使用させた場合に、土地の使用目的が単に駐車場等として更地のまま使用されるときや、仮店舗等の簡易な建物の敷地として使用されるなど、権利金を収受する慣行がないと認められるときは、権利金の認定課税はされない（法基通13－1－5）。

①　収受すべき地代の額

　権利金を収受しないことが正常な取引である場合には、使用の目的・状況・期間等を勘案した通常収受すべき地代の額となる。

②　通常収受すべき地代に満たない場合

　使用の目的等に照らし通常収受すべき地代の額に満たない場合には、「相当の理由」があると認められるときを除き、その満たない部分の金額について地代の認定課税が行われる（法基通13－1－5(注)）。

　「相当の理由」があると認められるときとは、次のような場合をいう。

・空閑地をたまたま短期間使用させる場合

・土地の管理を兼ねて駐車場として適宜利用させる場合

・工場構内の専属下請業者への土地の貸付けの場合

第4章　会社の資産・負債項目に係る税務証拠フォーム

❷　作成上のポイント

(1)　当事者の確認

　借地権設定取引の当事者が誰であるかを確認し、両者の関係は何か、特殊な関係の有無を明示にするとともに、土地所有者又は借地権者のそれぞれにどのような事情があるのか確認する必要がある。

　土地所有者が個人である場合、その者の個人資産についても可能であれば概要を把握し、財産の額・推定相続人・相続税額の概算等を記録する項目を設定しておく。

(2)　土地等の評価

　借地契約の目的となる土地について具体的に表示し、その借地契約時の更地価額を明確にする必要がある。評価額は通常の取引価格、また課税上の弊害がない場合には公示価格、相続税評価額などを採ることもできるので、それぞれの金額を記入する項目を設定する。

(3)　課税関係の一覧

　借地権設定等に関する課税関係は、権利金授受の有無・地代の額・届出書の有無等の組合せによって判定することとなる。本チェック表については、この組合せが一覧できる様式とすることが最も大切な設計となる。

　組合せの結果、土地所有者と借地人がどのような税務上の影響を受けるかを判定し、その判定結果を記録しておく形式とする。

フォーム4-3　借地権関係届出チェック表

会社名　　　　　　　　　　　　　　　　　No.

事業年度　　　　　　　　　　　　　　　　作成日

借地権関係届出チェック表

対象土地　〔物件名：　　　　　　　〕

所在地	住居表示				
	所在地番				
面積	実測：	㎡（　　坪）	登記簿：	㎡（　　坪）	
地目・現況	現況：		登記簿：		
評価額	時価		公示価格	相続税評価額	
相当の地代					
賃貸後の用途					

土地所有者・借地人（相手先）

土地所有者・借地人	氏名・名称	生年月日・設立	関係・業種等
	住所・所在地		

借地契約の形態

	権利金	支払地代	無償返還の届出	借地権設定時の課税処理	相当の地代の改訂	借地権価額の有無	検討
通常権利金を収受すべき場合	通常の権利金を授受	通常の地代	—	是認	なし（通常の地代）	あり	
	通常の権利金に満たない権利金を授受	相当の地代なし	—	権利金認定課税（13-1-3）	なし（通常の地代）	あり	
		相当の地代	—	是認（13-1-2）	改訂する（13-1-8(1)）	あり（権利金見合のみ）（13-1-15）	
					改訂しない（13-1-8(2)）	あり（13-1-15）	
	権利金なし	相当の地代なし	なし	権利金認定課税（13-1-3）	なし（通常の地代）	あり	
			あり（13-1-7）	相当の地代認定（13-1-7）	改訂する(強制)（13-1-7）	なし（13-1-14）	
		相当の地代	なし	是認（13-1-2）	改訂する（13-1-8(1)）	なし（13-1-15）	
			なし		改訂しない（13-1-8(2)）	あり（13-1-15）	
その他	権利金なし（一時使用等）	通常の地代	—	是認（13-1-5）	なし（通常の地代）	なし（13-1-15）	
	使用貸借（上段一時使用等を除く）		なし	権利金認定課税（13-1-3）	—	あり	
			あり	なし（13-1-7）	—	なし	

契約内容	契約日		契約期間	～	
	権利金	円（授受日　　　　）	地代の額	円／月	

税務上の取扱い、影響等

土地所有者〔　　　　　〕　　　　借地人〔　　　　　　　〕

その他の参考事項

処理検印	担当者	管理者	経理部	決裁	届出書
					「　　　　　　　　　　　」 期限　　　　　　提出

第4章　会社の資産・負債項目に係る税務証拠フォーム

❸　上手な記入方法

⑴　「会社名」欄等への記入

　「会社名」欄には「A株式会社」と会社名を記入し、「事業年度」欄には取得の日の属する事業年度を「X1.4.1〜X2.3.31」と記入する。

⑵　「対象土地」欄の各欄への記入

　「物件名」欄には、一瞥してどの物件かわかるよう、物件の社内呼称を「秋葉原土地」等と記入し、「所在地」「所在地番」欄には住居表示及び地番を記入する。

　「面積」・「地目・現況」欄については、実測図・固定資産税課税通知・登記簿等を参照し、実測、現況、登記簿上の状況について把握できる限りの情報を記入する。

　「評価額」「相当の地代」欄には、時価・公示価格・相続税評価額等を記入し、支払のない場合であっても相当の地代について計算する。

　また「賃貸後の用途」についても、建物の敷地となるのか、更地のまま利用されるのかなど、参考となる事項を記入する。

⑶　「土地所有者・借地人」欄への記入

　当社との取引相手方について、「土地所有者」・「借地人」のいずれに該当するか「○」を付し、「氏名・名称」・「生年月日・設立」・「当社との関係」その他参考となる事項を記入する。

⑷　「借地契約の形態」欄への記入

　どの契約形態に該当するのか選択の余地がある場合には、どの形態を採用するのかを検討し、選択した形態、検討の対象とした形態について「○」を付す。

⑸　「契約内容」欄への記入

　最終的に決定した契約の内容について、契約書等を確認して転記する。

⑹　「税務上の取扱い、影響等」欄への記入

　土地所有者・借地人の別に、それぞれ税務上の取扱いがどのようになるか、また留意すべき点等を記入する。

Ⅱ　借地権の設定

307

フォーム４−４　　借地権関係届出チェック表＜記載例＞

会社名　　Ａ株式会社	No.　　　001
事業年度 X1.4.1～X2.3.31	作成日　X1.11.30

借地権関係届出チェック表

対象土地　〔物件名：秋葉原土地　　　　　〕

所在地	住居表示	東京都千代田区秋葉原○−○−○		
	所在地番	東京都千代田区秋葉原○丁目○○番○号		
面積	実測：140.50 ㎡（45 坪）		登記簿：140 ㎡（45 坪）	
地目・現況	現況：雑種地、時間貸駐車場		登記簿：雑種地	
評価額	時価　900,000,000	公示価格　840,000,000		相続税評価額 672,000,000
相当の地代	650,000,000（過去3年平均）×6％＝39,000,000/ 年　　　（3,250,000/ 月）			
賃貸後の用途	借地人の新本社ビルを建築予定			

土地所有者・借地人（相手先）

土地所有者	氏名・名称　鈴木一郎	生年月日・設立 S20.5.3生	関係・業種等 A社社長
借地人	住所・所在地　　東京都港区赤坂○−○−○		

借地契約の形態

	権利金	支払地代	無償返還の届出	借地権設定時の課税処理	相当の地代の改訂	借地権価額の有無	検討
通常権利金を収受すべき場合	通常の権利金を授受	通常の地代	—	是認	なし（通常の地代）	あり	
	通常の権利金に満たない権利金を授受	相当の地代なし	—	権利金認定課税（13-1-3）	なし（通常の地代）	あり	
		相当の地代		是認（13-1-2）	改訂する（13-1-8(1))	あり（権利金見合のみ）（13-1-15)	
					改訂しない（13-1-8(2))	あり（13-1-15)	
	権利金なし	相当の地代なし	なし	権利金認定課税（13-1-3)	なし（通常の地代）	あり	
			あり（13-1-7)	相当の地代認定（13-1-7)	改訂する（強制）（13-1-7)	なし（13-1-14)	◎
		相当の地代	なし	是認（13-1-2)	改訂する（13-1-8 (1)）（13-1-15)	なし	
					改訂しない（13-1-8 (2)）（13-1-15)	あり	
その他	権利金なし（一時使用等）	通常の地代	—	是認（13-1-5)	なし（通常の地代）	なし（13-1-15)	
	使用貸借（上段一時使用等を除く）	なし	なし	—	あり		
		あり	なし（13-1-7)	—	なし		

契約内容	契約日 X2.2.15	契約期間 X2.3.1 ～ X32.2.29	
	権利金　　　　０ 円	（授受日　　　　　　　）	地代の額 800,000円 / 月

税務上の取扱い、影響等

土地所有者 ［鈴木一郎］	借地人 ［　　当社　　　］

その他の参考事項
建物建築後、固都税が 1/3 に減額の見込み。年額 3,500 千円 / 程度

処理検印	担当者	管理者	経理部	決　裁	届出書
					「　　土地の無償返還に関する届出書　　」 期限　遅滞なく　提出 X2.3.15

308

第4章　会社の資産・負債項目に係る税務証拠フォーム

(7)　「その他の参考事項」欄への記入

必要となる届出書、手続き等を記入し、また契約の参考となる事項を記入する。

(8)　「処理検印」欄の設定

「**処理検印**」欄を設けると、担当者より上司へ報告・決裁を受け、その後の会計処理の書式として利用しやすくなる。

❹　関連税務のチェックポイント

(1)　借地権の無償譲渡又は無償返還

法人が借地権の価額の全部又は一部を収受せずに譲渡した場合、又は借地の返還に当たり立退料等を授受する取引上の慣行があるにもかかわらず、その全部又は一部を収受しなかった場合には、次のような場合を除き、収受しなかった額を相手方に贈与したものとして取り扱うこととなる（法基通13－1－14）。

① 無償返還の届出がある場合

借地権の設定等に係る契約書において将来借地を無償で返還することが定められていること又はその土地の使用が使用貸借契約によるものであること（いずれも13－1－7に定めるところによりその旨が所轄税務署長に届け出られている場合に限る）

② 土地の使用の目的が、単に物品置場、駐車場等として土地を更地のまま使用し、又は仮営業所、仮店舗等の簡易な建物の敷地として使用するものであること

③ 借地上の建物が著しく老朽化したことその他これに類する事由により、借地権が消滅し、又はこれを存続させることが困難であると認められる事情が生じたこと

(2)　相当の地代で賃借した土地に係る借地権の価額

上記(1)の場合において、借地人である法人が相当の地代により賃借した土地に係る借地権を譲渡し、又は当該土地を地主へ返還したときに通常収受すべき借地権の対価の額又は立退料等の額は、次に掲げる場合の区分に応じ、それぞれ次に掲げる金額によるものとする（法基通13－1－15）。

① 相当の地代の改訂方法につき土地の価額の上昇に応じて改訂する場合……零

ただし、借地権の設定等に当たり支払った権利金又は供与した特別の経済的な利益がある場合には、その権利金の額又は特別の経済的な利益の額に相当する金額

② 上記①以外の場合

(イ) その支払っている地代の額が一般地代の額（通常支払うべき権利金を支払った場合に土地の価額の上昇に応じて通常支払うべき地代の額をいう）相当額となる前に譲渡又は返還が行われたとき……次の算式により計算した金額

$$\begin{array}{l}\text{認定される} \\ \text{権利金の額}\end{array} = \text{土地の更地価額}^{(\text{注})} \times \left(1 - \dfrac{\text{実際に収受している地代の年額}}{\text{相当の地代の年額}} \right)$$

(注) 土地の更地価額は、その借地権の設定時における通常の取引価額をいう。

(ロ) (イ)以外のとき……譲渡又は返還の時の土地の更地価額を基礎として通常取引される借地権の価額

(3) 法人が貸地の返還を受けた場合の土地の帳簿価額

法人が貸地の返還を受けた場合、次の金額をその土地の帳簿価額に加算する。

① 無償で貸地の返還を受けた場合

借地権設定時に土地の帳簿価額を減額している場合には、その減額した金額とする。

② 立退料等を支払った場合

(イ) 立退料等だけを支払った場合には、その立退料等の金額とする。

ただし、その支払った立退料等の金額よりも借地権設定時に土地の帳簿価額を減額した金額が多い場合には、その減額した金額とする。

(ロ) 立退料等を支払うとともに土地の上にある建物等を買い取った場合には、その支払った立退料等と建物等の買取価額のうち、その建物の時価を超える部分の金額との合計額とする。

ただし、上記の合計額よりも、借地権設定時に土地の帳簿価額を減額した金額が多い場合には、その減額した金額とする。

(注) 通常支払うべき立退料等の全部又は一部を支払わなかった場合でも、原則として、通常支払うべき立退料相当額と実際の支払額との差額が受贈益として認定されることはない。

(4) 立退料に関する所得税の取扱い

土地所有者又は借地人が個人の場合の立退料等の取扱いは、次のとおりとなる。

① 個人の土地所有者が支払った立退料

建物の借家人に支払う立退料の取扱いは次のとおりである（所基通33－7、37－23、38－11）。

第4章　会社の資産・負債項目に係る税務証拠フォーム

⑷　賃貸している建物やその敷地を譲渡するために支払う立退料は、譲渡に要した費用として譲渡所得の金額の計算上控除される。

㈡　上記⑷に該当しない立退料で、不動産所得の基因となっていた建物の賃借人に支払う立退料は、不動産所得の金額の計算上必要経費となる。

㈥　土地・建物等を取得する際に、その土地、建物等を使用していた者に支払う立退料は、建物等の取得費又は取得価額となる。

㈢　敷地のみを賃貸し、建物の所有者が借地人である場合に、借地人に支払う立退料は、通常、借地権の買戻しの対価として土地の取得費となる。

②　個人の借家人が立退料を収受したとき

借家人である個人が、借家を明け渡して立退料を受け取った場合には、所得税法上の各種所得の金額の収入金額になる。

立退料は、その中身から次の3つの性格に区分され、それぞれその所得区分は次のとおりとなる（所基通33－6、34－1⑺）。

㈠　資産の消滅の対価補償としての性格のもの

家屋の明渡しにより消滅する権利の対価の額に相当する金額……譲渡所得の収入金額

㈡　収入金額又は必要経費の補填としての性格のもの

立退きに伴う事業の休業等による収入金額又は必要経費を補填する金額……事業所得等の収入金額

㈥　その他の性格のもの

上記㈠及び㈡に該当する部分を除いた金額……一時所得の収入金額

2　ワンポイントアドバイス

❶　証拠資料・計算根拠の保存

借地権設定については、税務調査でもその取扱いが確認されることとなり、また契約期間中に土地所有者に相続が発生する場合等に、借地権の設定時の契約内容及び使用形態等を確認する必要がある。

❷　保存資料の具体例

上記❶の要請があるため、本チェック表に記録を残すとともに、次のような根拠

311

資料を保存する必要がある。

(1) 権利金の支払がある場合

○収受した権利金が適正であることを明らかにする資料
・土地賃貸借契約書
・権利金の額の算定資料　等

(2) 相当の地代の支払がある場合

○相当の地代が適正であること及び改訂の有無を明らかにする資料
・土地賃貸借契約書
・相当の地代の年額の算定資料
・相当の地代の改定方法に関する届出書の控　等

(3) 無償返還に関する届出書を提出している場合

○借地人に借地権が帰属していないことを明らかにする資料
・土地賃貸借契約書
・「土地の無償返還に関する届出書」の控　等

第4章　会社の資産・負債項目に係る税務証拠フォーム

Ⅲ　圧縮記帳

1　固定資産譲渡損益・特例適用チェック表

❶　チェック表の作成目的

　固定資産の譲渡収益は通常その金額が多額となることから、収益計上時期の判定は慎重に行わなければならない。

　また、買換え・交換等の課税上の特例の適用を受ける場合には、買換え・交換等の資産の取得時期に期限が設けられている。このため固定資産の譲渡に係る収益計上時期を慎重に確認し、その譲渡収益につき圧縮記帳等の課税の特例適用要件に該当する資産の取得が、適用期限までにできているか、申告手続きまで継続してチェックする必要がある。

　例えば、ある固定資産の譲渡があれば、その譲渡の日・譲渡収益の額・買換資産の選定・取得期限・圧縮記帳の適用の可否、申告手続き、税務調査への備えといった一連の事項について「**固定資産譲渡損益・特例適用チェック表**」（フォーム4－5）により確認することができる。

(1)　固定資産の譲渡収益計上時期

　固定資産の譲渡に係る収益の計上時期は、原則として引渡日とされるが、譲渡する固定資産が土地・建物・その他これらに類する資産である場合には、その譲渡に関する契約効力発生日とすることも認められる（法法22の2、法基通2－1－14）。土地・建物等の引渡日については、一般的に相手方において使用収益ができることとなった日（使用収益開始基準）がこれに当たるとされているが、この引渡日が明確でない場合には、次に掲げる日のうちいずれか早い日にその引渡しがあったものとすることができる（法基通2－1－2）。

・代金の相当部分（おおむね50％以上）を収受した日

・所有権移転登記の申請（その登記の申請に必要な書類の相手方への交付を含む）

313

をした日

(2)　土地・建物の譲渡に伴う課税の特例制度

　固定資産の取得を目的とした国庫補助金や保険差益等の受贈益・固定資産の譲渡益等もすべて法人税の課税対象となるが、これらすべてに課税負担を求めることは、補助金の交付目的が達成されず、また固定資産の譲渡代金で他の資産を取得した場合、企業としての資産保有の実態に変化がない場合には課税を差し控える必要がある。

　そこで、一定の要件を満たした受贈益や譲渡益については、圧縮記帳という課税を繰り延べる特例が設けられており、圧縮記帳には法人税法で規定されているものと、租税特別措置法で規定されているものがある（図表4－5）。

図表4－5　　圧縮記帳の諸制度	
法人税法上の圧縮記帳	租税特別措置法上の圧縮記帳
・国庫補助金等で取得した固定資産等 ・工事負担金で取得した固定資産等 ・非出資組合が賦課金で取得した固定資産等 ・保険金等で取得した固定資産等 ・交換により取得した固定資産等	・収用等に伴い取得した資産 ・換地処分等に伴い取得した資産 ・特定の資産の買換え等により取得した資産 ・特定の交換分合により取得した土地等

① 　国庫補助金等で取得した固定資産の圧縮記帳

　国又は地方公共団体から固定資産の取得又は改良に充てるために補助金等の交付を受けた場合において、その補助金等で交付の目的に適合した資産の取得又は改良をしたときは、原則として国庫補助金等の額に相当する額の範囲内で圧縮記帳が認められる（法法42～44）。

② 　保険金等で取得した固定資産の圧縮記帳

　固定資産の滅失等により支払を受けた保険金等をもとに、一定期間内に代替資産の取得等をした場合、又はその保険金等に代えて代替資産の交付を受けた場合には、その取得等をした事業年度又は交付を受けた事業年度において保険差益金の額を基礎として計算した圧縮限度額の範囲内で圧縮記帳が認められる（法法47～49）。

③ 　交換により取得した固定資産の圧縮記帳

　固定資産を交換した場合には、原則として交換取得資産の時価と交換譲渡資産の帳簿価額との差額を譲渡益として課税されることとなる。しかし、図表4－6の要件に該当する交換については圧縮記帳が認められる（法法50）。

第4章　会社の資産・負債項目に係る税務証拠フォーム

図表4-6	交換により取得した固定資産の圧縮記帳

譲渡資産の要件	取得資産の要件
1年以上所有する固定資産で次に掲げるもの ・土地等 ・建物（附属設備・構築物を含む） ・機械及び装置 ・船舶 ・鉱業権（租鉱業権等を含む）	・1年以上所有する固定資産で譲渡資産と同一の種類の資産であること ・譲渡資産の用途と同一の用途に供すること ・交換の相手方が交換のために取得したものでないこと
交換差金の金額が、譲渡資産の時価と取得資産の時価のいずれか高いほうの20%以下であること。	

④　収用換地等の場合の課税の特例

　法人の有する資産につき、収用等及び換地処分等（収用換地等という）があった場合には、税務上、図表4-7のような特例（棚卸資産については、換地処分等による交換資産を取得した場合に限る）がある。

図表4-7	収用換地等の場合の課税の特例	
代替資産の圧縮記帳等（措法64、64の2、65）	収用換地等による補償金等により、代替資産を取得した場合に、代替資産の帳簿価額につき圧縮限度額の範囲で圧縮記帳（特別勘定の設定を含む）が認められる。	いずれか選択適用
所得の特別控除（措法65の2）	収用換地等により譲渡した場合に、その補償金等の額のうち5,000万円に達するまでの額を損金に算入することが認められる。	

⑤　特定資産の買換えの圧縮記帳

　法人がその特定の資産（棚卸資産を除く）を譲渡した場合において、その譲渡代金をもって特定の買換資産を取得し、かつその取得の日から1年以内に、その取得した買換資産を事業の用に供したとき又は供する見込みのときは、その取得した資産につき圧縮記帳が認められる（措法65の7）。

　次のような買換えが圧縮記帳の対象となる。

・既成市街地等の区域内から区域外への買換え

・長期所有資産の買換え

(3)　圧縮記帳の経理方法

　圧縮記帳は受贈益や譲渡益と、取得した資産についての圧縮損を両建経理することで両者を相殺し、課税関係を生じさせないようにする方法である。圧縮記帳された資産については、減価償却費や譲渡原価の計算が圧縮後の取得価額を基礎とするため減額されることとなる。したがって、圧縮記帳は譲渡益等を免除するものではなく、課税の繰延効果をもたらすものである。

315

なお、圧縮記帳の適用には、それぞれの特例について以下の方法のうち、一定の経理を行うことが要件とされており、申告調整によることはできない。
・取得価額を圧縮限度額の範囲内で損金経理により直接減額する方法
・圧縮限度額以下の金額を損金経理により引当金に繰り入れる方法
・圧縮限度額以下の金額を確定した決算において剰余金の処分により積立金として積み立てる方法

また、法人税の確定申告書に圧縮額等の損金算入に関する明細書（別表十三㈠～㈩）及び証明書類等の添付をしなければならない（法法42他、法令80他、措法64他）。なお、例として「保険金等で取得した固定資産等の圧縮額等の損金算入に関する明細書」（別表十三㈡）、「特定資産の買換えにより取得した資産の圧縮額等の損金算入に関する明細書」（別表十三㈤）を次頁以下に示す。

⑷ 特別勘定

圧縮記帳は、国庫補助金等の交付を受けたり、資産の譲渡をした事業年度に固定資産等を取得した場合に適用があるが、その事業年度に対象となる固定資産等の取得ができない場合もある。

このような場合、資産を取得するまでの一定の期間、受贈益や譲渡益について「特別勘定」として経理することで、課税を繰り延べることができる。損金経理は要件とされておらず、確定した決算において、積立金として積み立てる方法のほか、仮受金等として経理する方法も認められる（法基通10－1－1）。

316

第4章　会社の資産・負債項目に係る税務証拠フォーム

① 保険金等で取得した固定資産等の圧縮額等の損金算入に関する明細書

事業年度又は連結事業年度	・　・	法人名	（　　　　　）

別表十三（二）　平三十・四・一以後終了事業年度又は連結事業年度分

Ⅲ　圧縮記帳

項目	No	金額	項目	No	金額
保険事故等のあった事業年度又は連結事業年度	1	昭平・・ 昭平・・	保険金等を受けた場合の計算（帳簿価額の減額等をした場合） 代替資産の帳簿価額を減額し、又は積立金に経理した金額	13	円
保険等の目的資産	2		代替資産の取得等のため(7)又は(7)のうち特別勘定残額に対応するものから支出した金額	14	
保険等の目的資産の帳簿価額	3	円	圧縮限度額 $(8)×\frac{(14)}{(7)}$ 又は $(8)×\frac{(14)}{(7)}-1$ 円	15	
同上のうち被害部分の帳簿価額	4		代替資産の交付を受けた場合の計算 代替資産の帳簿価額を減額し、又は積立金に経理した金額	16	
保険金等を受けた場合 取得した保険金等の額	5		圧縮限度額 (12) 又は $(12)-1$ 円	17	
資産の滅失等により支出する経費の額	6		圧縮限度超過額 $(13)-(15)$ 及び $(16)-(17)$	18	
差引保険金等の額 $(5)-(6)$	7		特別勘定に経理した場合 特別勘定に経理した金額	19	
保険差益金の額	8		繰入限度額の計算 特別勘定の対象となり得る金額 $(7)-(14)$	20	
代替資産の交付を受けた場合 交付を受けた代替資産の価額	9		繰入限度額 $(8)×\frac{(20)}{(7)}$	21	
資産の滅失等により支出する経費の額	10		繰入限度超過額 $(19)-(21)$	22	
差引代替資産の額 $(9)-(10)$	11		翌期繰越額の計算 当初特別勘定に経理した金額 $(19)-(22)$	23	
代替資産に係る差益金の額	12		同上のうち前期末までに益金の額に算入された金額	24	
			当期中に益金の額に算入すべき金額	25	
			期末特別勘定残額 $(23)-(24)-(25)$	26	

法　0301－1302

① 特定の資産の買換えにより取得した資産の圧縮額等の損金算入に関する明細書 （　　号該当）

別表十三(五)　平三十・四・一以後終了事業年度又は連結事業年度分

事業年度又は連結事業年度	・　・	法人名	（　　　）

譲渡資産の明細

項目	No.					譲渡の日を含む事業年度又は連結事業年度
譲渡した資産の種類	1					
同上の資産の取得年月日	2	昭平・・	昭平・・	昭平・・	昭平・・	昭平／平・・
譲渡した資産の所在地	3					計
譲渡した土地等の面積	4	平方メートル	平方メートル	平方メートル	平方メートル	平方メートル
譲渡年月日	5	平・・	平・・	平・・	平・・	
対価の額	6	円	円	円	円	
譲渡直前の帳簿価額　帳簿価額	7					
譲渡に要した経費の額	8					
計 (7)＋(8)	9					
差益割合	10					

取得資産の明細

取得した買換資産の種類	11					
取得した買換資産の所在地	12					
取得年月日	13	昭平・・	昭平・・	昭平・・	昭平・・	
買換資産の取得価額	14	円	円	円	円	円
事業の用に供した又はする見込みの年月日	15	平・・	平・・	平・・	平・・	
買換資産がある場合の取得資産が土地等で取得価額等で　買換資産が土地等であり敷地に供される場合の建物、構築物等の事業供用予定年月日	16	平・・	平・・	平・・	平・・	
(16)の建物、構築物等を実際に事業の用に供した年月日	17	平・・	平・・	平・・	平・・	
取得した土地等の面積	18	平方メートル	平方メートル	平方メートル	平方メートル	平方メートル
同上のうち買換えの特例の対象とならない面積	19					
取得価額 (14)×((18)－(19))/(18)	20	円	円	円	円	円

帳簿価額の減額等をした場合

買換資産の帳簿価額を減額し、又は積立金として積み立てた金額	21					
圧縮限度額等の計算　買換資産の取得のため(6の計)又は(6の計)のうち特別勘定残額に対応するものから支出した金額	22					
圧縮基礎取得価額 (14)又は(20)と(22)のうち少ない金額	23					
買換資産が前期から繰り越された圧縮基礎以前で取得した場合の圧縮基礎取得価額等　前期末の取得価額	24					
前期末の帳簿価額	25					
圧縮基礎取得価額 (23)×(25)/(24)	26					
圧縮限度額 (23)又は(26)×(10)×(80、70又は75)/100	27					
圧縮限度超過額 (21)－(27)	28					

対価の額の残額の計算

項目	No.	金額		特別勘定を設けた場合	No.	金額
対価の額の合計額 (6の計)	29	円		特別勘定に経理した金額	36	円
同上のうち譲渡の日の属する事業年度又は連結事業年度において使用した額	30			繰入限度額の計算　(31)のうち買換資産の取得に充てようとする金額	37	
特別勘定の対象となり得る金額 (29)－(30)	31			繰入限度額 (37)×(10)×(80、70又は75)/100	38	
翌期繰越額の計算　特別勘定の金額の計算の基礎となった買換資産の取得に充てようとする金額 (36と(38)のうち少ない金額)÷(80、70又は75)/100×(10)	32			繰入限度超過額 (36)－(38)	39	
同上のうち前期末までに買換資産の取得に充てた金額	33			翌期繰越額の計算　当初の特別勘定の金額 (36)－(39)	40	
当期中において買換資産の取得に充てた金額	34			同上のうち前期末までに益金の額に算入された金額	41	
翌期へ繰り越す対価の額の合計額 (32)－(33)－(34)	35			当期中に益金の額に算入すべき金額	42	
				期末特別勘定残額 (40)－(41)－(42)	43	

その他参考となる事項

法　0301－1305

御注意

1　法人が取得した買換資産たる土地等について租税特別措置法関係通達(法人税編)65の7(2)-2(イ)若しくは(ロ)又は同(連結納税編)68の7(2)-2(イ)若しくは(ロ)に掲げる場合には、それぞれ次のとおり記載します。

①　「15」欄はその建物、構築物等の建設着手年月日を、「16」欄はその建物、構築物等の建設工事の完了予定日が当初の予定から遅延することとなる場合に、その遅延後の建設工事の完了予定日を、「17」欄などはその理由などを記載します。

②　①の「15」欄に参考となる事項は、その建物、構築物等を実際に事業の用に供した日の属する事業年度までの各事業年度の確定申告書又は同日の属する連結事業年度までの各連結事業年度の連結確定申告書に、本別表を添付してください。

2　①の場合には、その建物、構築物等を実際に事業の用に供した日の属する事業年度又は連結事業年度までの各事業年度の確定申告書又は各連結事業年度の連結確定申告書に、それぞれ記載します。

第4章　会社の資産・負債項目に係る税務証拠フォーム

❷　作成上のポイント

本チェック表では、譲渡した資産の収益計上時期がいつか、課税の特例等の適用が可能か、要件は満たしているか、発生した収益の額と圧縮限度額の計算はどうか、申告等の手続きにおける留意点は何かをチェックする項目を設けた様式となる。

(1)　譲渡資産

譲渡した資産について、その種類・所在地・構造・地目・面積等を記入する項目が必要となる。

譲渡の時期は、収益計上時期及び特例適用の期限を判断する重要な要素となるため、詳細な確認を可能とする項目が必要である。固定資産の譲渡に係る収益の計上時期の原則は引渡日であるが、不動産の場合には引渡しの事実関係が外見上明らかでない場合がある。税務の取扱いに則り契約日や資金の決済状況を確認し、引渡しの日として一定の日を決定するとともに、いずれの事業年度（決算期）に属すると判断したか記入する欄を設ける。

(2)　取得資産

代替資産として資産を取得した場合に適用となる圧縮記帳の制度について、取得した代替資産の種類や面積が要件を満たすものであるかの判断の基礎となる事項を記入する項目が必要となる。

また、取得の時期及び事業供用の日についても、要件を満たすか確認する必要があることから、契約から事業供用までの年月日を記入する欄を設け、取得の日として一定の日を決定するとともに、いずれの事業年度（決算期）に属すると判断したか記入する欄を設ける。

(3)　課税の特例等の検討

圧縮記帳の制度について一覧できる項目欄があると、該当の有無を検討しやすくなるので、特例等の制度をあらかじめ挙げておくことも本チェック表の効用を高めることとなる。

ただし、その際には税制改正の動向に留意し、法人税法上のものと租税特別措置法上のものに区分し、特に租税特別措置法上のものについては、適用期限や改廃・新たな措置がないか、確認して利用するものとする。

適用要件等の欄については重要な要件を記入し、さらに詳細な検討が行われるよ

| フォーム４－５ | 固定資産譲渡損益・特例適用チェック表 |

会社名 ＿＿＿＿＿＿＿＿＿＿　　　　No. ＿＿＿＿＿＿＿＿＿＿

事業年度 ＿＿＿＿＿＿＿＿＿＿　　　作成日 ＿＿＿＿＿＿＿＿＿＿

固定資産譲渡損益・特例適用チェック表

譲渡資産の内訳	種類	細目	取得価額	帳簿価額	面積・数量	取得時期
名称	土地・借地権					
所在地	建物					
	計					

譲渡時期・金額		契約	手付金	残金	引渡	登記	決算期
	年月日						
	譲渡対価						
	譲渡経費						

固定資産譲渡損益・差益割合

①譲渡対価　　　　帳簿価額　　　　譲渡経費　　　　②譲渡益　　　　②÷①差益割合

　　　　－（　　　　　　　＋　　　　　　　）＝（　　　　　　　）

取得資産の内訳	種類	細目	購入代価	取得価額	圧縮限度額	帳簿価額
名称	土地・借地権					
所在地	建物					
	購入経費					
土地面積　　㎡	計					

取得時期・金額		契約	残金決済	引渡・登記	事業供用		決算期
	年月日						

課税の特例等の検討		条文	適用可否	適用要件等
法人税法	国庫補助金等で取得した固定資産等			
	工事負担金で取得した固定資産等			
	非出資組合が賦課金で取得した固定資産等			
	保険金等で取得した固定資産等			
	交換により取得した固定資産等			
租税特別措置法	収用等に伴い取得した資産			
	換地処分等に伴い取得した資産			
	特定の資産の買換え等により取得した資産			
	特定の交換分合により取得した土地等			
	H21年・H22年の先行取得土地等に係る圧縮記帳			

要件チェック	譲渡資産	取得資産

圧縮限度額等

処理検印	担当者	責任者	経理部	決裁	申告手続
					（　　　　　　　）

第4章　会社の資産・負債項目に係る税務証拠フォーム

う要件チェックの欄を設け、譲渡と取得の組合せの結果、要件を満たしているか判定し、その判定結果を記録しておく形式とする。

(4)　圧縮限度額等の計算結果その他

受贈益・譲渡益等の計算や、圧縮限度額の計算については、実務上別紙を作成することが現実的と考えられるが、計算結果については転記する欄を設けたほうが本チェック表の利便性を高めることとなる。

「処理検印」欄を設けると、受贈益・譲渡益の発生から、特例適用の可否・実行までについて、担当者より上司へ報告・決裁を受け、その後の会計処理の資料として利用しやすくなる。その際には、特例適用の要件となる申告手続きについても完了確認欄を設けておくとよい。

❸　上手な記入方法

(1)　「会社名」欄等への記入

「会社名」欄には「A株式会社」と会社名を記入し、「事業年度」欄には特例適用の日の属する事業年度を「X29.4.1～X30.3.31」と記入する。

(2)　「譲渡資産の内訳」欄の各欄への記入

「名称」欄には一瞥してどの物件かわかるよう、物件の社内呼称を「徳島倉庫」等と記入し、「所在地」欄には住居表示を記載するが、地番を併記することが望ましい。

「種類」欄以降の各欄には、登記簿謄本や固定資産台帳からその内容を確認して記入する。その際、登記上の用途・面積と現況の用途・面積が異なっている場合には、必ず両方を併記しておくようにする。

(3)　「譲渡時期・金額」欄の各欄への記入

契約書や帳簿・証憑等を確認し、「契約」欄から「登記」欄までの各欄へ日付と授受された金額について記入するとともに、最終的にいずれの時点をもって譲渡の日とするかを判断し、その日の属する事業年度を「決算期」欄へ記入する。

また、「譲渡対価」だけではなく「譲渡経費」についても記入し、正しく譲渡益や差益割合の計算ができるようにする。

321

フォーム４−６	固定資産譲渡損益・特例適用チェック表＜記載例＞

会社名　　　Ａ株式会社　　　　　　　　　　　No.　　　　　1

事業年度　X29.4.1～X30.3.31　　　　　　　　作成日　　　X30.3.31

固定資産譲渡損益・特例適用チェック表

譲渡資産の内訳		種類	細目	取得価額	帳簿価額	面積・数量	取得時期
名称　　　徳島倉庫		⬤土地・借地権	宅地	30,000,000	30,000,000	350㎡	X1.3
所在地		建物	RC/倉庫	30,000,000	19,800,000	300㎡	X15.5
徳島市○○3-2-1		計		60,000,000	49,800,000		

譲渡時期・金額		契約	手付金	残金	引渡	登記	決算期
	年月日	X29.3.15	X29.3.15	X29.6.30	X29.6.30	X29.6.30	X30/3期
	譲渡対価	10,000,000		90,000,000		計　100,000,000	
	譲渡経費	1,600,000		1,600,000		計　3,200,000	

固定資産譲渡損益・差益割合

　　①譲渡対価　　　　　帳簿価額　　　　譲渡経費　　　　　②譲渡益　　　②÷①差益割合

　100,000,000 −(49,800,000 + 3,200,000)=(47,000,000)　　　0.47

取得資産の内訳		種類	細目	購入代価	取得価額	圧縮限度額	帳簿価額
名称　　　高松倉庫		⬤土地・借地権	宅地	60,000,000	62,500,000	23,500,000	39,000,000
所在地		建物	RC/倉庫	36,000,000	37,500,000	14,100,000	23,400,000
高松市○○5-4-3		購入経費	仲介手数料他	4,000,000	—		
土地面積 600㎡		計		100,000,000	100,000,000	37,600,000	62,400,000

取得時期・金額		契約	残金決済	引渡・登記	事業供用		決算期
	年月日	X29.11.1	X30.1.15	X30.1.15	X30.3.10		X30/3期

課税の特例等の検討		条文	適用可否	適用要件等
法人税法	国庫補助金等で取得した固定資産等			
	工事負担金で取得した固定資産等			
	非出資組合が賦課金で取得した固定資産等			
	保険金等で取得した固定資産等			
	交換により取得した固定資産等			
租税特別措置法	収用等に伴い取得した資産			
	換地処分等に伴い取得した資産			
	特定の資産の買換え等により取得した資産	65の7	○	300㎡以上,1年以内事業供用
	特定の交換分合により取得した土地等			
	H21年・H22年の先行取得土地等に係る圧縮記帳			

要件チェック	譲渡資産	取得資産
	所有期間が10年を超え、倉庫として事業の用に供されている。	土地面積は300㎡を超え、譲渡土地の5倍以内である。取得から1年以内に倉庫として事業の用に供されている。

圧縮限度額等　土地：62,500,000×0.47×80％＝23,500,000

　　　　　　　建物：37,500,000×0.47×80％＝14,100,000

処理検印	担当者	責任者	経理部	決裁	申告手続
					（ X30. 5. 28完了 ）

(4) 「固定資産の譲渡損益・差益割合」欄の各欄への記入

上記(3)で記載された各金額を基に、計算過程を記入する。計算過程が複雑になる場合については別紙を作成し、作成した別紙は必ず本チェック表に添付・保存する。

(5) 「取得資産の内訳」欄及び「取得時期」欄の各欄の記入

「**名称**」欄には一瞥してどの物件かわかるよう、物件の社内呼称を「**高松倉庫**」等と記入し、「**所在地**」欄には住居表示を記載するが、地番を併記することが望ましい。

「**種類**」欄から「**取得価額**」欄までの各欄及び「**取得時期**」欄には、登記簿謄本や契約書や帳簿・証憑等を確認して日付と授受された金額について記入するとともに、最終的にいずれの時点をもって取得の日とするかを判断し、その日の属する事業年度を「**決算期**」欄へ記入する。

また、購入代価だけではなく購入経費についても記入し、正しい取得価額の計算ができるようにする。その際には、前述Ⅰの「**土地・建物取得価額区分計算チェック表**」を本チェック表と併用する必要がある場合も考えられる。

「**圧縮限度額**」欄及び「**帳簿価額**」欄は、特例適用の可否が判断され、各金額の計算が完了次第記入する。

(6) 「課税の特例等の検討」欄の各欄への記入

この譲渡がどの特例の適用があるか確認し、条文番号とその可否について「○」(あるいは「×」)を付す。「**条文**」欄への記入を求めるのは、必ず適用年度においてその法令の適用期限、適用要件を再確認することを目的としている。

「**適用要件等**」欄には、圧縮記帳が認められるため、今回充足すべき重要な要件を記入する。

(7) 「要件チェック」欄の各欄への記入

「**譲渡資産**」欄・「**取得資産**」欄それぞれについて、適用の要件を満たしているか確認して記入する。また要件充足のために補完すべき事項がある場合は、その事項や期限等を記入する。

(8) 「圧縮限度額等」欄への記入

実務上は、別紙等で詳細な圧縮限度額計算を行う場合が多いと考えられるが、別紙参照とせず、最終的な計算式と限度額について簡記しておくとよい。

(9) 「処理検印」欄の設定

「処理検印」欄を設けると、担当者より上司へ報告・決裁を受け、その後の申告手続きが完了したことの確認の書式として利用しやすくなる。

❹ 関連税務のチェックポイント

圧縮記帳制度を適用した場合において、事例のケースを含め各制度の圧縮限度額の計算は次のように行う。

(1) 国庫補助金等で取得した固定資産の圧縮限度額

図表４－８　国庫補助金等で取得した固定資産の圧縮限度額

区分	圧縮限度額
補助金の返還不要が確定した事業年度以後に取得した場合	固定資産の取得に充てた補助金等の額
補助金の返還不要が確定する事業年度前に取得した場合	次のいずれか少ない金額 ① 特別勘定（補助金等）の金額 ② 返還を要しないことが確定した日における固定資産の帳簿価額 × 返還を要しない補助金等の額 / 固定資産の取得等のために要した金額

(2) 保険金等で取得した固定資産の圧縮限度額

① 保険金等の支払を受けた場合

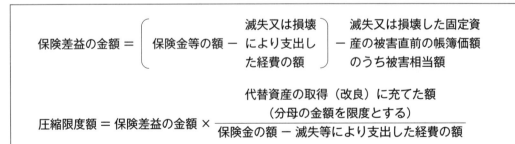

(注) 保険金等の額が確定する前に取得した固定資産について、その額が確定した日の属する事業年度で圧縮記帳する場合の圧縮限度額は、固定資産の取得等に要した金額に対する、圧縮記帳を行う時の固定資産の帳簿価額の割合により按分した金額とする。

② 代替資産の交付を受けた場合

$$\text{圧縮限度額} = \left(\begin{array}{l}\text{代替資産} \\ \text{の交付時} \\ \text{の時価}\end{array} - \begin{array}{l}\text{滅失等により} \\ \text{支出した経費} \\ \text{の額}\end{array}\right) - \begin{array}{l}\text{被害直前の帳簿} \\ \text{価額のうち被害} \\ \text{部分相当額}\end{array}$$

(3) 交換により取得した固定資産の圧縮限度額

① 交換差金等がない場合

$$\text{圧縮限度額} = \begin{array}{l}\text{取得資産} \\ \text{の価額}\end{array} - \left(\begin{array}{l}\text{譲渡資産の} \\ \text{譲渡直前の} \\ \text{帳簿価額}\end{array} + \text{譲渡経費}\right)$$

② 交換差金等を取得した場合

$$\text{圧縮限度額} = \begin{array}{l}\text{取得資産} \\ \text{の価額}\end{array} - \left(\begin{array}{l}\text{譲渡資産の} \\ \text{譲渡直前の} \\ \text{帳簿価額}\end{array} + \begin{array}{l}\text{譲渡} \\ \text{経費}\end{array}\right) \times \frac{\text{取得資産の価額}}{\text{取得資産の価額} + \text{交換差金等}}$$

③ 交換差金等を支払った場合

$$\text{圧縮限度額} = \begin{array}{l}\text{取得資産} \\ \text{の価額}\end{array} - \left(\begin{array}{l}\text{譲渡資産の} \\ \text{譲渡直前の} \\ \text{帳簿価額}\end{array} + \begin{array}{l}\text{譲渡} \\ \text{経費}\end{array} + \begin{array}{l}\text{交換} \\ \text{差金等}\end{array}\right)$$

(4) 収用等に伴い取得した固定資産

収用換地等の場合の課税の特例には、圧縮記帳の特例と所得の特別控除の特例があり、圧縮記帳のみが認められている譲渡と、選択適用が認められている譲渡がある。

ただし、複数の収用換地等があった場合の圧縮記帳、所得の特別控除の選択については、特例相互間の適用関係が各事業年度ごと、かつ年の異なるごとに制限されるので注意が必要である（措通65の2－1〜65の2－3）。

① 圧縮記帳の場合

$$差益割合 = \frac{(補償金等 - 譲渡経費) - 譲渡資産の帳簿価額}{補償金等 - 譲渡経費}$$

$$圧縮限度額 = \begin{Bmatrix} ・代替資産の取得価額 \\ ・補償金等 - 譲渡経費 \end{Bmatrix} いずれか少ない金額 \times 差益割合$$

② 所得の特別控除の場合

収用換地等その他の特定の事業のために土地が買い取られた場合には、所得の特別控除が認められる。ただし、譲渡の日の属する年におけるこれらの特別控除額の合計額が5,000万円を超える場合には、5,000万円を限度とする（措法65の6）（図表4-9）。

図表4-9　所得の特別控除

譲渡の区分	特別控除の限度額
収用換地等（措法65の2）	5,000万円
特定土地区画整理事業等（措法65の3）	2,000万円
特定住宅地造成事業等（措法65の4）	1,500万円
農地保有の合理化のための農地等の譲渡（措法65の5）	800万円

(5) 特定資産の買換えにより取得した固定資産

① 圧縮基礎取得価額

次に掲げる金額のうちいずれか少ない金額をいう（以下②、③において同じ）。
・その買換資産の取得価額
・その買換資産に係る譲渡資産の譲渡対価の額

② 差益割合

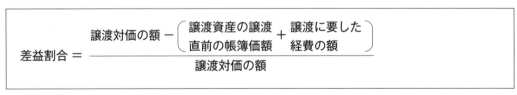

差益割合は、原則として譲渡した資産のそれぞれごとに計算するが、次に掲げる場合には、それぞれ次に掲げる資産ごとに一括してその計算をすることができる（措通65の7(3)-1）。

(イ) 土地等とその土地等の上に存する建物又は構築物を同時に譲渡した場合……

第4章　会社の資産・負債項目に係る税務証拠フォーム

その同時に譲渡した土地等及び建物又は構築物

(ロ)　同一事業年度中に特例適用区分を同じくする2以上の資産を譲渡した場合
……区分を同じくする2以上の資産

(ハ)　譲渡した一団の土地にその取得時期又は取得価額の異なるものが含まれている場合……その一団の土地

③　圧縮限度額

> 圧縮限度額　＝　圧縮基礎取得価額×差益割合×80%[注]

[注]　長期所有資産の買換えについては、譲渡資産が地域再生法に規定する集中地域以外の地域内にあり、かつ、買換資産が次の地域内にある場合には、それぞれ次の割合となる。
(イ)　東京都の特別区の存する区域……70%
(ロ)　地域再生法の集中地域（(イ)の区域を除く）……75%

2　ワンポイントアドバイス

❶　証拠資料・計算根拠の保存

圧縮記帳等の特例を適用した場合については、税務調査においても、交換や買換え等の特例の適用要件を満たしていること及び圧縮限度額の計算が適正に行われていること等が確認されるため、本チェック表とともに、適用時の資料を保存する必要がある。

❷　保存資料の具体例

上記❶の要請があるため、本チェック表に記録を残すとともに、次のような根拠資料を保存する必要がある。

(1)　固定資産の交換の圧縮記帳を適用した場合

○譲渡資産が適用要件を満たしていることを明らかにする資料
・交換譲渡資産の登記簿謄本等
・交換譲渡資産の取得時の売買契約書
・減価償却計算明細書
・領収書
○取得資産が適用要件を満たしていることを明らかにする資料

・交換取得資産の登記簿謄本等

○圧縮限度額の計算が適正に行われていることを明らかにする資料

　・交換資産の時価に係る合意書

　・譲渡経費の領収書等

○収受した権利金が適正であることを明らかにする資料

　・土地賃貸借契約書

　・権利金の額の算定資料　等

(2)　特定資産の買換えの圧縮記帳を適用した場合

○譲渡資産の取得価額を明らかにする資料

　・土地及び建物の登記簿謄本

　・取得時の売買契約書

　・減価償却計算明細書

　・譲渡経費の請求書

　・領収書等

○取得資産の取得価額を明らかにする資料

　・土地及び建物の登記簿謄本

　・取得時の売買契約書

　・取得に伴う諸経費の請求書

　・領収書等

索　引

あ

預り敷金 ················· 215
圧縮記帳 ················· 313
圧縮限度額 ··············· 324
著しく有利な価額 ·········· 153
１年当たり平均額法 ········· 90
一括評価金銭債権 ······ 213、220、276
移動平均法 ··············· 58
委任事務 ················· 28
医療保険 ················· 181
飲食費 ··················· 106
受入営業保証金 ··········· 215
請負 ····················· 27
受取手形 ············· 215、275
裏書譲渡 ················· 275
売上原価の計上基準 ········ 49
売上割引 ················· 46
売上割戻し ··············· 38
売上割戻し計上時期チェック表 ··· 38
売掛金 ··············· 215、257
売掛債権・回収不能事実報告書 ··· 257
運送収入 ················· 29
運動費 ··················· 245
営業収益計上時期チェック表 ··· 18
営業収益の計上基準 ········ 18
永年勤続者 ··············· 230
役務の提供 ··············· 27
オペレーティング・リース ········ 159

か

海外渡航費 ··············· 184
海外渡航費必要性チェック表 ····· 184
買掛金 ··················· 215
会議実施内容確認書 ········ 107
会議費 ··············· 100、106
開業費 ··················· 160
介護費用保険 ············· 182
回収不能見込額 ··········· 268

改定償却率 ··············· 141
開発費 ··················· 160
回復可能性の判断 ·········· 256
貸倒実績率 ··············· 213
貸倒損失 ················· 257
貸倒れに類する事由 ········ 275
貸倒引当金（一括評価） ······ 213
貸倒引当金（個別評価） ······ 268
貸付金 ··················· 215
過大役員給与 ············· 75
過大役員退職給与 ·········· 89
稼働休止資産 ············· 141
株式交付費 ··············· 160
借入金 ··················· 215
完成工事未収金 ··········· 215
完全支配関係 ············· 130
期間比率法 ··············· 33
技術役務の提供 ··········· 29
寄附金 ········· 45、118、129、229、264
寄附修正 ················· 131
機密費 ··················· 100
給与改定 ················· 80
給与等 ················· 45、228
業績悪化改定事由 ·········· 80
業績連動給与 ············· 89
共通経費 ················· 135
国等に対する寄附金 ········ 129
繰延資産 ················· 160
繰延資産該当チェック表 ······ 160
繰延資産の償却期間 ········ 168
グループ法人税制 ·········· 130
経済的利益 ··· 81、131、183、200、224
形式上の貸倒れ ··········· 266
慶弔見舞金 ··············· 245
決算締切日 ··············· 47
気配相場 ················· 253
減価償却 ················· 133
減価償却資産の取得価額 ······ 134
原価比率法 ··············· 33
原材料費比率法 ··········· 33
検収基準 ················· 18

329

検針日基準 ················· 18
建設工事等の引渡し ········· 28
権利金の認定課税 ·········· 296
公開途上にある株式 ········ 255
豪華役員社宅 ············· 203
交換により取得した固定資産の
　圧縮記帳 ··········· 314、325
広告宣伝費 ·········· 45、245
広告宣伝用資産 ··········· 45
交際費等 ····· 45、100、228、231、245
公示価格 ················ 285
工事進行基準 ············· 32
厚生行事計画・実施費用明細書 ··· 223
更生計画認可の決定 ········ 268
公正処理基準 ············· 34
更生手続開始の申立て ······· 270
功績倍率 ················ 89
構築物 ················· 133
国立大学法人等に対する寄附金 ··· 129
個人年金保険 ············ 182
国庫補助金等で取得した固定資産
　の圧縮記帳 ·········· 314、324
固定資産譲渡損益・特例適用
　チェック表 ············· 313
個別評価金銭債権チェック表 ······ 268
個別法 ················· 58

さ

債権者集会 ·············· 264
再建築価額 ·············· 285
債権放棄 ················ 264
最高功績倍率法 ··········· 90
最終月額報酬 ············· 89
最終仕入原価法 ··········· 58
再生計画認可の決定 ········ 268
再生手続開始の申立て ······· 270
債務免除 ················ 267
再リース ··············· 153
先入先出法 ·············· 58
残価保証額 ·············· 158
識別困難なリース資産 ······· 153
資産の販売等 ············· 34
事実上の貸倒れ ··········· 265

事実認定 ················ 3
事前確定届出給与 ·········· 81
実質的に債権とみられないものの額
 ················ 214、270
実質的に債権とみられないものの額
　の明細書 ·············· 213
実地棚卸チェック表 ········· 49
指定寄附金 ·············· 129
支払手形 ················ 215
資本的支出 ·········· 143、148
借地権 ················· 295
借地権関係届出チェック表 ······ 295
社債発行費 ·············· 160
社宅適正賃貸料確認計算書 ······ 196
社宅家賃 ················ 196
収益計上時期 ·········· 18、27
収益認識 ················ 27
収益認識に関する会計基準 ······ 34
修正の経理 ·············· 36
修繕・改良事項要望書 ········ 143
修繕費 ············· 143、148
収用換地等の場合の所得の
　特別控除 ··········· 315、325
収用等に伴い代替資産を取得した
　場合の課税の特例 ········· 315
重要な部分の作業 ·········· 33
宿泊料 ················· 238
受贈益 ················· 131
出荷基準 ················ 18
取得価額配賦表 ··········· 133
準委任事務 ·············· 28
傷害特約 ················ 179
少額の繰延資産 ··········· 170
償却限度額 ·············· 140
償却保証額 ·············· 141
使用収益開始基準 ········ 18、313
上場有価証券 ············· 253
使用貸借 ················ 304
譲渡損益調整資産 ·········· 130
使用人貸付金 ············· 215
使用人兼務役員 ········· 81、98
使用人兼務役員給与チェック表 ····· 81
使用人賞与 ·············· 88
消費税の還付申告 ·········· 67

330

消費税の還付申告に関する明細書
　　　　　　　　　　　　　　　70

証明 …………………………… 5

除却損 ………………………… 277

書証 …………………………… 4

処分文書 ……………………… 4

所有権移転外ファイナンス・リース
　　　　　　　　　　　　　　　157

据付工事 ……………………… 30

生産中止 ……………………… 282

生物 …………………………… 133

税務証明資料 ………………… 6

税務疎明資料 ………………… 9

税務調査 ……………………… 3

生命保険料 …………………… 171

接待飲食費 …………………… 102

専属使用のリース資産 ……… 153

総会対策費 …………………… 245

創業記念品 …………………… 230

相当の地代 …………………… 297

相当の地代の改訂方法に関する
　　届出書 …………………… 298

総平均法 ……………………… 58

創立費 ………………………… 160

租税公課 ……………………… 205

租税公課明細書 ……………… 205

租税の損金算入時期 ………… 210

疎明 …………………………… 2

損害保険料 …………………… 172

損失負担金チェック表 ……… 118

た

第三者の振り出した手形 …… 276

耐用年数 ……………………… 135

立退料 ………………… 292、310

建物 …………………………… 133

棚卸資産 ……………………… 49

棚卸資産の取得価額 ………… 55

棚卸資産の評価 ………… 57、59

団体旅行 ……………………… 192

地役権 ………………………… 295

地上権 ………………………… 295

着荷基準 ……………………… 18

長期損害保険契約 …………… 173

長期大規模工事 ……………… 32

長期平準定期保険 …………… 180

賃借権 ………………………… 295

賃貸料相当額 ………………… 202

定額法 ………………………… 140

定期同額給与 ………………… 80

定期付養老保険 ……………… 172

定期保険 ……………………… 172

逓増定期保険 ………………… 180

定率法 …………………… 140、150

手形交換所等の取引停止処分 …… 276

店頭売買有価証券 …………… 254

伝聞証拠 ……………………… 4

倒産処理手続き ……………… 266

同伴者 ………………………… 192

特定公益増進法人 …………… 129

特定資産の買換えの圧縮記帳
　　　　　　　　　　　315、326

特定の資産の買換えにより取得
　　した資産の圧縮額等の損金算
　　入に関する明細書 ……… 318

特別勘定 ……………………… 316

特別清算 ………………… 268、270

土地・建物の取得価額 ……… 284

土地の無償返還に関する届出書 … 302

取引所売買有価証券 ………… 253

な

日当 …………………………… 238

認定特定非営利活動法人 …… 129

値引き …………………… 135、230

値増金 ………………………… 31

は

売価還元法 …………………… 58

売買実例 ……………………… 255

破産手続開始の申立て ……… 270

販売促進費 …………………… 246

非課税所得 …………………… 231

引渡し時の価額 ……………… 31

美術品 ………………………… 141

331

非常勤役員業務担当調書 ……………… 74
1人当たり5,000円以下の飲食費
　………………………………… 101
1人当たり5,000円以下の飲食費
　・接待飲食費等チェック表 ……… 100
プール計算 …………………………… 201
福利厚生費 …………… 45、223、229
付随費用 ……………………………… 291
不正行為 ……………………………… 210
附属設備 ……………………………… 133
不動産仲介あっせん報酬 …………… 29
不動産リース取引 …………………… 158
船積基準 ……………………………… 18
部分完成基準 ………………………… 30
分割払の繰延資産 …………………… 168
分掌変更 ……………………………… 95
平均功績倍率法 ……………………… 90
返品 …………………………………… 46
報告文書 ……………………………… 4
法定繰入率 …………………… 214、221
法律上の貸倒れ ……………………… 263
保険金等で取得した固定資産の
　圧縮記帳 …………………… 314、324
保険金等で取得した固定資産等
　の圧縮額等の損金算入に関す
　る明細書 …………………………… 317
保険契約区分チェック表 …………… 171
保険料 ………………………………… 171
補修用部品在庫調整勘定 …………… 66

ま

未経過固定資産税 …………………… 212
未収還付法人税等 …………………… 206
未成工事受入金 ……………………… 215
未払法人税等 ………………………… 206

無形固定資産 ………………………… 133
持分割合 ……………………………… 132
モニター活動謝金支払計算書 ……… 239

や

役員給与 ……………………………… 74
役員社宅 ……………………………… 200
役員退職給与 ………………… 74、89
役員退職給与適正基準チェック表
　……………………………………… 89
役員の海外渡航 ……………………… 194
役員の範囲 …………………………… 74
有価証券の評価損 …………………… 248
有価証券評価損チェック表 ………… 248
有形固定資産 ………………………… 133
有姿除却チェック表 ………………… 277
融通手形 ……………………………… 215
養老保険 ……………………………… 171

ら

リース期間定額法 …………………… 157
リース取引 …………………………… 152
リース取引税務フローチャート …… 152
リースバック取引 …………………… 158
履行義務 ……………………………… 27
リベート ……………………………… 40
旅費 …………………………………… 238
旅費日当等精算書 …………………… 232
臨時改定事由 ………………………… 80

わ

割増特例 ……………………………… 222

編著者略歴

＜編　者＞

平川　忠雄（ひらかわ　ただお）

　東京生まれ。中央大学経済学部卒業。日本税理士会連合会理事・同税制審議委員・東京税理士会常務理事などを歴任。現在、中央大学経理研究所講師・日本税務会計学会顧問・日本税務研究センター研究員。公的審議委員として日本商工会議所・東京商工会議所の委員を務める。税理士法人平川会計パートナーズ総括代表社員として、企業や個人に対するタックス・プランニングの指導などコンサルタント業務に従事。

　著書等：「平成 30 年度 税制改正と実務の徹底対策」（日本法令）、「業種別で見る８％消費税」（税務研究会）、「会社分割・企業組織再編税制の実務」（税務経理協会）ほか。

　事務所：税理士法人　平川会計パートナーズ（千代田本部）

　　　　　〒 101 － 0021　東京都千代田区外神田６丁目９番６号

＜著　者＞

中島　孝一（なかじま　こういち）

　東京生まれ。東京税理士会・会員相談室相談員、日本税務会計学会副学会長、税理士法人平川会計パートナーズ・所属税理士。

　著書等：「平成 30 年度 税制改正と実務の徹底対策」（日本法令・共著）、「居住用財産に係る税務の徹底対策」（税務研究会・共著）、「中小企業の会計要領と実務」（税務経理協会・共著）ほか。

　事務所：税理士法人　平川会計パートナーズ（千代田本部）

西野　道之助（にしの　みちのすけ）

　東京生まれ。中央大学経済学部卒業。日本税務会計学会委員（会計部門）、税理士法人平川会計パートナーズ・社員税理士。

　著書等：「平成 30 年度 税制改正と実務の徹底対策」（日本法令・共著）、「居住用財産に係る税務の徹底対策」（税務研究会・共著）、「改訂版 資産をめぐる複数税目の実務」（新日本法規出版・共著）、「業種別 税務・会計実務処理マニュアル」（新日本法規出版・共著）ほか。

　事務所：税理士法人　平川会計パートナーズ（上野本社）

栗原　初治（くりはら　はつじ）

　埼玉生まれ。税理士法人平川会計パートナーズ・所属税理士。

　著書等：「平成 30 年度 税制改正と実務の徹底対策」（日本法令・共著）、「株式会社の減資の税務と登記手続」（日本法令・共著）ほか。

　事務所：税理士法人　平川会計パートナーズ（千代田本部）

佐々木　京子（ささき　きょうこ）

　東京生まれ。学習院大学経済学部卒業。税理士法人平川会計パートナーズ・所属税理士。

　著書等：「平成 30 年度 税制改正と実務の徹底対策」（日本法令・共著）、「改訂版 資産をめぐる複数税目の実務」（新日本法規出版・共著）、「業種別 税務・会計実務処理マニュアル」（新日本法規出版・共著）、「中小企業会計指針の入門Ｐ＆Ａ」（税務経理協会・共著）ほか。

　事務所：税理士法人　平川会計パートナーズ（上野本社）

小森谷　剛（こもりや　つよし）

埼玉生まれ。大東文化大学経済学部卒業。税理士法人平川会計パートナーズ・所属税理士。

著書等：「平成30年度 税制改正と実務の徹底対策」（日本法令・共著）ほか。

事務所：税理士法人　平川会計パートナーズ（上野本社）

小山　武晴（こやま　たけはる）

千葉生まれ。流通経済大学経済学部卒業。税理士法人平川会計パートナーズ・所属税理士。

著書等：「平成30年度 税制改正と実務の徹底対策」（日本法令・共著）、「家事関連費を中心とした必要経費の実務」（税務研究会・共著）、「民事信託 実務ハンドブック」（日本法令・共著）、「相続税 修正申告と更正の請求の実務」（税務研究会・共著）ほか。

事務所：税理士法人　平川会計パートナーズ（上野本社）

佐久間　美亜（さくま　みあ）

東京生まれ。大妻女子大学社会情報学部卒業。税理士法人平川会計パートナーズ・所属税理士。

著書等：「平成30年度 税制改正と実務の徹底対策」（日本法令・共著）ほか。

事務所：税理士法人 平川会計パートナーズ（上野本社）

天野　智充（あまの　ともみつ）

東京生まれ。明治大学商学部卒業。税理士法人平川会計パートナーズ退職後、平成28年10月に天野智充税理士事務所を開設。東京税理士会・会員相談室相談員、日本税務会計学会委員（会計部門）。

著書等：「平成30年度 税制改正と実務の徹底対策」（日本法令・共著）、「株式会社の減資の税務と登記手続」（日本法令・共著）、「改訂版 資産をめぐる複数税目の実務」（新日本法規出版・共著）ほか。

事務所：天野智充税理士事務所

CD-ROM の使用にあたって

1 使用環境

このCD-ROMを快適に使用するためのパソコンの環境は以下のとおりです。

CPU	Pentium Ⅳ 以上
メモリ	64MB 以上
ディスプレイ	800 × 600 ドット以上
OS	Microsoft Windows 7、8.1、10
アプリケーション	Microsoft Excel2010 以降

※ 上記以外の環境のパソコンでの動作については確認しておりません。

※ パソコンの使用環境により、書式設定にズレが生じることがございます。あらかじめご了承ください。

※ ファイルを保存する場合、メニューバーの ファイル から 名前を付けて保存 を選択し、保存先をハードディスクドライブその他の書き込み可能なメディアに変更する必要がございます。

2 使用承諾

万一、本CD-ROMを使用することによって、何らかの損害やトラブルがパソコンおよび周辺機器、インストール済みのソフトウェアなどに生じた場合でも、著者および版元は一切の責任を負うものではありません。

このことは、本CD-ROMを開封した段階で承諾したものとします。

3 使用方法

① CD-ROMをドライブにセットします。

② 「コンピュータ（PC）」もしくは「エクスプローラー」の中のCD-ROMドライブのアイコンをダブルクリックすると、本書収録のフォーム計30点の Excel ファイルが表示されますので、ご使用になるファイルをダブルクリックしてください。

なお、本CD-ROMをご使用になる場合は、Microsoft Excel がインストールされていることが前提になります。

法人税
税務証拠フォーム
作成マニュアル

平成30年9月20日　初版発行

検印省略

編　者　平　川　忠　雄
著　者　中　島　孝　一
　　　　西　野　道　之　助
　　　　栗　原　初　治
　　　　天　野　智　充
発行者　青　木　健　次
編集者　岩　倉　春　光
印刷所　日　本　ハ　イ　コ　ム
製本所　国　宝　社

〒101-0032
東京都千代田区岩本町1丁目2番19号
http://www.horei.co.jp/

（営　業）　TEL　03-6858-6967　　Eメール　syuppan@horei.co.jp
（通　販）　TEL　03-6858-6966　　Eメール　book.order@horei.co.jp
（編　集）　FAX　03-6858-6957　　Eメール　tankoubon@horei.co.jp

（バーチャルショップ）　http://www.horei.co.jp/shop
（お詫びと訂正）　http://www.horei.co.jp/book/owabi.shtml

※万一、本書の内容に誤記等が判明した場合には、上記「お詫びと訂正」に最新情報を掲載しております。ホームページに掲載されていない内容につきましては、FAXまたはEメールで編集までお問合せください。

・乱丁、落丁本は直接弊社出版部へお送りくださればお取替えいたします。
・JCOPY〈出版者著作権管理機構　委託出版物〉
本書の無断複製は著作権法上での例外を除き禁じられています。複製される場合は、そのつど事前に、出版者著作権管理機構（電話 03-3513-6969、FAX 03-3513-6979、e-mail: info@jcopy.or.jp）の許諾を得てください。また、本書を代行業者等の第三者に依頼してスキャンやデジタル化することは、たとえ個人や家庭内での利用であっても一切認められておりません。

© T. Hirakawa 2018. Printed in JAPAN
ISBN 978-4-539-72620-4

税界の情報をいちはやく、漏れなくお届け！

日本法令® 税理士情報サイト
（www.horei.co.jp/zjs）

世に溢れる多くの情報の中から、税理士及び業界人が知っておきたい情報のみ、厳選して毎日お届けします！

- ●官庁情報──国税庁をはじめとした官庁から公表される通達、Q＆A、パンフレット等の情報
- ●官報情報──官報に掲載される法律、施行令、施行規則、告示等
- ●注目判決・裁決例──最新の税務関係判決・裁決事例
- ●税の事件簿──脱税・申告漏れ事案をはじめとした税界関連ニュース
- ●税務関連商品──弊社発刊の税務関連書籍のほか、関連商品の紹介

税理士情報サイト 検索

メールマガジン「**税界ダイジェスト**」もご利用ください。

配信をご希望の方は
sjs-z@horei.co.jp
までご連絡下さい

■税理士情報サイトに関するお問い合せは、日本法令 会員係 ［電話：03-6858-6965］まで
E-mail sjs-z@horei.co.jp